Mensagens de *Maria* sobre o *Amor Divino*

Mark L. Prophet
Elizabeth Clare Prophet

MENSAGENS DE *Maria* SOBRE O *Amor Divino*

Tradução de
RENATO MOTTA

NOVA ERA

CIP-Brasil. Catalogação-na-fonte
Sindicato Nacional dos Editores de Livros, RJ.

P958m Prophet, Mark L., -1973
Mensagens de Maria sobre o amor divino / Mark L. Prophet, Elizabeth Clare Prophet; tradução Renato Motta. – Rio de Janeiro: Nova Era, 2007.
il. ; .– (Mensagens Douradas de Maria; v.2)

Tradução de: Mary's Messages of Divine Love
ISBN 978-85-7701-228-2

1. Maria, Virgem Santa – Ensinamentos. 2. Deus – Amor. 3. Vida espiritual. I. Prophet, Elizabeth Clare, 1939-. II. Título. III. Série.

07-2699 CDD – 299.93
CDU – 299.93

Título original norte-americano
MARY'S MESSAGES OF DIVINE LOVE

Summit University Press
1 East Gate Road, PO Box 5000, Gardiner, Montana, 59030-5000, USA
Tel.: 1-406-848-9500 – fax: 1-406-848-9555
e-mail: info@summituniversitypress.com – website: http://www.summituniversitypress.com

Summit Lighthouse do Brasil
Rua Machado de Assis, 252, Vila Mariana, 04106-000, São Paulo, SP
www.summit.org.br
Fax: (11) 5539-1356
Direitos exclusivos de publicação em língua portuguesa para o Brasil adquiridos pela Editora Nova Era um selo da Editora Best Seller Ltda.
Rua Argentina, 171 – Rio de Janeiro, RJ – 20921-380 – Tel.: 2585-2000
que se reserva a propriedade literária desta tradução

Impresso no Brasil

ISBN 978-85-7701-228-2

PEDIDOS PELO REEMBOLSO POSTAL
Caixa Postal 23.052
Rio de Janeiro, RJ – 20922-970

A todos os devotos da Mãe Abençoada
e de seu Filho Jesus Cristo

Sumário

PARTE DOIS

O Aspecto do Amor do Espírito Santo

Cinco Mistérios do Rosário Oferecidos pela Mãe a Seus Filhos

Rosário Escritural de Nossa Senhora para a Nova Era

PARTE TRÊS

O Aspecto do Poder do Espírito Santo

Quatorze Mensagens da Palavra da Vida para as Crianças da Mãe

Nota: Oito rosários — um para cada manhã da semana e domingo à noite — foram publicados no livro *Mensagens de Maria para um novo dia*, da Editora Nova Era, primeiro volume da trilogia *Mensagens Douradas de Maria.*

Uma palavra da Autora

Por ter nascido numa família protestante, não tive a oportunidade de conhecer Nossa Senhora, embora minha inclinação natural fosse entrar em todas as igrejas católicas e rezar. Entretanto, não sabia como fazer isso e fui, na realidade, doutrinada a ter um preconceito contra a figura de Nossa Senhora que, segundo me ensinaram, era idolatrada pelos católicos, que a deificavam e homenageavam com estátuas e medalhas.

Sem perceber, eu criara a mesma antipatia pela Mãe Abençoada. Isso foi uma grande lição para mim, pois descobri que é muito fácil, por meio da criação que recebemos, ter preconceito contra algo que não compreendemos e simplesmente aceitar como idéia própria aquilo que ouvimos quando criança.

Lembro-me de uma vez, quando ainda estudava na Universidade de Boston, em que vi um painel numa parede do metrô. Ele retratava Nossa Senhora com estrelas em torno da cabeça. Na legenda da pintura estava escrito "Maria, Mãe de Jesus, Rainha do Céu". Para mim, essa terminologia soou muito estranha, e pensei: "Como ela permite ser objeto de toda essa idolatria se é realmente quem é?" Toda vez que pegava o metrô e via aquela imagem, sentia a mesma perturbação interior.

Mas um dia tive uma experiência maravilhosa, uma conversão. Eu caminhava pela rua, quando olhei para o alto e vi, diante de mim, Nossa Senhora. Vi-a em toda beleza, doçura, presença e amor do ser que conhecemos. Fiquei tão comovida e tocada por sua realidade, a qual substituiu toda a irrealidade com que eu havia sido programada, que, literalmente, corri até a igreja católica mais próxima. Ajoelhei-me diante de sua imagem — algo incomum para uma protestante — e lhe pedi perdão pelos pensamentos e sentimentos que alimentara contra ela. Consagrei-lhe minha vida e pedi que me usasse como seu instrumento para cuidar de todas as pessoas.

A alegria que sinto desde então, por ter Nossa Senhora como companhia constante e conselheira em todos os momentos da minha vida, é simplesmente indescritível. E sou muito grata por Nossa Senhora ter demonstrado tanto interesse em uma simples pessoa, a ponto de mostrar-me de forma verdadeira sua presença e sua realidade, o que dissolveu, de forma instantânea, uma vida inteira de doutrinação contrária. Compreendi que, se ela não tivesse feito isso por mim, eu não teria experimentado a conversão do Espírito Santo que ela me transmitiu, e teria permanecido na ignorância. Teria sido deixada como estava, gerando o carma de questionar o ofício, a presença e a pessoa dessa que serve como a Mãe Abençoada.

Ao conhecer Maria como ela realmente é, passei a considerá-la uma força incansável e constante, desafiando a opressão lançada sobre os seus filhos em toda parte, em todas as crenças e religiões. Ela é Mãe do Mundo, e eu testemunhei isso em sua enorme mestria em lidar com a vida. Os conhecimentos de administração e organização que ela gradativamente foi me ensinando me serviram como verdadeiros manuais sobre como administrar esta organização e, com a ajuda de uma equipe de colaboradores muito capazes, levá-la ao nível de complexidade de serviços que oferecemos hoje.

Quero reconhecer aqui o mérito de Nossa Senhora como a grande mestra que nos levou a conseguir esta ordem e organização, pois muitas pessoas não se dão conta de que a qualidade de administração é uma característica da chama da Mãe. Quando queremos adquirir mestria sobre os detalhes da vida, em qualquer campo, devemos compreender que o aspecto da Mãe em Deus é o que corresponde à Matéria, ou ao universo da Matéria, da mesma forma que a palavra *mater* em latim significa Mãe. Desse modo, aqui na Terra, se pretendemos realizar algo, precisamos invocar a chama da Mãe. Precisamos compreender o conceito hindu da Mãe como o aspecto de Deus na figura de Shakti, o princípio ativo, a força que manifesta a vontade do Pai.

Como inúmeros teólogos já disseram, todos nós somos seres femininos em relação à alma. Nessa polaridade de sermos femininos, identificamos Deus como Pai, e é assim mesmo que deve ser. Compreendemos, porém, que o Pai também contém o princípio feminino, como na alegoria de Adão e Eva. Eva provém de Adão, simbolizando a separação do Tai Chi de Alfa e Ômega.

Desse modo, vemos que a presença universal da Mãe é a verdadeira razão da manifestação dos nossos corpos físicos. Nossos espíritos são muito masculinos, ou yang, e devem carregar a força e o poder do Espírito Santo. Mas os pormenores da vida, as tarefas diárias, as coisas que conseguimos realizar a cada 24 horas — tudo isso tem a ver com a mestria da chama da Mãe, que é a luz branca do chakra da base. Os hindus a denominam chama de Kundalini. Ela é a chama da ascensão. É o poder de locomoção, de movimento nesta oitava.

Portanto, se você quer saber como alcançar suas metas e realizar seus projetos, já que o seu objetivo é ajudar as pessoas e glorificar a Deus — e esta é a nossa única razão de existir —, peça a Nossa Senhora. Você vai descobrir que ela é, na verdade, uma mestra, e não uma pobre camponesa que por acaso foi chamada para dar à luz o amado Jesus, como muitos querem nos fazer acreditar.

Conhecemos Nossa Senhora como um anjo. Compreendemos que, no plano divino de Deus, durante um milhão de anos e até mais, muitos anjos do céu encarnaram na Terra devido à sua preocupação com os filhos de Deus, para servi-los. Por isso, encontramos no mundo pessoas de natureza extremamente devocional que amam servir e trabalham em muitos campos, como médicos, enfermeiras, garçonetes, cabeleireiros e secretárias, pessoas que prestam serviço a outras. Existem várias outras ocupações que são assumidas por esses anjos, mas o seu amor é, basicamente, ajudar os outros a alcançar seus objetivos. Então, encontramo-los entre a equipe de apoio de grandes executivos, ou como aquelas pessoas ativas que fazem as coisas acontecerem, e eles adoram esse papel.

Historicamente, os anjos encarnaram para se tornar ministros da vida. Eles se caracterizam pelo fato de serem pessoas de grande sentimento e abundância de amor. Talvez não pareçam ser muito brilhantes, por não terem necessariamente desenvolvido a mente. Preferiram desenvolver os sentimentos, porque os anjos, como seres celestiais, existem para dar aos filhos e filhas de Deus fé, esperança, perseverança, compaixão e amor — sentimentos que precisamos ter para nos relacionarmos e ajudarmos uns aos outros.

Sem o auxílio desses sentimentos edificantes que elevam o espírito poderíamos nos tornar sombrios, deprimidos, céticos e desesperançosos. Não conseguiríamos superar as crises relacionadas à morte ou as várias calamidades que nos atingem. É por isso que nos momentos de grande necessidade sentimos uma presença confortadora que nos enche de amor e consolo, que é Deus cuidando de nós por meio de seus anjos invisíveis. E, às vezes, Ele também o faz através de anjos encarnados.

Nossa Senhora é da hierarquia e da evolução dos anjos. Essas hierarquias também servem nos sete raios da Divindade que emergem do prisma da Consciência Crística. O raio de Nossa Senhora é o quinto raio, o raio verde-esmeralda, da cura. Ele é também o raio da ciência, da medicina, do suprimento e da abundância. A economia também pertence ao quinto raio. Aqueles que servem nesse raio e nele adquirem mestria tornam-se senhores da precipitação, o que significa ter o poder de fazer descer a energia de Deus para aplicação prática no mundo da forma.

Nossa Senhora possui grandes talentos em muitas áreas. Não creio que exista um campo sequer na área do empreendimento humano no qual ela não demonstre perícia e compreensão total, para ensinar-nos a realizar e implementar nossos objetivos maiores e mais elevados. A mente de Nossa Senhora é vasta, tão vasta que está muito além da compreensão humana.

Em imagens católicas que ainda mantêm algo da imagem tradicional de Maria, vemo-la como a mãe dos aflitos, com o coração transpassado, ou como a virgem imaculada. No entanto, ao imaginarmos Nossa Senhora nos dias de hoje, temos a compreensão dela como uma mulher do nosso meio — uma Nossa Senhora que é moderna e liberada, e também forte e determinada, como muitas das grandes mulheres do nosso tempo que lutam pelas mais variadas causas.

Precisamos vê-la como amiga, companheira e irmã, embora também possamos nos referir a ela, com todo o respeito, como "deusa", devido à enorme consciência de Deus que ela possui. Não devemos colocá-la em um pedestal que nos leve a idolatrar sua imagem, mas devemos reverenciá-la no sentido de reconhecer que ela possui grande mestria e imensa estatura nas esferas celestiais, tendo sido escolhida para ser a mãe de Cristo por ser capaz de manter a luz e o equilíbrio em prol da missão dele.

Assim, precisamos compreender o significado da reverência e do respeito, em vez da idolatria e do sentimento de que nós somos pecadores desprezíveis e ela uma Virgem inalcançável. Precisamos compreender que Deus não criou um abismo entre nós e as hostes celestes. Isso aconteceu devido à culpa maciça imposta à raça humana pela autocondenação, pela enorme ênfase dada ao pecado e à culpa, em vez da alegria do perdão, do arrependimento, da reunião com Deus e da absoluta libertação do nosso passado.

Quando Deus perdoa, ele o faz de forma permanente. No lar planetário que habitamos, porém, as pessoas não esquecem de imediato seu passado nem seus erros, mesmo que tenham superado há muito tempo aquele momento e sinceramente se arrependido de sua falha. Quando temos consciência de que recebemos o perdão de Deus, precisamos abandonar os resíduos de uma existência de culpa e condenação, que nos fez acreditar que jamais poderemos nos levantar novamente.

Li recentemente uma história sobre uma jovem católica muito devota, que servia à sua Igreja com grande alegria. Ela morreu subitamente, de forma misteriosa, talvez por assassinato ou suicídio. No momento em que ouvi falar dela e li o artigo que contava sua história num jornal de Los Angeles, meu coração percebeu que ali havia uma alma que se viu diante de uma crise e não conseguiu enfrentá-la. Algo aconteceu com ela. Talvez tenha cometido um erro. Talvez tenha tido alguma atitude que, a seus olhos, não fosse compatível com a vida de devoção à qual se propusera. Chorei por sua morte, e senti a grande perda de uma maravilhosa alma iluminada.

Certa noite, antes de ir para a cama, fui por um momento para fora, ao ar livre, a fim de meditar e ficar em paz por alguns instantes. Pedi a Nossa Senhora que enviasse assistência àquela alma, e então a Mãe Abençoada mostrou-a para mim. Ela estava sendo amparada pelos anjos de Nossa Senhora, que a envolveram em vestes de luz. A alma daquela jovem me apareceu em sua inocência original, quase num estado infantil, ou como um bebê; e, ao mesmo tempo, tinha a mesma aparência de quando fez sua passagem pela tela da vida.

Percebi que ela estava sendo amparada em outras esferas e realmente assistida. Apesar disso, tive a sensação de que, se eu pudesse ter estado ao lado daquela jovem no momento de sua crise, se tivesse colocado a sua mão entre as minhas, e rezado com ela, aquela morte talvez não tivesse acontecido.

Aquilo pesou em meu coração, por ver tantas vezes a ênfase sobre o pecado, e todas as acusações que as pessoas enfrentam — seja em suas comunidades, na imprensa, na mídia —, condenação em cima de condenação. Muitas pessoas não são capazes de suportar a censura e o escárnio da opinião pública que decide, conforme seus códigos morais ou seja lá o que for, que isto é um pecado imperdoável. E, sob o peso da opinião pública, tem gente que tira a própria vida ou desiste de procurar pessoas que poderiam ajudá-la. Demitem-se de seus empregos; abandonam a vida pública. Não conseguem enfrentar a verdade de dizer ao mundo ou a seus amigos: "Sim, eu agi de forma equivocada, cometi um erro. Perdoem-me, e permitam que eu continue a servir."

Creio que isso acontece em todo o mundo. Creio que surge uma tremenda sensação de culpa quando as pessoas não agem de acordo com certos padrões de comportamento. Como estive em comunhão com o coração de Nossa Senhora desde a noite passada, sinto que todas essas questões estão em seu coração. E, se ela pudesse nos pedir um favor nesse momento, seria o de rezarmos pelo alívio da carga de sofrimento que as pessoas suportam por sofrer a censura dos outros.

Então, a Mãe vem para nos curar do sentimento de culpa, tanto com relação a nós mesmos quanto com relação a outras pessoas. Ela vem nos libertar, especialmente no mundo cristão, dessa enorme divisão que torna o Cristianismo ineficaz. E, é claro, ela traz consigo todo o pesar de todas as pessoas em todas as nações do planeta, bem como a determinação de ajudá-las conforme pedirmos e chamarmos.

Uma das maiores professoras que conheci nos últimos 25 anos é Nossa Senhora. De seu coração recebemos dois grandes ensinamentos. Em primeiro lugar, Nossa Senhora nos ensinou o Relógio Cósmico, esquematizando os ciclos do retorno do nosso carma e das nossas iniciações. Esse ensinamento é uma maravilha que deve ser admirada, e todos podem encontrá-lo em numerosos livros e gravações já disponíveis.[1]

O segundo ensinamento é o rosário, a caminhada pelas 14 estações da cruz, a compreensão da cruz como símbolo do carma mundial e do carma individual. A cruz que Jesus carregou pelas 14 estações, em seu caminho para o Calvário, foi a cruz do peso do carma mundial, pois ele carregava os pecados da humanidade, sendo que "pecado" e "carma", aqui, são sinônimos.

Caminhar as 14 estações com Jesus e sua Mãe tem sido um exercício de transmutação do carma mundial, trazendo a compreensão do que significa carregar o fardo do nosso irmão, carregar os fardos uns dos outros, que é a recomendação de Cristo.

E qual é o seu fardo? Seu fardo sempre é o seu carma. Até mesmo o peso da gravidade da Terra é, na verdade, um efeito do carma planetário. Todo o peso de todas as transgressões da lei de Deus realizadas por toda a humanidade em todos os séculos permanece para ser transmutado, até que seja consumido pelo fogo sagrado em resposta ao nosso chamado. É por isso que é tão difícil resolver os problemas do planeta; é por isso que as pessoas não conseguem parar de brigar no Oriente Médio, por exemplo.

Elas não conseguem superar suas desavenças porque estão baseadas num carma ancestral. Elas precisam abrir mão do desejo de conquistar uns aos outros e de vingar os erros do passado. Quando vão parar de buscar uma revanche por algo que aconteceu há mais de meio século? É necessário perdoarmos para nos libertarmos do carma do passado. Precisamos dizer: "Não vamos continuar matando para acertar as contas de algo que ocorreu há um século, ou há 10 mil anos." Se não fizermos isto, jamais nos libertaremos do carma. Assim, como podemos ver, o perdão e a libertação só podem advir quando acontece uma mudança no coração, uma mudança no espírito e na alma.

É difícil dizermos: "Não vou mais ter mágoa de você, apesar de você ter queimado minha casa e matado minha mãe; apesar de você ter feito tudo isso contra mim." Podemos escolher entre deixar isso para trás e esquecer a mágoa, ou podemos carregar o rancor conosco durante 10 encarnações. Talvez não nos lembremos do motivo pelo qual odiamos determinada pessoa, mas, quando a encontramos, a odiamos imediatamente, porque em nossas almas jamais a perdoamos, jamais resolvemos esse ódio, jamais o esquecemos. Então, ficamos presos por esse ódio, e a ligação se eterniza entre as pessoas e entre as nações. Enquanto os judeus, por exemplo, não perdoarem os alemães pelo que os nazistas fizeram, permanecerão presos por seu ódio. É simples assim.

Em algum momento precisamos dizer: "Cristo é maior do que tudo isso", e compreender que sermos prejudicados é, na verdade, um teste para ver se possuímos a qualidade da misericórdia, se podemos ser exatamente como o Cristo; ou se somos seguidores dele apenas da boca para fora. Se não conseguirmos perdoar, não podemos nos chamar de seguidores de Cristo.

Recebemos o rosário para levarmos nosso carma pessoal e mundial por essas 14 estações da cruz.[2] El Morya veio a mim, em junho de 1972, quando eu estava meditando em uma igreja católica do Havaí. Ele disse: "Você deverá começar a caminhar por essas 14 estações no dia 27 de junho de 1972." A partir daí, aconteceram certos eventos que deixaram muito claro que eu estava realmente passando pelas estações, e que deveria usar a Ciência da Palavra Falada, usando o Pai-Nosso, a Ave-Maria e as invocações ao Arcanjo Miguel para transmutar os efeitos do fardo e do peso dessas estações — o peso da condenação do Cristo, da condenação do mundo e do carma mundial.

Nossa Senhora explica que quando dizemos "Ave, Maria" não estamos procedendo de forma idólatra, nem adorando uma figura ou uma pessoa; estamos simplesmente saudando o raio da Mãe, o Ma-ray,* que é o significado do nome Maria. Estamos prestando

---

*A autora faz uma relação, no original em inglês, entre as expressões *Ma-ray* (raio da Mãe) e Mary (Maria). (*N. do T.*)

devoção ao princípio de Deus como Mãe. Este é um conceito universal, que existe em todas as culturas e religiões, mesmo as mais primitivas. O reconhecimento do princípio da Mãe, seja como deusa da fertilidade ou de tantas outras formas, é fundamental à vida, ao nascimento, às colheitas e assim por diante.

Assim, saudamos o raio da Mãe em Deus, no universo, em Nossa Senhora. Na realidade, estamos oferecendo adoração à luz em cada um dos santos — à luz única que é Deus — e não à personagem. Adorem esse Deus único, em seguida adorem sua luz e compreendam que essa luz também existe em vocês.

Conferência "Fala a Chama da Liberdade"
3 de julho de 1984

Prólogo

✧

Esta obra é um tributo à Mãe do Mundo e a Maria que, como Mãe de Jesus, foi sua principal representante na Era de Peixes. Trata-se de uma trilogia de sabedoria, amor e poder que flui do coração da Mãe para os seus filhos. Contém não só as revelações ditadas por Maria por meio de seus mensageiros, mas também as emanações de luz da sua Presença manifestadas para nós. Desse modo, damos testemunho da sua alma imortal que continuamente engrandece o *Senhor*.

As três partes de cada um dos três livros que compõem a Trilogia das Mensagens Douradas de Maria cumprem as palavras de Jesus: "O Reino dos Céus é semelhante ao fermento que uma mulher toma e mistura com três medidas de farinha, até que tudo esteja levedado."[1] O fermento é a Consciência Crística, a mulher é a Mãe Divina e as três medidas de farinha são os três aspectos de Deus manifestados ao homem como a Santíssima Trindade. Fizemos um esforço para tornar cada um dos aspectos da Trindade compreensíveis em cada um dos livros. O Livro Um* apresenta a gloriosa sabedoria do Filho; este Livro Dois reflete o amor confortador do Espírito Santo, e o Livro Três define a perfeição da benevolência do Pai.

---

*O Livro Um chama-se *Mensagens de Maria para um novo dia*; o Livro Dois é este que está em suas mãos: *Mensagens de Maria sobre o amor divino*. O Livro Três estará disponível em breve.

O todo da consciência da humanidade será, em última instância, fermentado pela sabedoria da Mãe, à medida que ela eleva seus filhos à verdadeira consciência do Pai, do Filho e do Espírito Santo. A Mãe ensina a lei do grandioso trinitário pela compreensão que ela transmite do Santo dos Santos e da chama crística que arde no altar do coração. Essa chama trina é a centelha do Espírito do Cristo, a chama de sua chama, que é o dom da vida ofertado por Deus a todos os seus filhos e filhas.

A Parte Um deste livro, composta pelas "Quatorze Cartas de uma Mãe a seus Filhos", destina-se a ancorar o aspecto da sabedoria do Espírito Santo na consciência do discípulo. Essas cartas foram ditadas por Nossa Senhora a nós, mensageiros da hierarquia divina, na esperança de que seus filhos possam "permanecer no sonho de Deus, silenciar o clamor da insônia da mente exterior e jamais perder contato com os componentes da realidade em todas as partes da vida".[2]

Os ensinamentos oferecidos nessas 14 cartas também introduzem o devoto de Maria numa conscientização iluminada das 14 estações da cruz, cujos desafios cada alma destinada à reunião imortal com o Espírito de Deus deverá vencer, em algum momento.

Originalmente distribuídas como *Pérolas de sabedoria* aos discípulos do Filho de Maria espalhados por todo o mundo, essas cartas são o presente da Mãe Cósmica para a instrução do nosso coração em sua sabedoria, e no conceito imaculado que ela mantém para todos os seus filhos. Confiada a ela pelo Pai, essa imagem pura e impoluta da perfeição de cada um, guardada sem impurezas no coração e na mente, é a esperança, a fé e a caridade da Divindade para a humanidade que evolui.

A Parte Dois deste livro inclui os "Cinco Mistérios do Rosário Oferecidos pela Mãe a seus Filhos" e demonstra o aspecto amoroso do Espírito Santo. Esses mistérios foram ditados por Nossa Senhora a mim, como Mãe da Chama. Eles dão continuidade aos rosários incluídos no Livro Um desta trilogia, que apresenta sete rosários para as sete manhãs da semana (que correspondem aos sete raios da luz crística que emergem do Espírito Santo) e o oitavo mistério, correspondente ao domingo à noite (que focaliza o poder do oitavo raio).

Ao fazer diariamente o rosário nesse formato, os devotos da Mãe ancoram o amor de Nossa Senhora dentro do cálice de seus corações e, assim, consagram suas energias de vida à expansão da luz da Mãe por todo o corpo planetário.

Quando Nossa Senhora veio a mim e me falou de seu desejo de que seus devotos em todas as partes do mundo fizessem o Rosário Escritural para a Nova Era, ela primeiro anunciou os sete mistérios dos sete raios, juntamente com o formato da oração que deveria ser usada.

Esses mistérios são:

Primeiro Raio: Mistérios Jubilosos, que amplificam a vontade de Deus;
Segundo Raio: Mistérios Doutrinários, que exaltam a sabedoria de Deus;
Terceiro Raio: Mistérios Amorosos, que magnetizam o amor de Deus;
Quarto Raio: Mistérios Gloriosos, que revelam a pureza de Deus;
Quinto Raio: Mistérios Curativos, que demonstram a verdade e a ciência de Deus;
Sexto Raio: Mistérios Iniciáticos, que exemplificam o ministério e o serviço de Deus; e o
Sétimo Raio: Mistérios Miraculosos, que servem de testemunho à transmutação, liberdade e clemência de Deus.

Depois que esses rosários foram completados sob sua direção, a Mãe Abençoada divulgou os Mistérios Magistrais para o oitavo raio, que destacam a majestade e a mestria de Deus. Em sua terceira aparição, a Virgem Santa apresentou os mistérios e o formato das orações para os cinco raios secretos que, conforme sua orientação, devem ser feitos à noite, de segunda a sexta-feira.

Os rosários dos raios secretos apresentados neste segundo livro da Trilogia são:

Primeiro Raio Secreto: Mistérios Inspiradores;
Segundo Raio Secreto: Mistérios Ativos;
Terceiro Raio Secreto: Mistérios Reveladores;
Quarto Raio Secreto: Mistérios Declarativos;
Quinto Raio Secreto: Mistérios Exortadores.

Nossa Senhora disse que quando um número suficiente de pessoas tivesse estabelecido seu ritual diário de recitação desses rosários, ela ditaria o Décimo Quarto Rosário, que será divulgado no Livro Três desta trilogia.

O Rosário Escritural de Nossa Senhora para a Nova Era ensina ao discípulo o aspecto devocional do amor da Mãe e do Filho — o amor deles pelo discípulo e o amor do discípulo por eles — ao mesmo tempo em que reforça o padrão da vida e da obra de Maria e Jesus, que foram os maiores e melhores exemplos de um modo de vida cristão e estabeleceram a fundação para dispensação cristã.

A declamação desse rosário, formulada por nossa Mãe espiritual para suprir as necessidades deste momento, leva à experiência crística universal, calculada pelo céu para despertar a alma para as realidades da Mãe Divina e do Filho Varão. Pois é essa luz, vinda deles, que é amplificada dentro de cada um que escolha fazer parte do rosário da vida que adorna a Terra. Esse rosário vivo é composto pelos filhos da chama que diariamente consagram suas energias, tanto na Terra quanto no céu, ao serviço contínuo a Jesus e Maria.

Esse rosário de almas é uma corrente infindável de oferendas florais à Mãe, que as recebe, abençoa e as faz retornar a seus filhos, para fazer delas uma só — coração, cabeça e mente —, um só corpo em

Cristo[3] na Terra, a Igreja Universal e Triunfante Viva. Essas orações são o verdadeiro e eterno louvor dos santos, que devem superar as acusações dos nossos irmãos pelo sangue (a essência do fogo sagrado) do Cordeiro (do Cristo). Esta é a palavra (a Palavra Falada) do seu testemunho — daqueles que não amaram suas vidas até a morte.[4]

E quando a unidade dos filhos da luz se manifestar no fluxo de sua comunhão com o Pai e a Mãe — afirmando "Eu e meu Pai somos Um; eu e minha Mãe somos Um" —, então, todos deverão ser reunidos num mesmo lugar.[5] E ouvirão "uma grande voz, vinda do trono, que diz: 'Agora o tabernáculo de Deus está com os homens. Deus habitará com eles, e eles serão o seu povo, e o próprio Deus estará com eles, e será o seu Deus.'"[6]

Os cristãos rezaram a Deus por intermédio de Jesus e Maria desde a fundação da Igreja até os dias de hoje. Veremos que a declamação do rosário é a exaltação da Maternidade de Deus e da Filiação Divina, que jamais será confinada a uma só Igreja ou a um só dogma. Da mesma forma que o tema do Filho de Deus concebido pela Virgem Cósmica é citado inúmeras vezes, em muitas religiões do mundo, também toda a humanidade irá, um dia, reverenciar a Mãe como fonte da vida e o Filho de Deus como o Salvador da Luz crística dentro de todos.

As "Adorações do Rosário", que precedem os mistérios da Parte Dois, consistem de orações escolhidas por Nossa Senhora para os cinco raios secretos. No "Ritual do Rosário de Maria" a recitação do rosário é explicada em 14 etapas, para que todos os que as leiam e sintam o amor da Mãe possam devolver esse amor através do imediato oferecimento dessas meditações, saudações e afirmações, ao mesmo tempo em que relembram os sagrados acontecimentos da vida de Nosso Senhor, cuja graça é suficiente para todos nós e cuja esperança é nossa eterna salvação.

A Parte Três deste livro é uma coleção de "Quatorze Mensagens da Palavra da Vida", ditada a nós por Nossa Senhora enquanto percorríamos todo o mundo pregando o evangelho do reino.[7]

Como parte da missão da hierarquia celestial, a Palavra Falada de Deus foi transmitida por meio das nossas chamas gêmeas, pelo corpo dos santos que conhecemos como Mestres Ascensos. Ao dar o testemunho do fogo sagrado e da Lei do Logos, a hierarquia proclamou que a missão das duas testemunhas[8] foi realizada.

A palavra de Maria apresentada nessas 14 mensagens prepara a consciência individual para as experiências iniciáticas dos últimos dias de Jesus na Terra. À medida que o discípulo assimila a própria consciência de Nossa Senhora e da perfeita vontade de Deus para todos os seus filhos e filhas, ele é abençoado pelo *momentum* vitorioso de Jesus em cada uma das 14 estações (iniciações) da *via dolorosa*.

Para conhecer Maria, a Mãe, devemos estar conscientes da aparência individual de sua chama de Deus durante os séculos a serviço do Pai, do Filho e do Espírito Santo. Portanto, em nossa introdução à "A Alma de Maria no Céu", desejamos familiarizar os filhos de Nossa Senhora, tanto os que reconhecem sua chama quanto os que não a conhecem, com uma nova abordagem e melhor compreensão das funções dessa Mestra Ascensa. Pois, como padroeira da juventude no mundo, ela mantém uma posição-chave na hierarquia dos Mestres Ascensos, que divulgaram as escrituras para a Era de Ouro através dos ensinamentos e publicações da Summit Lighthouse.

Nossa Senhora legou à humanidade o arquétipo da mulher da Nova Era. Através do seu exemplo e da sua constância, ela evoca a Mulher Divina em todos nós. Ela não apenas nos mostra *como* o princípio feminino deve ser resgatado, mas também *porque* deve ser resgatado, para que o Divino Filho Varão, desabrochando como o homem e a mulher crísticos, possa surgir dentro de cada filho e filha amados de Deus.

Esse é o Divino Filho Varão que deve vir para reger todas as nações — todos os aspectos da consciência humana —, com vara de ferro.[9] O significado da palavra *vara*, neste contexto, é "radiação da divindade", e o significado do ferro é eu, o EU SOU "regendo a natureza".* A natureza inclui os quatro planos da consciência de Deus, designados como fogo, ar, água e terra, os quais, por sua vez, correspondem aos quatro corpos inferiores do homem e do planeta.

Assim, a regência das nações com vara de ferro é a "radiação da divindade no EU SOU regendo as nações". O estabelecimento dessa regência é o objetivo da encarnação do raio feminino nesta e em todas as eras. O ápice da missão do feminino divino e da energia espiral de Ômega, tanto no homem quanto na mulher, é a realização da consciência crística.

Até que o princípio feminino da Divindade seja dignificado em cada homem e mulher, o Cristo não poderá nascer. Até que o Cristo nasça no indivíduo, o desenvolvimento da identidade do homem e da mulher não poderá experimentar o novo nascimento. Assim, o renascimento do Cristo no homem e na mulher, muitas vezes citado como "a Segunda Vinda", é necessário para a salvação da alma. De fato, o Cristo Pessoal individual é o Salvador do mundo do indivíduo.

Quando o Cristo nasce no coração do homem e da mulher, sua consciência depõe o anticristo, a quem Paulo se referia como a mente carnal, que é a inimizade contra Deus.[10] Pois o Filho de Deus surge para destruir o dragão do eu inferior, o ego humano, que deve ser sufocado para que o Ego Divino possa surgir.

Sem a Mãe não pode haver o Filho. Sendo assim, esta trilogia é dedicada a todos os devotos da Mãe Abençoada e do seu Filho, Jesus Cristo, que personificou a glória do Filho unigênito de Deus, para que possamos contemplar sua luz — "a luz verdadeira que ilumina todo homem estava vindo ao mundo"[11] — sendo, dessa forma, moldada à sua imagem.

Esta é a amada esperança da Mãe e sua fervorosa fé: que seus filhos, seguindo os preceitos do Pai, possam alcançar com sucesso

---

*No original, em inglês, vara (*rod*) seria o acrônimo de "radiance of divinity" (radiação da divindade), e ferro (*iron*) seria o acrônimo de "I AM rules over nature" (O EU SOU rege a natureza) (*N. do T.*)

muito mais que seus sonhos mais distantes. Assim, ela nos chama com um poema e um sorriso:

> A morada da Filiação divina
> Mantém sua porta em aberto.
> A escuridão da mente mortal
> Nela não penetra, decerto.
>
> Pois logo além do poente mortal
> Está a luz imortal do amanhecer,
> Tremulando na face da manhã
> As promessas do que vai acontecer.
>
> A alegria deste dia da vida imortal
> Ecoa do passado conturbado,
> Cintilando o frescor da estrela da manhã,
> Como diamantes cristalinos no gramado.
>
> Como uma gota de orvalho, e até mais clara
> Ela se revela no brilho desse novo dia;
> No fervor onde se vê, mais e mais perto
> O rosto do próprio Cristo que se anuncia.
>
> Como uma rede frágil que trepida
> Com o trovejar do sol incomum,
> Um portal lindo de eternidade
> Abre suas portas para cada um!

A serviço dela eu permaneço sempre,

Elizabeth Clare Prophet

Introdução

A Alma de Maria no Céu

Nossa Senhora pertence ao reino angélico, e foi escolhida por Alfa e Ômega, o Deus Pai-Mãe, para encarnar nos planos da matéria e fazer nascer o Cristo, o Verbo encarnado. Ao manter o conceito imaculado para a encarnação do Verbo em Jesus Cristo, ela determinou o padrão arquetípico do Cristo para a sexta raça-raiz.[1] Expressando em sua alma a plenitude da Presença de Deus como Mãe, através de sua "magnificação" do Senhor, ou da "lei" do ser, ela deu o exemplo para a culminação da verdadeira feminilidade e para a elevação do princípio feminino na era de Peixes.

Maria serve no quinto raio da verdade, da concentração, da constância, da ciência, da cura e da precipitação. Ela diz: "Pelo fato de a chama do quinto raio se relacionar com a precipitação na matéria,* e pelo fato de o aspecto feminino da chama estar diretamente relacionado com as espirais da realização Divina que descem do mundo sem forma para o da forma, fui escolhida por Alfa e Ômega para encarnar neste sistema de mundos, para dar no tempo e no espaço o exemplo da Mulher Divina que alcança a completa realização como a Mãe Divina [da consciência crística encarnada]."[2]

* A palavra *mater*, que significa "mãe" em latim, é usada aqui de forma indistinta com a palavra *matter*, que significa "matéria" em inglês.

Enquanto sua chama gêmea, o Arcanjo Rafael, permaneceu nos planos do Espírito, Maria encarnou nos planos da matéria para manifestar o equilíbrio do fluxo da verdade "assim no Alto como embaixo" e para ser, tanto na Terra quanto no céu, a personificação do raio da Mãe. Ela é uma das arquéias* que vivenciaram diretamente o véu das lágrimas humanas e que — como os avatares, os Budas e os Cristos de todas as eras — se ofereceram como voluntárias para trabalhar no mundo da forma, em carne e sangue, para salvar as ovelhas perdidas da casa de Israel. Como ela mesma disse: "Confortai-vos, meus filhos! Não há lugar algum na Terra em que possais estar e onde eu já não tenha estado."[3]

Para conhecermos Maria, a Mãe, precisamos perceber a aparência da sua individualização da chama de Deus durante os séculos de seu serviço ao Pai, ao Filho e ao Espírito Santo. A alma de Maria demonstrou mérito e recebeu o treinamento dos sacerdotes do fogo sagrado na ciência da Grande Lei. Tanto em encarnações anteriores de consagração à chama quanto entre as suas encarnações, enquanto servia nos retiros da Grande Fraternidade Branca[4] com muita diligência e coração reto, Maria foi capaz de transferir seus *momentums* de mestrio, adquirida no reino angélico, para formas de serviço no mundo da humanidade que evolui.

Pela obediência e amor altruísta, o divino complemento do Arcanjo Rafael conquistou uma posição na hierarquia que muitos almejam, mas poucos alcançam. Para aquela que ofereceu a vida como porta aberta para o amor celestial ser consumado na Terra, o céu abriu suas portas. Maria freqüentou os templos dos arcanjos e foi bem recebida pelos hierarcas dos retiros da Fraternidade, que a receberam como discípula e mestra.

O apelo dos mensageiros de Deus, dos serafins e querubins, tanto antes quanto depois da descida de sua alma à forma providenciada por Ana e Joaquim, foi uma manifestação tangível da

---

*Arquéias são o complemento feminino, ou chamas gêmeas, dos arcanjos.

graça de Deus que a ajudou a manter o delicado instrumento da sua consciência sintonizado com as verdades celestiais das esferas interiores, que ela conhecia e dominava há muito tempo. Esses seres angélicos também a ajudaram a focalizar a consciência da graça atenta.

Logo após a queda de Eva, Maria foi designada, pelos Senhores do Carma,[5] a exemplificar na Terra a elevação do raio feminino. Mas, antes de encarnar na Terra, Maria morou em Vênus e lá ela serviu entre as evoluções cujas energias se focalizam no plano etérico e que, durante milhares de anos, mantiveram, através das leis da harmonia e do amor, a cultura da Mãe Divina.

As almas que evoluem sob Sanat Kumara e Mestra Vênus são aquelas que se submeteram às leis do desapego — humildade, castidade, obediência, abnegação, pureza e ausência de desejo — e são, portanto, livres para serem agentes do fluxo das energias criativas do Sol Central.*

Maria, então, depois de permanecer por longo tempo em Vésper (Vênus), foi preparada para vir à Terra e desafiar a perversão da chama da honra cósmica perpetrada pela humanidade — os flamejantes cristais em espiral da obediência às leis de Deus que sustentam os próprios movimentos dos átomos e o ritmo dos corpos celestiais. Ela veio trazendo uma generosa porção do fogo da Mestra Vênus, carregada com o seu amor, tendo também a responsabilidade de redimir a natureza feminina em toda a humanidade. Por meio do seu próprio *momentum* de graça, combinado com o de Rafael, Maria prosseguiu em sua missão — "operação regeneração" — na constância do raio esmeralda, o quinto raio. Para lhe dar assistência nessa operação, o Senhor designou-lhe um completo suprimento de anjos e hierarquias que serviam sob o Arcanjo Rafael, com a finalidade de gravar na consciência — no corpo, na

---

*O Sol Central é o ponto de origem de toda a criação físico-espiritual.

alma e na mente — das evoluções da Terra as leis da verdade, o poder transformador da verdade e a ciência da verdade.

Mantendo o equilíbrio de Alfa e Ômega no centro da mandala esférica dessa ordem de hostes angélicas, Rafael e Maria se ofereceram ao Deus e à Deusa Meru.[6] Diante do grande altar do raio feminino no retiro etérico deles, no Templo da Iluminação sobre o lago Titicaca, eles foram — arcanjo e arquéia — prestar os votos de trazer a verdade para toda a evolução de almas que estavam para encarnar sob a sexta dispensação, favorecida pelo Deus e pela Deusa Meru. Pois, através dessas magníficas chamas gêmeas que representam Hélios e Vesta — o Centro Pai-Mãe do nosso sistema solar —, a onda de vida, ou grupo de almas conhecido como a sexta raça raiz receberiam o ímpeto da espiral de Alfa e Ômega.

Encarnação na Terra

Sob a tutela dos hierarcas da sexta dispensação, Jesus encarnou para expressar em corpo, mente e alma o arquétipo do Filho de Deus, o Cristo, enquanto Maria veio expressar a encarnação do raio feminino em sua relação com o Pai, o Filho e o Espírito Santo. Ela vem como a Mãe do Deus encarnado, a filha favorita do Altíssimo, a irmã do fogo sagrado, de reis e sacerdotes para Deus,[7] dos espíritos da natureza e de todos os que seguem o caminho de volta para casa. Ela nos guia para o objetivo final do Feminino divino, para a matriz culminante da feminilidade divina em toda a sua glória — a de ser a noiva do Espírito Santo.[8]

Depois de fazer o seu noviciado no retiro do Deus e da Deusa Meru, período durante o qual também fez jornadas com Rafael e as hostes angélicas dedicando-se às disciplinas dos vários retiros da Fraternidade, chegou o tempo em que ela deveria encarnar em Nazaré para dar início às espirais da Era de Peixes e da vitória sobre a morte, através da mestria dos fogos do Feminino divino. Os registros mostram que pela sua aplicação ao raio da Mãe, as espirais de fogo branco, circundando-se e entrelaçando-se dentro de seu coração, formaram um cosmos em si mesmas. Desse modo, o fluxo regenerativo da mente de Deus, ali concentrado e consagrado, veio fornecer a energia e o rumo para milhões de evoluções que puderam alcançar a realidade de seu potencial divino através do Sagrado Coração de Maria. O fluxo de fogo mantido no interior do coração de Maria por sua devoção é tão puro que é como um reservatório de luz para todos os povos e nações. A luz de seu coração é um verdadeiro sol, uma fonte de socorro para todos os que clamam a Deus em seu nome.

Quando os devotos da Mãe pedem a consagração de entes queridos ao Imaculado Coração de Maria — daqueles que estão passando deste plano para o próximo, de nações ou de pessoas necessitadas —, a resposta é imediata. Feixes de luz que se derramam de seu coração suprem as puras energias necessárias para ajudar o planeta e seu povo a atravessar suas horas mais sombrias. O fogo do coração de Maria é uma luz líquida, dourada e rosa, que infunde almas, corpos e mentes com cura, inspiração, orientação e auxílio sempre presente.

Embora muitos seres gloriosos se disponham, entre as hostes celestes, a servir às necessidades da humanidade, nenhum deles consegue substituir a imagem de Maria dentro do coração de quem contemplou sua glória. Ela vem a qualquer hora do dia ou da noite para envolver carinhosamente em seu abraço de amor e seu manto de proteção todos os que clamam a Deus e buscam o conforto da Mãe Cósmica. Como disse São Bernardo, ninguém que alguma vez buscou sua proteção ou pediu sua intercessão deixou de ser atendido. Com seus cabelos dourados e abundantes, seus olhos de profundo azul-esverdeado, suas feições perfeitas que brilham em um rosto oval, sua forma delicada mas forte, sua altura graciosa, imponente sem ser muito alta, ela vem envolta pelos mantos de uma deusa celestial e nos revela a luz de seu coração como diamantes cintilantes, tão brilhantes que mal conseguimos olhar, tão ofuscante é este foco do Sol Central. Aqueles que tiveram o privilégio de observar esse aspecto de sua consciência cósmica, muitas vezes se referem ao coração diamantino de Maria, e oferecem louvores à luz da sagrada vontade de Deus ali concentrada para nutrir as evoluções da Terra.

No Templo da Iluminação, o Deus e a Deusa Meru ancoraram nos corpos etérico e mental de Maria os preceitos que ela transmitiu a Jesus quando ele era criança. Esses padrões etérico-mentais também forneceram as matrizes pelas quais as energias em espiral fluíram enquanto Maria levava Jesus em seu ventre. Desse modo, todo o *momentum* do raio feminino vindo do alto dos Andes tornou-se tangível no corpo de Jesus através da alma de Maria. O ancorar do raio masculino, vindo do retiro do Senhor Himalaya, que fica nas montanhas do Himalaia, foi realizado por Jesus em sua juventude, quando viajou ao Oriente, entre os 12 e os 30 anos,[9] e freqüentou muitos dos retiros da Fraternidade.

Da mesma forma que Maria foi preparada durante milhares de anos para o papel que deveria desempenhar no grande drama da Era de Peixes, no qual o Senhor se faria conhecer a seu povo como a chama da mestria Divina, José também foi preparado para focalizar a chama do Pai e fornecer a proteção requerida para formar a chama trina, que seria a base da família divina e de toda a dispensação cristã.

Hoje, José é conhecido como o Mestre da Liberdade, Saint Germain. Da mesma forma que Maria foi chamada de Mãe de Deus, José também adquiriu o direito de ser chamado de Deus da Liberdade para a Terra e de Mestre da Era de Aquário. O retorno à unidade da família, no qual cada membro considera sagrada sua função e sua posição na trindade, é o começo do retorno da civilização aos padrões da Era de Ouro.

Em José, o pai, em Jesus, o filho, e em Maria, a mãe que desposou o Espírito Santo, vemos as fundações para a cidade dourada do sol, a Cidade Quadrangular, tornar-se o reino de Deus em manifestação na Terra. José obedeceu à ordem do anjo para que fosse para o Egito depois do nascimento de Jesus, pois Herodes planejava matar aquele cujas profecias chamavam de rei dos judeus, aquele que seria a chave para a encarnação de Deus entre os israelitas.[10] Então, enquanto inocentes eram assassinados,[11] Maria e José fugiram para o Egito e levaram Jesus ao Templo da Ascensão, em Luxor, onde, ainda em tenra idade, ele estudou as disciplinas da Lei e os princípios alquímicos que mais tarde demonstraria publicamente, nos últimos três anos de sua missão.

Os textos dos primeiros patriarcas da Igreja registram muitos episódios da infância de Jesus que não foram incluídos nos quatro Evangelhos. Jesus voltou a Jerusalém após a morte de Herodes "para que se cumprisse o que foi dito da parte do Senhor pelo profeta: Do Egito chamei o meu Filho".[12]

Aos 12 anos, Jesus foi encontrado conversando no templo e confundindo os doutores.[13] Em tenra idade foi batizado pelo Espírito Santo; e, durante os anos que se seguiram, estudou nos retiros da Fraternidade no Extremo Oriente, no Retiro do Lótus Azul, sob a orientação do Senhor Himalaya, e também sob o seu guru, o Senhor Maitreya, além de outros mestres ascensos e não-ascensos. Ali, ele aprendeu a mestria sobre os quatro planos do Espírito e da Matéria, através dos mantras, das meditações e das afirmações transfiguradoras, que ensinou a seus discípulos. Uma das mais importantes delas é "EU SOU a ressurreição e a vida".[14]

Embora já houvesse sido ancorado na alma de Jesus todo o necessário para que realizasse sua missão, foi-lhe proporcionada uma preparação para os seus últimos três anos de demonstrações públicas da Lei, para que ele pudesse ancorar em seus quatro corpos inferiores os símbolos sagrados e hieróglifos, as matrizes da perfeição. Tudo isso foi a preparação para a vitória final, a demonstração pública da vitória da vida sobre a morte e a elevação do corpo físico pelo poder da chama da ressurreição. Quando Jesus se viu preparado para entrar na vida pública, tendo se curvado perante os membros da hierarquia, que teriam preferido ser seus alunos a seus gurus, ele revelou, passo a passo, os 33 testes que precisam ser aplicados a cada um que deseje se reunir com a chama de Deus.

Os primeiros e os últimos anos de Jesus e seus ensinamentos sobre a senda da iniciação serão o tema do próximo volume.[15] Nesta introdução sobre a alma de Maria, tentamos mostrar seu relacionamento com Jesus. Apesar de toda força, luz e devoção de Nossa Senhora, os últimos três anos da missão de Jesus foram um período de muitos testes e dificuldades para a Mãe. Entretanto, foi o seu *momentum* concentrado no quinto raio que a capacitou a sustentar a matriz do triunfo da verdade através da milagrosa vida de Jesus até o momento da sua crucificação, ressurreição e vitória na luz.

As palavras de despedida de Jesus para sua mãe, antes da sua morte na cruz, foram uma referência ao discípulo amado, João: "Mulher, eis o teu filho!" Em seguida, disse ao discípulo: "Eis a tua mãe!" Desse modo, o manto do filho — o Filho de Deus — foi passado naquele momento ao discípulo mais importante de Jesus. E está escrito que, a partir daquela hora, o discípulo a recebeu em sua casa.[16]

Os Últimos Anos

Depois do período de 40 dias em que Jesus apareceu aos apóstolos e às santas mulheres no cenáculo, Maria reuniu-se ao círculo de devotos que haviam se preparado para receber os mistérios iniciáticos, reunindo-se com freqüência para ouvir ensinamentos e receber a sagrada Palavra de Jesus Cristo. Pela descida do Espírito Santo no dia de Pentecostes eles se tornaram o corpo de Deus sobre a Terra, cujas almas, por sua consagração, formaram os alicerces da Igreja Cristã.

Maria, a Mãe, foi reconhecida como líder dessa comunidade de portadores de luz — o centro do círculo de apóstolos, discípulos e santas mulheres. Ela foi a verdadeira fonte das energias crísticas que fluíam pela Terra Santa, o Mediterrâneo, a Ásia Menor e onde quer que as boas-novas do Cristo, a luz do mundo, estivessem sendo levadas. Saindo do coração de Maria, anéis concêntricos de fogo — o fogo do Espírito Santo — se expandiam, formando o abraço cada vez mais abrangente do Pai-Mãe, que contém toda a humanidade em sua geometria de amor.

Depois de algum tempo, de acordo com as instruções fornecidas por Jesus e pelo Arcanjo Rafael, Maria, com a ajuda de João, o amado, e de José de Arimatéia, fez uma viagem pelo Egito, Mediterrâneo, até as ilhas Britânicas, para ancorar a luz crística para a dispensação de Peixes.

Eles foram ao retiro da Fraternidade em Luxor, no Egito; ao Templo da Verdade na ilha de Creta, do outro lado do mar Mediterrâneo, pararam no sul da Itália, no sul da França e em Portugal, seguiram pelo estreito de Gibraltar até Glastonbury, nas ilhas Britânicas, e foram até a Irlanda.

Em todos esses lugares, sete devotos ancoraram os sete raios do Espírito Santo que iriam habilitar os seguidores da luz da senda crística a manifestar os sete aspectos da consciência de Cristo[17] nos próximos dois mil anos. Maria ancorou o foco do quinto raio do retiro do Arcanjo Rafael, localizado sobre Fátima, em Portugal, onde mais tarde ela apareceria, no estado ascenso, às crianças santas, e realizaria milagres diante das multidões. Em cada um desses lugares a chama da verdade, à qual seu coração se dedicara por tanto tempo, foi ancorada. O foco de cura em Lourdes, no sul da França, é a manifestação divina dos serviços de Maria tanto na Terra como no céu.

De acordo com a lenda, o Santo Graal, o cálice utilizado por Jesus na Última Ceia, foi enterrado em um poço em Glastonbury. Ali, Jesus apareceu e ancorou a chama do Cristo, que mais tarde inspiraria El Morya, então encarnado como Rei Arthur, a formar os Cavaleiros da Távola Redonda e incitá-los à busca do Santo Graal. O foco da chama trina colocado na Irlanda foi, muitos anos depois, utilizado por São Patrício, que ensinou o mistério da Trindade através do trifólio,* ilustrando a união indivisível de Pai, Filho e Espírito Santo. Ele invocou também a espada da verdade para rechaçar a praga das serpentes que ameaçava a terra do Eire.**

A chama da cura verde-esmeralda permanece até hoje como símbolo da Irlanda e uma lembrança da jornada realizada há muito tempo por esses sete representantes da luz, cuja devoção aos sete raios os levou a pavimentar com sucesso o caminho para a expansão do Cristianismo na Europa e, por fim, em todo o hemisfério ocidental.

Acredita-se que Maria passou os últimos anos de sua vida em Jerusalém, e fez sua transição na Cidade Santa, por volta do ano 48. De acordo com a tradição local, João levou Maria até Éfeso por algum tempo, para escapar da perseguição em Jerusalém. Examinando as várias tradições a respeito da transição de Maria, encontramos evidências que nos levaram de volta ao cenáculo, ao "andar de cima", no qual aconteceu a Última Ceia, e onde os apóstolos se reuniam depois da partida de Jesus. Nos Atos dos Apóstolos lemos que os apóstolos "todos perseveravam unanimemente em orações e súplicas, com as mulheres e Maria, mãe de Jesus, e com seus irmãos".[18]

Diz-se que a Mãe da Igreja primitiva manteve a chama da Mãe em prol das evoluções da Terra no Monte Sião, em uma casa com

* O trifólio, mais conhecido como trevo, é um dos ícones mais importantes da Irlanda até os dias de hoje. (*N. do T.*)

** Eire é a antiga denominação da Irlanda, em idioma celta. (*N. do T.*)

vista para a cidade, o templo, o vale do Cedron e o monte das Oliveiras. Ali, na câmara superior que se tornou o lugar de encontro dos discípulos e onde a primeira Igreja Cristã foi estabelecida, Maria compartiu o Logos durante os seus anos finais de glória. É nesse lugar que os cristãos guardam a lembrança do momento de adormecimento, ou "sono" da Mãe Abençoada.

São João Damasceno, patriarca grego da Igreja do século VIII, descreve a passagem de Maria com os apóstolos ao seu redor. Ele descreve como eles foram levados, pela graça divina, a entoar hinos de despedida; como coros angélicos cantaram para a Mãe Divina; e como os apóstolos carregaram sobre os ombros seu esquife pelas ruas da Cidade Santa, seguidos por toda a congregação cristã, enquanto anjos acompanhavam a procissão louvando a Deus, e cobriram o ataúde com suas asas como proteção.[19]

Segundo a tradição, Maria foi colocada para repousar num sepulcro próximo à Gruta de Getsêmani. No terceiro dia, Tomé, que estivera ausente, foi até o túmulo e os discípulos o abriram para que ele pudesse ver e acreditar. Conta-se que a tumba estava vazia e exibia apenas rosas e maravilhosos lírios brancos. Deus a recebera pelo ritual da ascensão, conhecido como a Assunção da Virgem Abençoada.

Por esses textos dos primeiros cristãos temos uma noção da glória do maravilhoso padrão da alma dessa filha do Altíssimo, escolhida para magnificar o senhor desde a hora da sua imaculada concepção no coração do Deus Pai-Mãe. Em sua encarnação final, Maria manteve, desde a infância, os focos tanto da chama da Mãe como do Verbo que se faria carne e habitaria entre nós.[20] Esse dom de manter o conceito imaculado na mente e no coração como imagem do mais sagrado mostrou ser o seu grande talento em todas as vidas que ela dedicou à verdade.

Nessa perfeita realização do Feminino divino, Maria anulou a queda de Eva, do mesmo modo que Jesus reverteu a espiral do pecado de Adão. Ao demonstrarem a Lei nos ciclos masculino e feminino da Divindade, eles prepararam o caminho para que todo homem e mulher que se dedique com afinco possa obter a mestria das energias da Era de Peixes e retornar ao Éden da unidade com Deus. Por meio do Sagrado Coração de Jesus e do Imaculado Coração de Maria, homens e mulheres podem invocar o poder, a sabedoria e o amor da Mulher e do Filho Varão para ressuscitar todas as energias da vida que já fluíram em seu ser e restaurar a mente (Pai) e o coração (Mãe) do eu à integridade divina.

A coroação de Maria, à qual a Igreja Católica se refere, é a coroação da Mãe Abençoada com as 12 estrelas da glória, significando sua mestria nos 12 mistérios iniciáticos pelo domínio das energias das 12 hierarquias solares.[21] Sua posição como Rainha dos Anjos e Rainha de Todos os Santos é compreendida à luz do fato de que, em cada dispensação, a cada ciclo de dois mil anos, um membro masculino e um membro feminino da hierarquia celeste ocupam os cargos do Cristo e da Mãe Divina. Desse modo, durante a Era de Peixes, Jesus e Maria ocuparam esses cargos na hierarquia. Seu triunfo sobre o último inimigo é a porta aberta para que os filhos e as filhas de Deus entrem por ela e herdem a vida imortal. "EU SOU a porta aberta que nenhum homem pode fechar!"[22]

As Aparições de Maria desde a sua Ascensão

Embora todas as mestras ascensas ancorem a chama da Mãe do Mundo, os cristãos reverenciam Maria como a Mãe das Mães, o arquétipo da maternidade. Desde a sua ascensão, Maria fez várias aparições conhecidas e continua, até hoje, a responder de forma imediata ao chamado de qualquer um de seus filhos na Terra.

Guadalupe

A aparição de Maria no México, no século XVI, teve um profundo efeito na expansão do cristianismo no Novo Mundo. Onde hoje fica a cidade de Guadalupe, Maria apareceu a Juan Diego, um índio asteca de 57anos, nascido na classe dos servos. Ele e seu tio, Juan Bernardino, estão entre os primeiros índios convertidos ao cristianismo.

No dia 9 de dezembro de 1531, Juan Diego estava indo prestar homenagem a Maria, na missa de sábado de manhã, quando uma súbita e inesperada sinfonia de pássaros o fez parar para ouvir; naquele momento, o som parou abruptamente. E, no silêncio, uma voz suave dirigiu-se a ele, chamando-o pelo nome.

Juan Diego escalou o monte gelado de onde vinha a doce voz e lá, no alto do pequeno monte, contemplou uma jovem mexicana de radiante beleza. Ela parecia ter 14 anos. Raios dourados de luz espargiam dela, em todas as direções. Tudo o que era atingido por sua radiante beleza parecia ficar banhado por uma etérea magnificência. Pedras, árvores e cactos refulgiam como jóias e ouro. Elevado pela glória que testemunhava, Juan Diego olhou calmamente para a moça que lhe disse: "Eu sou a sempre virgem Maria, Mãe do Deus verdadeiro." Maria explicou que gostaria que uma igreja fosse construída naquele monte, de onde "mostrarei minha compaixão ao seu povo e a todos que, sinceramente, pedirem minha ajuda em seu trabalho e em suas aflições".[23]

Atendendo ao pedido da Virgem Abençoada, Juan Diego visitou por duas vezes o senhor bispo na Cidade do México, que exigiu dele um sinal que servisse de prova. Maria prometeu dar o sinal a Juan na segunda-feira seguinte, pela manhã. Juan, no entanto, faltou ao encontro, pois cuidava de Juan Bernardino que caíra enfermo, vítima de uma febre mortal. Juan Diego passou pelo monte sagrado na terça-feira de manhã, indo em busca de um padre para dar a extrema-unção a seu tio. Nossa Senhora desceu do monte e se encontrou com ele na estrada. Disse-lhe que Juan Bernardino já fora curado e que, já que ela atendera ao seu pedido, ele estava agora livre para atender ao dela.

Maria instruiu Juan Diego a escalar o monte congelado e colher as flores que encontrasse lá. E, no meio da grama coberta pela geada e pelas rochas geladas, Juan encontrou magníficas rosas castelhanas, perfumadas e cobertas de orvalho. Juan encheu o seu *tilma*, ou poncho, com as maravilhosas rosas e voltou à Virgem, que arranjou as flores em seu poncho, prendeu as pontas da vestimenta em torno de seu pescoço e enviou-o ao bispo.

Junto ao bispo estavam vários assessores. Juan Diego disse ao bispo, de forma fiel, tudo o que a Virgem Abençoada lhe pedira que dissesse e, em seguida, soltou o poncho do pescoço e abriu-o, para exibir o sinal solicitado. As rosas caíram em cascata no chão. O bispo saltou da cadeira e se ajoelhou diante de Juan Diego. Logo todos na sala o seguiram, e pareceram estar rezando para Juan.

Isso o deixou confuso, até que olhou para baixo e viu o que o bispo e os assessores haviam visto. A Virgem Abençoada dera realmente um sinal, pois ali, enfeitando o seu poncho em cores brilhantes, estava a imagem da Virgem exatamente como a vira três dias antes, maravilhosamente radiante e linda. O bispo finalmente se levantou e levou o poncho com a imagem impressa para o altar, primeiro em sua capela e, depois, na primeira igreja construída no monte santo.

Vários conselheiros do bispo viajaram com Juan Diego para ver seu tio. Ao chegarem à casa de Juan Bernardino, encontraram-no relaxando ao sol. Ele lhes contou como estivera à beira da morte, e como a escuridão que o envolvia fora dispersada pela luz de uma jovem que subitamente apareceu ao lado de sua cama, irradiando paz e amor. Ela informou-o que ele ficaria bem, disse-lhe que se encontrara com Juan Diego e o enviara ao bispo com uma imagem dela, que seria consagrada no monte rochoso. E lhe disse: "Chame-me, e também à minha imagem, de Santa Maria de Guadalupe."[24]

Hoje, mais de 400 anos depois, a imagem perfeitamente preservada de Nossa Senhora de Guadalupe permanece exposta e é venerada na nova basílica, inaugurada em 1976. Por meio da intercessão da amada Nossa Senhora e galvanizada por esse milagroso sinal, milhões de astecas imediatamente abraçaram o cristianismo. Ao abençoar o Novo Mundo com sua aparição e intercessão, Maria claramente demonstrou o amor universal da Mãe Divina por seus filhos.

Lourdes

As aparições de Maria em Lourdes estão entre as mais conhecidas, e criaram um centro de peregrinação que já atraiu milhões de pessoas de todo o mundo. Bernadette Soubirous era a filha mais velha em uma família pobre, cujo pai era moleiro. Eles moravam na vila de Lourdes, no sul da França, aos pés dos Pireneus. No dia 11 de fevereiro de 1858, Bernadette estava catando lenha junto a uma gruta escavada na rocha. Assustada pelo rugir de uma tempestade, ela se voltou na direção da gruta. Ali, em uma das aberturas da rocha, notou uma roseira solitária que balançava como se soprada por um vento secreto. Uma nuvem dourada se formou e, em seguida, uma senhora de magnífica beleza apareceu acima da roseira.

Ela parecia ter 16 ou 17 anos, vestia um manto branco comprido, amarrado à cintura por uma fita azul que flutuava ao vento. Um comprido véu branco cobria quase por completo os seus cabelos e caía-lhe pelas costas até abaixo da cintura. Seus pés estavam descalços, mas cobertos pelas bordas do manto e por uma rosa amarela cintilante que enfeitava cada pé. Em seu braço direito trazia um rosário de contas brancas e uma corrente de ouro que, como as rosas em seus pés, brilhava como o sol.

Bernadette pegou seu rosário e imediatamente se ajoelhou. A Senhora rezou o rosário em silêncio, mas recitava em voz alta com

Bernadette cada Glória ao Pai. Bernadette continuava sem saber com quem estava rezando. Quando terminou o rosário, a Senhora retornou à nuvem dourada na fenda da gruta e desapareceu.

Maria visitou a menina 18 vezes na gruta. Pediu a Bernadette que ela levasse uma vela acesa em todas as visitas e que rezasse pelos pecadores. Na oitava visita, Maria exortou-a com a afirmação: "Penitência! Penitência! Penitência!" Na nona visita, disse-lhe que "bebesse da fonte e se banhasse nela".[25] Bernadette ficou confusa, pois não havia fonte alguma na gruta. Começou a cavar a terra nua com os dedos. Em poucos instantes, uma poça borbulhante foi se formando e Bernadette bebeu dela e lavou o rosto.

Grandes multidões acompanharam Bernadette em suas visitas à gruta. Investigações, do clero e de leigos, começaram, bem como perseguições. Bernadette manteve-se fiel à sua Senhora perante todos e continuou, corajosamente, a visitar a gruta. Na décima terceira visita, Maria pediu a Bernadette que fizesse o clérigo construir uma capela na gruta e trouxesse o povo em procissão.

Na décima sexta visita, Maria revelou sua identidade, declarando: "Eu sou a Imaculada Conceição."[26] Bernadette não sabia o que significava "Imaculada Conceição", mas esta expressão marcou os corações e as mentes do mundo todo com a beleza, a legitimidade e a magnificência divina daquela Senhora radiante, que abençoou Bernadette e todo o planeta com sua presença.

A fonte que fluiu nas mãos de Bernadette ao comando da amada Nossa Senhora tem propriedades de cura milagrosas. As suas águas, que continuam a fluir até hoje, atendem às necessidades mentais, emocionais, espirituais e físicas dos que vão com fé se banhar nelas.

Algum tempo depois de a fonte ter aparecido, um homem aleijado deixou suas muletas nas pedras da gruta, como sinal de sua cura milagrosa. Hoje, milhares de muletas e velas dão ao mundo a mensagem de gratidão pela generosa misericórdia da Mãe de Deus. Uma comissão internacional de médicos examinadores atesta a legitimidade das curas que continuam a fluir do santuário de Nossa Senhora da Imaculada Conceição. Comprovadas pelos mais modernos testes científicos, as curas da fonte de água viva de Maria continuam a prestar testemunho na Terra da eterna sabedoria do nosso Deus Pai-Mãe no céu.

Fátima

Em 1917, a Mãe Abençoada apareceu a três pastorinhos perto da cidade de Fátima, em Portugal. Naquela época, a Primeira Guerra Mundial assolava a Europa e os bolcheviques planejavam sua revolução na Rússia.

Santa Ametista, complemento divino do Arcanjo Zadkiel, mencionou a visita de Maria às campinas rochosas de Portugal:

"Uma das maravilhosas aparições que Maria fez em vossa época foi a de Fátima, quando um grande milagre foi realizado diante dos olhos de três sagradas crianças escolhidas pela lei cármica, que tiveram como recompensa testemunhar uma manifestação dessa Mãe Abençoada.

"Chamo vossa atenção para o fato de que as três santas crianças que receberam essa visão também fizeram parte da comunidade dos essênios, conheceram-na ainda num estado de imperfeição e eram os principais críticos dela naquela época. Eis, portanto, que lhes foi permitido vê-la em toda a glória, expressando e realizando a grande verdade de Deus, à qual ele se referiu quando disse: 'Trarei teus inimigos aos teus pés para que possam saber o quanto te amei.'"[27]

Antes das visitas de Nossa Senhora, o Anjo da Paz apareceu três vezes às crianças — Lúcia dos Santos, com 9 anos, Jacinta e Francisco Marto, seus primos, com 6 e 8 anos, respectivamente. Era o verão de 1916.

Em sua primeira aparição, as crianças viram uma grande luz ofuscante que se movia pelo vale, indo de leste para oeste. À medida que a luz foi chegando perto da caverna em que brincavam, perceberam a forma de um rapaz de 14 ou 15 anos de idade, "transparente como cristal quando o sol brilha através dele, e de grande beleza".[28]

Enquanto contemplavam seu semblante cheio de glória, ele falou: "Sou o Anjo da Paz. Rezem comigo." Ele, então, se ajoelhou, tocando o solo com a testa e rezou: "Ó meu Deus, eu creio, adoro, espero e amo-Vos. Peço-Vos perdão por aqueles que não crêem, não adoram, não esperam e não Vos amam." O anjo fez esta oração três vezes, com as crianças repetindo logo em seguida. Então, levantou-se e disse às crianças para rezarem desse modo, pois "os corações de Jesus e de Maria estão atentos à voz das súplicas de vocês".[29]

Em sua segunda visita às crianças, em cujos corações a hierarquia achou por bem focalizar a ação trina da chama da paz, o anjo identificou-se como o Anjo da Guarda de Portugal. Ele os incentivou, dizendo: "Orem! Orem muito! Os corações de Jesus e de Maria têm planos misericordiosos para vocês. Ofereçam orações e sacrifícios constantes ao Altíssimo." Lúcia, focalizando o amor do Espírito Santo, perguntou de que maneira eles poderiam fazer sacrifícios, e o anjo respondeu: "Com todas as suas forças, ofereçam um sacrifício como um ato de reparação pelos pecadores que O ofenderam, e de súplica pela conversão dos pecadores. Isso trará paz para o seu país. Eu sou o Anjo da Guarda de seu país, o Anjo de Portugal. Acima de tudo, aceitem e suportem com submissão o sofrimento que o Senhor lhes vai enviar."[30]

Na terceira e última aparição, em setembro ou outubro de 1916, o anjo desceu na luz cristalina, segurando um cálice com a hóstia do Senhor suspensa sobre ele. O cálice e a hóstia permaneceram no ar, enquanto ele se ajoelhou e se dirigiu à Divindade, dizendo:

"Ó, Santíssima Trindade — Pai, Filho e Espírito Santo —, adoro-Vos profundamente e ofereço-Vos o Preciosíssimo Corpo, Sangue, Alma e Divindade de Jesus Cristo, presente em todos os Sacrários da Terra, como reparação pelos ultrajes, sacrilégios e indiferenças com que Ele é ofendido. E, pelos méritos infinitos do seu Santíssimo Coração e do Coração Imaculado de Maria, peço-Vos a conversão dos pobres pecadores."[31]

Ele, então, serviu a Sagrada Eucaristia às crianças, dizendo: "Comam e bebam o Corpo e o Sangue de Jesus Cristo, horrivelmente profanado pelos homens ingratos. Façam a reparação dos seus crimes e consolem o seu Deus."[32] As crianças viram gotas de sangue pingando da hóstia, dentro do cálice. O anjo serviu a hóstia a Lúcia, e a Jacinta e Francisco serviu o cálice (pois eles ainda não haviam feito a primeira comunhão); eles beberam um pouco cada um. Mais uma vez, o anjo se prostrou e recitou a oração três vezes, com as crianças acompanhando-o.

Como vemos, esse anjo fulgurante veio como mensageiro da Mãe Divina, para preparar a consciência das crianças para a visita dela, e também para testá-las e ver se estavam realmente preparadas para obedecer ao seu representante e rezar como ele as havia instruído a fazer. Se conseguissem ser aprovadas nessa iniciação da hierarquia, seriam consideradas merecedoras de receber a Virgem Abençoada em pessoa.

Esse Anjo da Paz se revelou a nós como chefe da hoste de anjos conhecidos como a Legião da Paz. E pelo Guardião dos Pergaminhos soubemos que ele ajudou Jesus a amplificar a chama da paz durante o seu ministério na Galiléia. Ele foi também um dos anjos ministrantes que junto com Santa Ametista vigiou ao lado de Jesus, no Jardim do Gestsêmani. Ele foi um dentre as hostes celestiais enviadas por Deus para amparar Jesus depois que ele rezou: "Pai, se queres, afasta de mim este cálice; todavia não se faça a minha vontade, mas a Tua."[33]

Embora o Pai, agindo em conformidade com sua própria Lei, não tenha "afastado o cálice", ele enviou seus arcanjos e arquéias e, entre eles, esse Anjo da Paz, para fortalecer Jesus em sua resolução de realizar a vontade de Deus. A presença flamejante desses anjos foram eletrodos para magnetizar as chamas de paz e poder, cura e verdade, fé, esperança e realidade do próprio Corpo Causal de Jesus, ajudando-o, dessa forma, a expressar todo o *momentum* de sua própria luz, para suportar a traição, o julgamento e a crucificação que estavam diante dele.

As três aparições do Anjo da Paz às crianças serviu para estabelecer no coração, na mente, no corpo e na alma delas os aspectos da Santíssima Trindade. Na primeira aparição, o anjo lhes deu o comando: "Rezem comigo", testando sua obediência, sua fé e seu amor à vontade de Deus. Ele as ensina a invocar a lei do perdão em prol daqueles cujos pecados se colocam entre eles e Deus.

Todas as manifestações de pecado, que representam a anulação das sagradas alianças da lei pelo indivíduo, geram um peso de densidade, ou peso cármico, dentro de sua aura ou campo de força. Quando alguém que possui fé invoca a chama e a lei do perdão em prol daqueles cujo pecado tão de perto os rodeia,[34] o Senhor Deus dos exércitos responde com o ato de misericórdia. Ele coloca de lado um pouco desse peso para que a humanidade, sendo afastada por algum tempo da vontade humana, possa conhecer a liberdade de lutar para vencer, na alegria da vontade de Deus.

O Anjo da Paz comunica às crianças o pedido de Jesus e de Maria, assegura-lhes que através da luz dos seus corações suas orações seriam atendidas, e se afasta, para que a fé e a obediência deles às suas ordens sejam testadas.

Neste exemplo de intercessão das hostes angélicas recebemos por autoridade divina o ensinamento do Senhor sobre vários aspectos da oração: (1) de que a oração é uma forma necessária de comunicação entre o homem e Deus; (2) de que os devotos são chamados a rezar pelos ímpios; os justos, pelos injustos; (3) de que é direito de todos os que adoram, esperam e amam o Senhor pedir perdão para os que não o fazem, de que o ato de pedir perdão não só para si, mas para os outros, é função dos filhos de Deus; (4) de que a oração é mais eficiente quando repetida — especificamente, quando repetida três vezes —, e que a repetição da oração, quando feita com fé, esperança e caridade, não significa uma repetição vã; (5) de que o homem pode rezar a Deus e receber ajuda dos corações de seres celestiais, como Jesus e Maria.

Vemos aqui a prova da existência de uma ordem celestial, ou hierarquia de seres, que serve a Deus em prol da humanidade que evolui; e que os corações desses seres, ardentes de amor, respondem com luz à voz do suplicante. Isso nos mostra que é necessário rezar em voz alta. Segundo os Ensinamentos dos Mestres Ascensos,[35] é o poder da Palavra falada que torna a oração eficiente.

Em sua segunda visita, o Anjo da Paz dá iluminação esclarecendo suas ordens; e como recompensa por sua obediência, explica às crianças um outro aspecto da lei da oração. Ele ordena: "Rezem muito", mostrando novamente a necessidade de constância e repetição da oração para construir um *momentum* de misericórdia e perdão em prol da humanidade. Diz às crianças que Jesus e Maria têm desígnios misericordiosos para elas, e deixa subentendido que os desígnios não podem ser-lhes concedidos a menos que supliquem constantemente por eles. Em seguida, ordena-lhes que se sacrifiquem.

Sacrificar-se é desistir de algo que é precioso para o eu, e o sacrifício supremo é a renúncia total ao eu. A cada vez que uma criança de Deus oferece algo de si mesma para a Divindade, esta pode retribuir multiplicado mil vezes ao suplicante e, através dele, a toda a humanidade.

Quando parte da raça humana desafia a Lei, seja individualmente, em associação ou em grupo, essas pessoas acumulam ofensas, ou peso cármico, que só podem ser equilibradas pelo sacrifício dos santos. Por isso, o Anjo da Paz pediu às crianças que fizessem sacrifícios, para que pudesse haver paz na terra deles. Esta é a lei da expiação, pela qual a luz do Cristo em cada coração é amplificada para manter o equilíbrio para o carma da humanidade. Ele ordenou às crianças que se submetessem à vontade de Deus, que aceitassem e suportassem todo o sofrimento que lhes fosse enviado pelo Senhor, não só para testá-los e fortalecê-los, mas também para contrabalançar o peso das injustiças contraídas na Primeira Guerra Mundial.

Em sua terceira aparição, o Anjo da Paz expressa a epítome do amor do Espírito Santo no ritual da Sagrada Comunhão. Com fervorosa adoração, o anjo oferece ao Mais Alto Deus — o Trino —, Corpo, Sangue, Alma e Divindade de Jesus Cristo, que ele afirma estar presente em todos os Sacrários da Terra.

Esta referência aos Sacrários da Terra é muito interessante. Quais são esses Sacrários? Jesus disse: "Destruí este templo e em três dias o levantarei de novo."[36] Ele estava se referindo claramente ao templo do corpo. Paulo disse: "Ou não sabeis que o nosso corpo é santuário do Espírito Santo, que habita em vós, proveniente de Deus? Não sois de vós mesmos." E novamente ele diz: "Sabemos que se a nossa casa terrestre deste Sacrário se desfizer, temos da parte de Deus um edifício, uma casa não feita por mãos, eterna, nos céus."[37]

Pregando aos homens de Atenas, Paulo afirmou: "O Deus que fez o mundo e tudo o que nele há, sendo ele Senhor do céu e da Terra, não habita em templos feitos por mãos de homens."[38] Nossa meditação sobre essa expressão singular do anjo só pode nos levar a concluir, à luz das Escrituras e também à luz dos ensinamentos dos Mestres Ascensos, que os preciosos corpo, sangue, alma e divindade de Jesus Cristo estão presentes no Sacrário, ou morada, das almas de todo homem, mulher e criança que evolui na Terra.

Por que, então, é necessário que o anjo ofereça esses quatro aspectos da consciência crística à Santíssima Trindade? Isso é necessário porque as evoluções da Terra ainda não reconheceram a divindade do Cristo, que Deus colocou dentro delas. Por isso, o anjo pede em prol delas, na esperança de alcançar a reparação pelos "ultrajes, sacrilégios e indiferenças" com os quais o Cristo, em cada homem, tem sido ofendido.

O anjo implora diante do trono do Altíssimo, na presença das três santas crianças, a conversão dos "pobres pecadores" — aqueles que ainda não reconheceram a vida inerente de Deus nem perceberam que Nele todos "vivemos, nos movemos e existimos".[39] O anjo apresenta a sua petição diante do Todo-Poderoso, de acordo com a Lei da Sagrada Aliança, segundo a qual, através da mestria conquistada pelo sacrifício, o mérito infinito do Sagrado Coração de Jesus e do Imaculado Coração de Maria, as almas que desejarem ser livres podem passar pela porta aberta da consciência de Jesus e de Maria e encontrar ali o perdão dos pecados, a reparação através da Sagrada Comunhão e uma oportunidade de se encontrarem na imagem do Cristo e na imagem da Mãe Divina.

Depois de ter falado três vezes, de ter apresentado sua petição perante as cortes celestes em prol da humanidade pecadora e de acordo com a lei do ciclo do três, o anjo, no papel de sacerdote da Ordem de Melquizedeque,[40] administrou-lhes a comunhão, oferecendo o Corpo, ou princípio da Matéria, e o Sangue, ou princípio do Espírito de Jesus Cristo, àqueles que o Senhor considera merecedores de recebê-la em seu nome.

Novamente implora, dessa vez às crianças, que façam penitência pelos crimes da humanidade e para consolar o seu Deus. E isso eles farão, daquele momento em diante, pelo poder do Espírito Santo concedido a eles. Por fim, antes de partir, ele se prostra mais uma vez e afirma a oração três vezes, com as crianças repetindo em seguida. Como são grandiosas as lições dos mensageiros angélicos de Deus!

Quase um ano depois das aparições do anjo, em 13 de maio de 1917, as crianças pararam diante de um pequeno arbusto perene.

Uma senhora "toda de branco, e mais brilhante do que o sol",[41] estava de pé sobre o arbusto, em uma esfera de luz ofuscante. O véu de bordas douradas e o manto que lhe descia até os pés eram, como o rosário que trazia entre os dedos, feitos da mesma luz brilhante. Suas mãos estavam postas em oração, diante do coração.

Maria pediu às crianças que viessem àquele arbusto à mesma hora no dia 13 de cada mês, nos cinco meses seguintes. Em outubro, ela lhes diria quem era e o que queria. Perguntou-lhes se queriam se oferecer a Deus, rezar pela conversão dos pecadores e ajudar a redimir os pecados do mundo pela aceitação de todos os sofrimentos que Deus lhes enviasse. As crianças concordaram imediatamente. "Nesse caso, vocês terão muito que sofrer", disse-lhes ela. "Mas a graça de Deus será o seu conforto."[42] Ela pediu que rezassem o rosário todos os dias, para obterem a paz para o mundo e o fim da guerra. Nossa Senhora, então, se elevou até desaparecer, como se fosse uma estrela, na vastidão do leste.

Em junho e julho, a Senhora disse às crianças que rezassem o rosário todos os dias em honra de Nossa Senhora do Rosário, que seria capaz de trazer a paz para o mundo. Prometeu realizar um milagre em outubro, para que todos vissem e acreditassem. Deu então, às crianças, duas visões. A primeira foi o Imaculado Coração de Maria atravessado por uma coroa de espinhos que era formada pelos pecados dos homens.

A segunda visão, dada em julho, foi um mar de fogo cheio de demônios e almas torturadas. "Vocês viram o inferno [o plano astral", disse-lhes ela, "para onde vão as almas dos pobres pecadores. Para salvá-los, Deus deseja estabelecer no mundo a devoção ao meu Imaculado Coração."[43]

Ela avisou que uma guerra ainda maior e muito sofrimento viria aos homens se eles não parassem de ofender a Deus. Pediu que fosse feita a Comunhão de Reparação, nos primeiros sábados de cada mês, e pediu que a Rússia fosse consagrada ao seu Imaculado Coração. Se os seus pedidos fossem atendidos, disse ela, a

Rússia seria convertida e haveria paz.* Se não, a Rússia "iria espalhar seus erros por todo o mundo, provocando guerras e perseguição à Igreja. Os bons sofrerão martírio. O Santo Padre sofrerá muito. Várias nações serão aniquiladas. Mas, no fim, o meu Imaculado Coração triunfará."[44] Em seguida, Maria contou às crianças um segredo que não deveriam revelar.

A essa altura as crianças já haviam se tornado alvo de muita crítica e curiosidade. Milhares de pessoas se juntavam a elas em sua peregrinação mensal. Suas famílias se dividiram contra elas. Os pastorinhos eram interrogados pelos padres locais e o representante do governo em Fátima estava determinado a acabar com aquilo. Ele prendeu as crianças na manhã de 13 de agosto, fazendo com que elas faltassem ao encontro marcado com a Senhora. Apesar de terem sido colocadas na prisão e ameaçadas de morte por tortura, as crianças não revelaram o segredo da Senhora. Elas foram libertadas no terceiro dia.

No dia 19 de agosto e no dia 13 de setembro, Maria pediu às crianças que continuassem a fazer suas orações, rosários e sacrifícios. "Muitas almas irão para o inferno", explicou ela, "porque não tem ninguém que se sacrifique e reze por elas."[45]

No dia 13 de outubro, data do milagre prometido, o dia amanheceu nublado e chuvoso. Setenta mil pessoas foram testemunhar o milagre. Maria disse: "Eu sou a Senhora do Rosário. Digam-lhes que continuem a rezar o rosário todos os dias. A guerra vai terminar e os soldados logo voltarão para as suas casas." Ela disse que as pessoas precisavam corrigir suas vidas e pedir perdão pelos seus pecados. "Que eles não ofendam mais Nosso Senhor, pois ele já foi muito ofendido."[46]

---

*Em 1984, o Papa João Paulo II consagrou todas as nações da Terra ao Imaculado Coração de Maria. Alguns estudiosos, porém, afirmam que o atendimento ao pedido de Fátima, representado por esse ato, não foi cumprido em sua totalidade, pois a Rússia não foi especificamente citada. (*N. do T.*)

A Senhora do Rosário, então, abriu as mãos e lançou um raio de luz em direção ao céu. As nuvens se abriram e o sol brilhou fulgurante sobre a multidão. Maria se fundiu à luz que saía de sua mão e apareceu bem alto no céu, ao lado de São José, que trazia o Menino Jesus nos braços. Jesus e São José abençoaram o mundo três vezes com o sinal-da-cruz.

Depois, na segunda visão daquela manhã, concedida apenas a Lúcia, Maria apareceu como quando estava a caminho do Calvário, com Jesus a seu lado. Jesus olhou com compaixão para a multidão e a abençoou com o sinal-da-cruz. Na última visão do dia, Maria, com seu filho pequeno sobre o joelho, reinava como rainha do céu e da Terra. A Sagrada Rainha, então, realizou seu milagre.

O sol escaldante ficou pálido e começou a rodar, dançar e mudar de cores no céu. Girou loucamente em volta do seu eixo e lançou gigantescas chamas que brilhavam e refletiam suas cores nas faces das pessoas e na Terra. Por três vezes o astro efetuou sua dança estonteante pelo céu. Depois, mergulhou em loucos ziguezagues em direção à Terra. Parecia o fim do mundo. As pessoas caíram de joelhos e começaram a chorar e rezar. O calor foi aumentando cada vez mais, até que o sol parou subitamente de cair e retornou ao seu lugar natural. O poder incomparável do Altíssimo flamejou nos corações, nas mentes e no mundo dos 70 mil peregrinos que testemunharam o milagre do sol realizado por Maria.

"Quando eu apareci em Fátima", conta Nossa Senhora, "e o fluxo do meu amor se derramou para sacudir uma nação e um mundo com um aviso para a humanidade, foi com o intuito de transmitir a mesma onda universal de amor e luz que foi lançada e espalhada por todo o mundo no primeiro Natal: Paz na terra, boa vontade aos homens. Onde está essa mensagem agora? Apenas nos corações daqueles que respondem a ela."[47]

Zeitun

Durante três anos, de abril de 1968 ao início de 1971, milhares de pessoas se reuniam todas as noites do lado de fora da igreja copta, em Zeitun, subúrbio da cidade do Cairo, no Egito, para testemunhar as aparições da Mãe Abençoada. Ao contrário de outras aparições de Maria, todas as pessoas na multidão, de todas as raças, religiões e crenças, conseguiram vê-la. As aparições foram fotografadas por centenas de profissionais e até mesmo transmitidas ao vivo pela televisão egípcia.

As testemunhas disseram que as aparições de Maria sobre a igreja, que duravam de alguns minutos a várias horas, eram sempre anunciadas por lampejos fortes e grandes pássaros semelhantes a pombas. Certa ocasião, Jesus e São José acompanharam a Mãe Abençoada. Fotos publicadas, tiradas durante as aparições, mostram a figura da Mãe de Cristo junto ao domo da igreja, com um pássaro luminoso sobre a sua cabeça. Durante as aparições de Zeitun, centenas de pessoas relataram que foram espontaneamente curadas, e notícias de curas e milagres continuaram a acontecer mesmo depois das aparições terem terminado.[48]

Medjugorje

Nossa Senhora também desejou trazer seus filhos e filhas para mais perto do seu coração por meio de suas aparições a seis jovens do vilarejo de Medjugorje. Ela começou a aparecer a eles em 24 de junho de 1981, e continua a fazer aparições diárias até hoje. Medjugorje ficava na Iugoslávia, mas agora o país chama-se Bósnia-Herzegovina.

Essas aparições também foram recebidas com ceticismo e perseguições. Os videntes tinham entre 10 e 16 anos quando as aparições começaram. Eles foram interrogados pelas autoridades do governo comunista e pela Igreja Católica. Num determinado momento, a polícia local prendeu os jovens, mandou-os negar as visões e ameaçou interná-los num hospício.

O pároco local e outros padres, a princípio, duvidaram da autenticidade das aparições. Isso fez com que uma das videntes, Ivanka, dissesse: "Os únicos que não acreditam em nós são os padres e a polícia!"[49]

Os jovens foram submetidos a exames médicos, psicológicos e psiquiátricos para determinar se seu comportamento estava sendo provocado por drogas, hipnose ou outros fatores. Eles também foram cuidadosamente examinados enquanto estavam em estado de êxtase, durante as visitas da Mãe Abençoada.

À medida que as multidões de crentes continuaram a aumentar, o governo comunista ficou alarmado com o renascimento religioso que estava acontecendo. Quantidades espantosamente grandes de pessoas se reuniam em um monte com vista para Medjugorje para presenciar as aparições. As autoridades tomaram medidas repressivas e vários padres e freiras foram presos. Durante quase dois anos a polícia proibiu que qualquer pessoa visitasse o local das aparições.

Por aproximadamente seis meses, durante o período em que durou a proibição, as aparições aconteceram em vários lugares, como montes, bosques, nas casas dos jovens e de outras pessoas do vilarejo. A partir de janeiro de 1982, a Mãe Abençoada passou a aparecer na casa paroquial, na sacristia e no coro da igreja paroquial.

As crianças disseram que durante as visitas a Medjugorje a Mãe Abençoada lhes transmitiu mensagens em que eram ressaltadas a importância da paz, da conversão, da oração, do jejum, da penitência e da vida sacramental. Mirjana, uma das videntes, disse: "Nossa Senhora continua a nos convidar a rezar e jejuar, dizendo: 'Vocês se esqueceram de que através da prece e do jejum podem evitar guerras e interromper as leis naturais.'"[50]

As mensagens da Mãe Abençoada continuam a ser transmitidas aos videntes. E, além das mensagens, Nossa Senhora disse que revelará a cada um deles um total de 10 "segredos" — profecias ou eventos que ocorrerão na Terra num futuro próximo.

Embora a Igreja Católica recuse-se a confirmar a autenticidade das aparições, Nossa Senhora nos disse, num preceito de 1987, que ela estava realmente aparecendo aos jovens. Mais de 20 milhões de pessoas já fizeram peregrinação a Medjugorje, e muitas delas afirmam terem sido fortalecidas espiritualmente e até terem se transformado pelas experiências que passaram ali.

O Serviço Contínuo de Maria

Até 1954, Jesus e Maria mantiveram o foco dos raios masculino e feminino para a sexta dispensação, chamada dispensação cristã. A partir daquele ano, suas responsabilidades como diretores para a Nova Era foram assumidas por Saint Germain e Pórcia, representantes do sétimo raio — o raio da liberdade, da transmutação, da alquimia, da misericórdia e da justiça — para a sétima dispensação, ou dispensação de Aquário. Hoje, Maria trabalha com o Mestre Ascenso El Morya e o Conselho de Darjeeling no seu serviço à vontade de Deus em prol de toda a humanidade.

Se invocada, Maria colocará seu manto azul em torno de todos os que precisam da proteção do amor da mãe. Seu manto focaliza a vontade de Deus e sua intensa proteção da consciência crística surgindo em cada alma. O Arcanjo Rafael e Nossa Senhora prestam juntos assistência aos pais, ensinando-lhes suas responsabilidades, preparando o caminho para as crianças que estão chegando e guiando os preciosos elementais do corpo na criação dos corpos físicos.

Seu foco do Imaculado Coração no Templo da Ressurreição sobre a Terra Santa é o foco da chama trina que comemora a missão do Cristo, da Santíssima Trindade e do seu próprio serviço com Saint Germain e Jesus, que estabeleceu os fundamentos para dois mil anos de veneração e serviços cristãos. O tom azulado de Nossa Senhora, que associamos a seu amor, é quase um tom azul-água, um azul tingido a radiação de cura da sua devoção a todos os que invocam sua ajuda. A flor e a fragrância de sua chama é o lírio do vale.

PARTE UM

✧

O Aspecto da Sabedoria do Espírito Santo

Quatorze Cartas de uma Mãe a seus Filhos

Novos Alinhamentos de Receptividade

Filhos! Filhos! Filhos!

Mergulhados na essência viva de Deus,
As almas dos homens adquirem novo brilho.
A radiância da imortalidade
Brilha até este exato momento
Nos homens e mulheres de boa vontade.

Conheço bem os tipos humanos,
O duro e o doce —
Aqueles que deixam de lado o sentimento do amor
Em busca de um ideal
E estão sempre seguindo em frente
E aqueles que se comovem com todos os apelos,
Quase com o coração a chorar.
Ambos, em nome de Deus,
Misturam-se com os que seguem o caminho do meio;
Eles parecem diferentes em método,
Mas seu propósito é o mesmo.

Invoco a orientação do Cristo,
Que recebe a verdade sagrada e rejeita o erro,
Contemplando não a pessoa de cada homem

Mas apenas a dádiva do amor
Que ele oferece no altar
Como sua dedicação à Realidade.

Todos os laços terrenos deverão um dia terminar;
Até a memória precisa deixar de sofrer.
Só então Deus poderá juntar, a partir do pó,
As almas vivas que, nos padrões do presente,
Verão a realidade do paraíso.
O mundo inteiro desaba,
No entanto, intrépido, a voz do Cristo
Reúne os muitos devotos
Em novos alinhamentos de receptividade.

O perdão é concedido de forma indiferente
Quando a lembrança permanece
E a cada ativação do episódio
Aumenta a dor.
Perdoai e libertai
Aqueles que, por ignorância, vos ferem,
Porque eles não sabem o que fazem.
Um dia, uma manhã mais clara vai alvorecer para todos.
Para os que conseguem ouvir, no entanto, eu peço:
Vivei na caridade de Cristo,
Perdoai uns aos outros continuamente,
E segui em frente para a perfeição mundial e pessoal!

O dia já vai alto.
Levantai-vos!

Vossa Mãe,
Maria

1

A realidade do céu está à vossa volta

Àqueles que se regozijam ao cumprir Sua Santa Vontade:

Assim como a luz que dança nos olhos de uma criança fala de reinos que não são da Terra, também realces de luz cintilam nos homens e mulheres jovens do mundo quando, em seu intacto frescor de coração e mente, eles contemplam as alegres expectativas de esperança pela vida que têm diante de si. Na quietude de um jardim e na contemplação da natureza que explode em um botão de flor, os fios da esperança eternamente renovada se manifestam sempre, ano após ano.

Do mesmo modo que uma mãe observa seu filhinho expandir seus pequeninos membros até que, juntos com a mente e a consciência, eles aspiram ir além, assim também a chama de Deus colocada na alma vê cada filho como o Santíssimo Espírito Pai-Mãe, esperando sempre que aquele (retornado em encarnação ao mundo da forma para renovar velhas associações, corrigir erros do passado e obter novas vitórias) tenha sucesso na realização dos objetivos divinos inseridos dentro dele.

Para muitos, pode parecer triste que os objetivos maravilhosos e as idéias adoráveis de Deus e de seus sagrados anjos sejam tênues demais para serem percebidos pelas consciências esperançosas. Entretanto, não permitais que esse sentimento de tristeza com relação à suave voz de Deus seja mantido. Que ele não controle o vosso coração. Pois, quando vemos os registros das vidas humanas individualmente e comparamos a situação do mundo atual com aquela que existia séculos atrás, estamos certos de que, apesar das aparências, existem hoje em dia mais almas que conseguem distuinguir claramente a voz de Deus do que havia outrora.

Homens e mulheres que perpetraram crimes contra indivíduos, contra a sociedade e até mesmo contra a Divindade — aqueles que, ao fazerem isso, profanaram as próprias almas —, são os muitos cujas vidas abreviadas são o resultado da sua dissipação da energia sagrada de Deus, cuja prática pouco lhes proporcionou dos frutos da felicidade; enquanto homens e mulheres de visão que serviram aos seus semelhantes, à sua comunidade e ao seu Deus da melhor forma possível (embora possam só ter percebido aos poucos a mão da oportunidade estendida com a promessa de vida imortal) conseguiram usufruir, ao fazê-lo, de uma inconcebível felicidade. O *momentum* de felicidade deles por cumprir Sua vontade, e de vitória por fazê-lo, inunda o mundo hoje e ocupa uma camada da atmosfera que pode ser alcançada pelo coração e pela consciência da humanidade.

Como um pássaro em vôo flutua perto da terra, perto de uma árvore amiga ou de uma campina verde, aqueles que são capazes de separar sua consciência e calmamente comungar com Deus podem viver as maravilhas de Seu Ser e de Sua Presença, mesmo nas mais sórdidas condições. Não quero dizer que não seja vantajoso buscar refúgio longe das multidões, onde a atmosfera protegida nos possibilita chegar mais perto do céu e de Deus. Gostaria apenas de dizer-vos que nenhuma circunstância do mundo da forma é permanente; portanto, ela não pode retardar para sempre a perfeita manifestação do plano divino dentro de vós.

Em tempos idos, minha alegria era contemplar a mestria do meu Filho Jesus. Hoje, considero todas as crianças do mundo meus filhos. E quando um deles eleva o coração, a cabeça ou a mão, seja para buscar o divino ou pelo desejo de servir à causa do reino, não posso deixar de responder quando invocada.

Para aqueles que mantêm reservas a respeito do meu cargo na hierarquia e da minha missão no mundo, aqueles que aceitaram as restrições da Reforma Protestante (que impediram milhões de pessoas de buscar minha intercessão através da oração e também a intercessão dos santos e dos seres ascensos), para aqueles que ainda consideram as imagens criadas em minha honra, que focalizam a chama da minha Presença, como objetos de idolatria, eu me recolho em suave amor nos recantos da graça celeste e, de longe, rezo por suas almas. Porém, para aqueles que desejam se aproximar de Deus abraçando a compaixão do meu coração, que pertence completamente a Ele, concederei o conforto do meu amor e o poderoso *momentum* da graça que Deus me concedeu.

Assim é para todos os que foram antes de mim, que alcançaram e, em bem-aventurança eterna, usufruem a felicidade do céu. Também eles estão dispostos a responder aos devotos que escolhem invocá-los. Isso não será nunca idolatria, nem afastará o coração de Deus. É, simplesmente, a alma de cada um assimilando a luz e a amizade dos irmãos e irmãs das oitavas mais elevadas. Para aqueles que ainda precisam da comunhão com o aspecto pessoal da consciência de Deus, essa é uma forma de estabelecer laços pessoais com aqueles que já ascenderam à presença de Deus. Sendo completamente perfeitos, esses seres são incapazes de contaminar as almas que pedem sua ajuda com algo que seja inferior ao divino.

Não há nunca profanação da Santíssima Trindade nem de qualquer outro aspecto do Espírito de Deus quando o homem comunga em oração com o Cristo Pessoal de qualquer membro do Corpo do Senhor, se o motivo for puro e a dedicação ao Pai Eterno for o objetivo da alma. Afinal, Nosso Senhor não disse: "Amai-vos uns aos outro"?[1] Como pode o verdadeiro amor profanar o objeto de sua afeição?

Pureza e motivos corretos são fatores determinantes na união das aspirações da alma com a compreensão divina. Beleza e força estão sempre juntas, e o sentimento de beleza é decisivo no desenvolvimento tanto da beleza quanto da força.

Para vos preparardes para o Getsêmani, para o Calvário, para a ressurreição ou para a vitória final e o triunfo da ascensão, precisais entender que as exigências são muito grandes. Fé inabalável é um pré-requisito para a realização da tarefa. O sentimento de que não estais sós nem despojados de amigos ou companheiros ao longo do caminho é igualmente muito útil. Porém, o fato de saberdes que os precursores espirituais das eras passadas continuam acompanhando de perto vosso progresso e não estão assim tão afastados de vós no tempo e no espaço, nem pelos conceitos céticos do homem contemporâneo, é uma grande bênção para aqueles dentre vós que conseguem aceitá-lo.

Nós somos vossos contemporâneos, mais do que muitos dos seres efêmeros que caminham ao vosso lado no mercado. Muitas vezes, eles só cuidam de seus próprios interesses ou tentam roubar de vós alguma suavidade de alma que eles próprios não conseguem aceitar, e a profanam com o intuito de sentir um instante de triunfo mortal. Por contraste, nós restauraremos para vós a grande comunhão de corações que torna o mundo mais amplo e o cosmos mais maravilhoso.

O reino de Deus está dentro de vós; isso significa que a chave está aí. Deveis colocá-la na porta dourada, como o fez meu Filho Jesus, e aceitar a realidade do céu que está à vossa volta.

O vazio do ateísmo e a farsa do agnosticismo são símbolos do incompleto. Homens e mulheres que adquiriram mestria no estudo de línguas, artes e ciências, além de outras possibilidades finitas do conhecimento mundano, muitas vezes não têm a compreensão da aventura cósmica. Vivem apenas um instante ao vento, e, então, se espalham para uma nova semeadura. O Senhor, porém, existe para sempre.

Aqueles que amam o grande magnetismo do Seu coração de amor tremerão de alegria e expectativa para cumprir Sua vontade sagrada. Como fizeram o meu Filho e o vosso amado Saint Germain, também eles buscarão a estrela da liberdade, seja perto ou longe. Eles triunfarão, eles vencerão.

Amo-vos sempre,

Nossa Senhora

20 de março de 1966

2

Entregai-vos de coração à Senda do Cristo

Abençoados Filhos do meu Coração:

Filhos da luz de fogo branco que desce como uma chama poderosa do coração da criação: Não sabeis que o Pai que vos deu a vossa vida, o vosso ser e a vossa totalidade estabeleceu também o vosso propósito, de eternidade a eternidade?

Ó, fogo sagrado, desce agora neste dia, eu rogo, sobre todos os que lêem estas palavras, para que possam saber que a Maternidade de Deus está investida em mim, e para que possam conhecer a Paternidade de Deus como foi manifestada por meu Filho, o Cristo — o ser sagrado que se tornou um com o Pai e serve no raio cósmico da infinita cristicidade em prol de toda a humanidade, que evolui neste mundo destinado a ser livre.

Amados, está na hora de pensardes sobre o destino imortal e a origem desse destino. Não podeis compreender que, pelo fato de terdes vindo da grande fonte de toda a vida, o vosso destino está garantido e predeterminado pela própria natureza dessa origem? A vida não é sem esperança. A vida não é sem direção, sem causa, propósito, razão de ser ou salvação. Aquele mesmo que vos deu o sopro da vida também construiu e definiu os mundos. E criou uma meta final para todo filho varão que está no processo de se tornar um com o Pai.

Durante esse tempo sagrado, que comemora os dias em que o amado Jesus caminhou novamente entre seus discípulos em seu corpo sutil de luz, preparando-se para a ascensão, gostaria de lembrar-vos da grande compreensão dos mistérios cristãos que pode ser recebida do Cristo a cada ano, durante o período em que a humanidade celebra sua vitória sobre a morte e a cruz. A vida, em toda a sua imaculada quietude, soprou naquele ser abençoado a plenitude do céu, enquanto ele ainda caminhava entre os homens. E Jesus apareceu mesmo no salão fechado e ensinou, não apenas aos discípulos que o haviam seguido, mas também às santas mulheres que o haviam ajudado durante seu ministério.

Os ensinamentos dados pelo Cristo ressuscitado são realmente transcendentes, e muito mais avançados do que os registrados nas escrituras, que ele deu em parábolas às multidões. Hoje, a Grande Fraternidade Branca deseja transmitir à humanidade a totalidade desses ensinamentos. Colocamo-nos no limiar da humanidade, prontos para conceder o conhecimento que obtivemos após aquele triunfo final, quando o mundo já não mais podia tocá-lo. Ele permaneceu parte do mundo, mas, mesmo antes da sua Paixão, já havia triunfado sobre o mundo. Como disse ele: "Tende bom ânimo; eu venci o mundo."[1] Nem mesmo a força da gravidade poderia manter seu corpo preso à Terra. Mas, por sua vontade consciente, permaneceu para prestar seu serviço final às evoluções da Terra.

Seres amados, por acaso sabeis o grande sacrifício que representou para ele permanecer entre os discípulos depois da ressurreição, e também descer aos planos astrais, ao nível que a humanidade denomina inferno, ou *hades*, onde dormiam almas que não haviam reencarnado desde os dias da Atlântida, devido às suas terríveis violações da Grande Lei? Imaginais o que significou para o Cristo permanecer para ensinar, para dar o máximo do seu ser antes de sua ascensão e, então, depois de ter dito tudo, de ter dado tudo, subir o monte de Betânia para se colocar no local marcado pelo fogo sagrado? Imaginais o que significou para ele estar no centro da resplandecente cruz de fogo branco e sentir as poderosas correntes da ascensão pulsando, pulsando, pulsando, até que tomaram controle total sobre os seus corpos inferiores e o elevaram até a glória final da reunião com o Ser Sagrado, a poderosa Presença do EU SOU de toda a vida?[2]

Essas horas finais da libertação dos cativos estão registradas em *akasha*, e os ensinamentos estão lá, para todos os que podem se aproximar do espírito da chama da ressurreição, para todos os que podem tornar-se um com a missão da cristicidade, que é a alegria e o privilégio de todo homem, mulher e criança que veio do coração do Pai. Abençoados, peço hoje uma reunião consciente com o espírito da cristicidade, para que possais entrar no Santo dos Santos — naquele lugar onde a plenitude dos ensinamentos divinos possa fluir da vossa Presença do Cristo para as células dos vossos cérebros, para despertar-vos para o conhecimento da vida sem fim e sem princípio.

Venho hoje diante de vós para inspirar-vos a buscar o significado de todas as coisas relacionadas à manifestação da vossa identidade crística, com suas possibilidades transcendentes. Compreendei que o Pai que vos deu a vida e o nascimento não poderia tê-lo feito sem também conceder-vos a semente que contém tudo o que vos tornareis, ao descobrirdes o vosso Eu Divino, que foi criado e é mantido à Sua imagem e semelhança. A plenitude do vosso potencial divino já é parte do vosso ser verdadeiro. Tendes apenas que reivindicá-lo, de comungar com ele, adorá-lo e tornar-vos um com a Presença do Senhor dos exércitos.

Esforçai-vos dia-a-dia para serdes filhos do Deus único, seguidores da soberana vocação,[3] como Cristos, como filhos e filhas do Altíssimo. Pouco a pouco, como a areia que escorre na ampulheta, o conhecimento da divina união descerá ao vosso eu inferior e vos capacitará a realizar a reunião que desejais com a grande sabedoria da vossa Mente Superior. Nada é impossível àquele que acredita na promessa e na realização do Cristo em cada homem.

Certamente, Jesus ofereceu a si mesmo pelos pecados da humanidade — não que a humanidade de todas as eras devesse ser perdoada das más ações por ele ter morrido; mas, pelo fato de ele ter vivido, todos podem, igualmente, alcançar a glória da ressurreição e conhecer a plenitude do seu Cristo Pessoal. Jesus não se colocou na cruz para expiar vossos pecados, seres preciosos; apenas vós podeis fazer isso. Mas o Cristo, através dele, ofereceu-se para equilibrar com o poder, a sabedoria e o amor da luz todo o peso das trevas do mundo, para que vós, em vosso devido tempo, também possais vencer. Jesus deu o exemplo para a era, para que possais compreender que também vós podeis vencer todas as coisas pelo *momentum* de luz de sua gloriosa vitória.

Os passos da cruz não são sofridos, filhos preciosos. São os passos do vitorioso; são os passos da iniciação por que cada um deve passar. Mas, pelo fato de meu Filho tê-los manifestado para vós, o caminho se tornou mais fácil para vossa corrente de vida. O Cristo jamais negaria a qualquer das crianças de Deus as imensas alegrias da senda da vitória. Deus não limitaria a salvação a um filho quando todos precisam alcançar a plenitude de Sua Presença aqui na Terra para se elevarem à bem-aventurança celestial que advém da realização e da mestria pessoal.

Amados, a senda do Cristo não deve ser rejeitada e sim seguida. Oferecei-vos de todo o coração à realização desse chamado elevado, pois não existe maior alegria do que essa. Pensais que nos prazeres do mundo há felicidade, que encontrareis plenitude na indulgência dos sentidos. Como são falsos os conceitos humanos de felicidade, pois a alegria só pode ser encontrada na presença do Ser Jubiloso. A ausência do Senhor não é vida; ao contrário, ela é a não-existência. É divisão, incompletude, separação da Origem Divina, que só pode resultar em infelicidade, esterilidade e morte.

EU SOU a ressurreição e a vida![4] Esta afirmação do Cristo é tão simples e no entanto revela a totalidade da Lei. Apesar disso, os homens buscam em toda parte a resposta que está diante deles, e da qual toda a natureza presta testemunho. Ó, humanidade, revertei o fluxo, restabelecei os padrões da união divina e encontrareis a alegria do Senhor em Sua Presença.

Eu, Nossa Senhora, desejo reafirmar-vos no dia de hoje nossa solene união com todos aqueles sobre a Terra que lutam para enxergar, todos os que caminham nas trevas e anseiam ver a grande luz. Declaro-vos hoje que nós, que caminhamos à vossa frente, jamais estamos longe de vós nas vossas horas de provação, quando os defensores do pecado vos tentam com todos os tipos de tolices e fraudes. E quando derrotais as forças invisíveis que se opõem ao Cristo, lá estamos para aplaudir vossa vitória, para dar-vos nossa mão e dizer-vos: "Vinde mais alto! Muito bem! Sobre o pouco fostes fiéis, continuai na luta e ganhareis a coroa que vos fará soberanos sobre muitos."[5]

A alegria dessa coroa — a alegria da vitória, da liberdade no coração de Deus — vale o esforço e a desistência do que há na Terra. Amados, podeis apreciar as belezas deste mundo, que são as belezas de Deus, sem serdes conquistados pelo mundo. Não estamos aqui para aconselhar austeridade extrema, nem uma cama de pregos como chave para a salvação. Não! Estamos aqui para dizer-vos que abraçar a vida e o amor que existe em toda a criação é reunir-vos ao Pai. Louvar a Deus em todos os homens é conhecer o verdadeiro EU SOU.[6] Pois ele está em todos vós, e todos os homens foram criados a partir da sua luz e essência supremas.

O resto não tem valor algum. Portanto, abstende-vos. Abstraí-vos de tudo que possa impedir o fluxo da luz dentro de vós e criar fardos densos demais para serem levados às alturas do cimo.

Ó, noite estrelada,
Faz fluir a luz!
Faz a humanidade saber que no alto
Nas infinitas esferas
A força, a justiça
E a luz das mãos infinitas
Cintilaram na manifestação, o homem,
Tanta luz
Tanto fogo do seu coração
Que todo o universo pode contemplar
A glória dos que conseguiram a vitória.
Sede, pois, vitoriosos:
O caminho do Cristo é o único
Segui suas pegadas através da noite
Aprendei a força do poder, quando a verdade está
Bem dentro do vosso coração, para jamais ir embora
Até que todos tenham aprendido o caminho.

O dia do ajuste de contas está próximo;
Deixai que todo coração, por toda parte,
Seja receptivo ao Cristo interior,
E se abstenha para sempre da maldição do pecado.

A humanidade deve se elevar nesta hora
Ou a vitória será adiada
Pois se não aproveitares este momento —
O poderoso EU SOU, com sua força e seu poder —
O ciclo cósmico passará
E não sabeis quando haverá outra oportunidade

Esta é a hora cósmica
Este é o momento marcado
Agora chegou a salvação, chegou o Senhor.
Recebei-o, recebei-o agora
À sua luz e amor todos se curvam.

Pois a glória, a honra e a paz são dele.
A humanidade não deve mais ser enganada.
A hora é agora; o Cristo surge
Nos corações de todos que possuem a coragem
De levantar a bandeira, de tê-la e mantê-la.

Nenhum homem pode tirar do outro a chama da vida.
Ela está em vossas mãos, não há luta
Pois Deus está perto e disse:
"A luz deve se expandir, a treva se foi!
Ide em frente, filhos! Segui esta noite!
Mantende o poder da energia da vitória,
Conquistai, pois, em nome do Cristo,
Conquistai, pois, pela chama de Cristo!"

Não temais seguir a Senda,
Ela foi pavimentada para vencerdes, por fim:
E vencereis hoje mesmo
Se ouvirdes o chamado
Dos que apontam o caminho,
Pois Deus no alto está sempre perto
E não permitirá que um se perca
Se este vigiar, esperar e orar.

EU SOU a Mãe Cósmica,
Estou na chama de Deus,
Minha mão se estende sobre todos
Que me olharem e fizerem o chamado.
Sois as crianças do meu coração.
Dei-vos tudo de mim para vos lançardes
No caminho da luz de volta ao lar,
Onde os anjos vos guardam na noite.

Sois os escolhidos e os abençoados.
Permanecei firmes, pois Deus fará o resto.
Jamais permiti que vossa fé seja substituída
Por nuvens de treva e desonra,
Porque ninguém pode desafiar a luz do Cristo,
Ninguém pode iludir os filhos da luz.
EU estou aqui, eu estou perto,
Para guiar-vos e guardar-vos por todo o caminho.

Amorosamente, em nome do Cristo ascenso,

EU SOU sua
Nossa Senhora

1º de maio de 1966

3

Aceitai vossa união pessoal com Deus

Àqueles que oferecem o cálice de seus corações a Deus:

Existe um meio de comunicação muito íntimo que envolve o coração por trás do coração, a sintonia da chama interior com a chama do Criador no coração do Sol Central. Ao estabelecerdes esse contato íntimo e pessoal com a chama de Deus no Sol, um caminho de luz é tecido pelos corredores dos anos e dos ciclos, criando uma unidade do eu com Deus. Então, a estrela do Cristo, a radiação interior que existe tanto no macrocosmo quanto no microcosmo, é magnetizada para o mundo do discípulo, produzindo a percepção crística e a sempre renovada sensação daquele que recebeu a pedra branca e um novo nome que ninguém conhece, a não ser aquele que o recebeu.[1]

À medida que o ciclo do ano se aproxima do seu final e do solstício, os pensamentos se dirigem com crescente poder e atenção ao meu Filho e à sua missão. Embora ele tenha nascido, na verdade, na primavera, há muito tempo tomou-se a decisão de celebrar o seu nascimento na época do solstício de inverno (solstício de verão no hemisfério sul), pois o escurecer anual da consciência da humanidade é um momento muito propício para o aparecimento da luz mais brilhante.

Tomai coragem, humanidade da Terra, e compreendei que a missão de meu filho de trazer esperança ao mundo, além dos seus ensinamentos muito simples, implica que não é impossível que todos os homens alcancem Deus. Sua missão foi claramente definida como o Filho do homem que não veio ao mundo para julgá-lo, mas para que o mundo, por meio dele, possa ser salvo.[2] Pois não disse ele: "Eu vim para que tenham vida, e a tenham em abundância?"[3] Esses dois testes — a eliminação da condenação como principal impedimento à chama do poder de Deus e a amplificação da vida abundante como chave para a mestria Divina — reprovaram muitas almas preciosas que encarnaram em busca da salvação, esperançosas de conseguirem manifestar mais a aurora do seu Eu Divino.

Os homens ordenaram que o sol parasse, dentro do domínio do eu, em sua capacidade finita. Buscaram alcançar seu propósito na vida. Ao fazerem isso, seguiram os padrões, mas embaraçaram os fios da tecelagem mortal. Dor e pesar têm sido seu destino, quando glória e paz eram a intenção divina. Enquanto muitos anunciaram a missão do meu Filho, há os que dizem que ele falhou em conseguir convencer a humanidade a seguir seu exemplo. Tenho certeza de que os devotos da verdade reconhecerão prontamente que a falha não foi do meu Filho nem da sua missão. No entanto, não presto à sua filiação nenhum tributo que já não tenha, como Mãe do Mundo, oferecido em esperança a todo filho de Deus no qual desponta a estrela da esperança.

Métodos históricos jamais poderão, com sucesso, gritar "Alto!" para a Divindade. Em todas as eras passadas, no momento presente e em todos os tempos futuros, sempre haverá lugar no fundo do meu ser para o filho latente de Deus, que busca desenvolver as qualidades divinas do Um eterno dentro de si. Eis por que sugiro, neste momento de prova mortal, que os homens dirijam ao máximo seus pensamentos à aceitação da sua união pessoal com Deus. Pois este é um momento em que a Terra está sendo intensamente testada por seus pecados e iniqüidades, quando os indivíduos estão encontrando seus Calvários pessoais, sendo crucificados na cruz do erro mortal e, em muitos casos, sofrendo as dores da morte sem a aceitação da esperança do Cristo, a qual, embora inunde o mundo, não é vista pelos cegos.

Para estes, é difícil manter a consciência do propósito infinito, ou compreender a preocupação divina que o Pai eterno tem com cada filho do seu coração. Um sentimento de separação manteve a humanidade afastada das glórias da comunhão e de seus laços sagrados. As vozes estridentes do mundo parecem embotar os sentidos da humanidade, que iriam sintonizar internamente o ser ao reino das grandes imponderabilidades da eternidade.

Anseiam os homens por entrar em comunhão com Deus? Deus anseia por entrar em comunhão com os homens. Aquele que há muito tempo prometeu a Abraão: "Multiplicarei tua descendência, como as estrelas do céu e como a areia que está na praia do mar",[4] criou e enviou ondas de sua glória através dos céus, de tal modo que nenhuma parte do espaço ficasse privada da radiação consagrada que vem do Sol Central.

Os coros celestiais não entoam sozinhos cânticos no advento do Cristo, nem no período da celebração planetária do solstício de inverno. Existe uma harmonia universal que permeia tudo, e a estrela do Cristo é a estrela da esperança e da universalidade, que brilha 24 horas por dia e para sempre. A coroa pela qual cada homem anseia — a coroa que muitos procuram conquistar, poucos conseguem, e que Deus deseja dar a todos — é, primeiramente, alcançada pelo tecer dos fios da sagrada comunicação pessoal entre o indivíduo e a Presença Divina.

Os homens temem?
O Olho Onividente tudo vê,
E a esse olho
Nada pode ser ocultado.
Melhor que todos se lancem
No colo de Deus

Exaustos como crianças fatigadas,
Para que Sua mão, repousando em suas frontes,
Enxugue-lhes as lágrimas dos olhos
E aponte-lhes os céus celestiais
Onde nasce, sem medo,
A luz de Deus, brilhando límpida.
O bálsamo do conforto
Em cada coração das mães terrenas
Em mães cósmicas concede
Um novo nascimento, um novo início
Para todos que vão reverenciá-la.

Seres preciosos, o advento da Mãe Cósmica sempre se manifesta de forma simultânea com o advento do Cristo Cósmico. Assim como o Homem Cósmico nasce para realizar o plano divino, unicamente identificável como a expressão, por toda corrente de vida, do esplendor do coração de Deus que estava em si aprisionado, também chega a hora em que cada indivíduo decide-se a buscar Deus sem cessar!

Encontrar Deus
Não é perda de oportunidade
Mas a abertura do Livro da Vida.
Em cujas páginas imaculadas
Não será registrado nenhum conflito
Mas apenas os tomos sagrados dos sábios
Que ao longo da história viram
O advento da estrela de Deus
Com seu brilho sereno.
Os vivos e os mortos devem se levantar
E ver a glória dos céus,
Jorrando em volta de sua pequena cabeça,
Um novo mundo que amanhece logo à frente.

Através do ciclo dos anos
Surge — como fragmentos longínquos
Brilhando como sua estrela —
Um poderoso coro angélico.
A paz de Deus eu trago na mão direita
Para dominar o mundo.
Enquanto a lei da vida para todos
Desfralda minha bandeira, como Cordeiro de Deus,
Para alimentar suas ovelhas que junto ao cajado
Da lei sagrada seguem a Senda
Até cenários totalmente novos, cujas formas puras
Fazem brilhar a esperança para cada novo dia.

EU SOU vossa Mãe de conforto eterno,
Maria

4 de dezembro de 1966

4

A sós com Deus

Filhos do meu coração,

Longe, muito longe das loucas multidões, na quietude divina, o homem se encontra face a face consigo mesmo. Quando isto é alcançado, contemplai o homem no qual habita o espírito da verdade.

Na união mortal existe algo que parece fraternidade. Mas se examinardes o tecido da história — especialmente os registros dos filhos de Deus que vieram prestar serviço à Mãe Cósmica em prol de seus filhos desnorteados — vereis que cada ser abençoado se separou da multidão e entrou no recesso do seu ser para comungar com o Deus único.[1]

Apesar do muito que se pode ganhar com a camaradagem dos amigos e o companheirismo ao longo do caminho, e considerando que à natureza gregária do homem não falta o desígnio divino, existe também um tema dominante que é ativo no princípio universal da vida. É a noite silenciosa da contemplação do homem, na qual ele penetra na ação vibratória consoladora do coração divino e retorna ao mundo com a bem-aventurança que apenas aquele coração pode oferecer.

De tempos em tempos, é bom vos comunicardes uns com os outros, e certamente já foi dito que os homens não devem se esquecer de se comunicar.[2] Mesmo assim, estou preocupada com a crescente tendência dos indivíduos buscarem do lado de fora aquilo que sempre está do lado de dentro. Não existe nem pode existir um substituto para o portal do ser. E certamente o clamor e o choque do mundo e da mente mundana são planejados, creio que de forma deliberada, para afastar os homens da sutil delicadeza da voz da alma.

Ao vir a vós esta semana, juntando-me a El Morya nesse início de um novo ano, venho aconselhar a todos que pretendem alcançar sua verdadeira grandeza celestial, de acordo com o desígnio divino, que passem certo tempo a sós com Deus. Por certo compreendemos o quanto a humanidade é enredada numa imensa quantidade de atividades humanitárias. Além disso, o desejo de se auto-expressar aumenta sempre, ao mesmo tempo em que os laços com a família e com os amigos são muito fortes. No entanto, nós, que somos vossa família espiritual e sabemos que vossa força verdadeira para melhor servir à humanidade vem do alto, vos pedimos agora que considereis a necessidade de terdes equilíbrio em tudo o que fizerdes.

Do mesmo modo que não é bom para o homem estar só, igualmente não é bom para o homem jamais ficar a sós. Pois é na solidão da comunicação interna que são tecidos os gigantescos fios de substância luminosa cósmica que geram, no mundo do buscador, o tremendo impulso divino que jamais pode ser negado. A realidade desse impulso para realizar e promover o reino do Pai sobre o planeta é sempre alcançada no brilhante raio da sagrada comunhão entre o Filho amado e o Pai.

Será que vos parece estranho que eu, vossa Mãe Cósmica, que uno as minhas energias com os raios da Maternidade Cósmica, expresse preocupação por toda corrente de vida sobre o corpo planetário, para que elas não se esqueçam de se comunicar com Deus? Espero que não. Pois neste específico apelo reside a potencial reunião de forças, para que todos os membros do corpo de Deus na

Terra possam, ainda este ano, produzir os milagres da perfeição crística pelo qual tanto clamaram.

Não podemos nos permitir ouvir as vozes de negação do mundo, ou os mitos desafortunados com os quais os filhos dos homens nos envolvem, e vós também não os deveis ouvir. Fazer isso é um ato de autodestruição. Como disse Pedro, há muito tempo: "Se é com dificuldade que o justo se salva, onde comparecerá o ímpio e o pecador?"[3]

Aplicando tais palavras a este conceito, se os Mestres Ascensos com o seu poder infinito não podem se permitir a indulgência da contemplação negativa, como pode a humanidade — presa na rede da ilusão mortal, habitando abaixo do sol da Presença e ainda sujeita a receber os seus raios — negar o esplêndido brilho desses raios com nuvens de negação mortal?

Eles não deviam, amados — mas o fazem! E é a falta de fé no poder da Presença de Deus que impediu que tantos indivíduos nos anos e ciclos anteriores tivessem a força de que precisavam. Não desejais vós este ano, no momento em que entramos em um ciclo de grande impulso, renovar vossa fé nos feitos imortais dos mentores celestiais do *momentum* de luz?

As hostes do Senhor se aproximam muito da Terra, desafiando com sua presença os meandros infindáveis do velho e exaurido curso da história humana. A monotonia da repetição e os ciclos da perfídia estão exauridos, e as almas dos homens clamam por serem libertadas das redes de escuridão que eles mesmos teceram.

Vamos resolver, então, que nossa fé conjunta, a fé dos filhos de Deus unida à nossa, se elevará com asas como águias.[4] Vamos resolver que nada, nenhum lugar, pessoa ou condição alguma terá o poder de alterar os fios entrelaçados dessa fé crescente, enquanto levamos os firmes para o céu, na vitoriosa conquista de todo o corpo planetário.

Oh, quantas crianças me invocam diariamente com energia infatigável! Às vezes me parece que a soma das correntes de fé delas deveria ser suficiente para responder a todo o mundo, tão lindas e brilhantes são as energias de devoção de seus corações que se elevam até mim. No entanto, a lamentável negligência das multidões que não se comunicam com a Presença Divina, com as hostes angélicas, com os Mestres Ascensos nem com o *momentum* de sua santidade tornou a Terra espiritualmente impotente.

O poder de nossa graça está sendo aumentado hora a hora, dia-a-dia. Quereis fazer algo que poderá restabelecer a vibração da esperança renovada em todos com os quais entrardes em contato? Quereis corrigir erros passados, tornando os caminhos tortuosos retos e os terrenos acidentados planos?[5] Quereis manter a esperança no aparecimento do meu amado Filho em todas os assuntos humanos?

As sombras mortais criam longas rugas de desespero, mas a luz do sol da verdade divina, que está em toda parte, precisa de uma abertura em vós. EU SOU a porta, a porta aberta que nenhum homem pode fechar.[6] No elo das necessidades humanas, permaneço vossa amiga,

Maria

22 de janeiro de 1967

5

Entalhar a madeira dura

A todos os que desejam interceder pelo fim dos conflitos mundiais:

Rogo a todas as mães que rezam e a todas as mulheres em cujos corações há o *momentum* de sustentação do amor de Deus para que intercedam comigo durante as próximas semanas pelo cessar dos conflitos mundiais.

Algumas pessoas não sabem que, devido à necessidade imposta pelo carma da humanidade, a hierarquia se viu forçada a retirar sua interferência em algumas das atividades relacionadas com a guerra. Isso resultou em uma piora temporária da situação, já prevista pelos céus, e cuja finalidade é dramatizar para a humanidade — através de sua direta confrontação com os horrores da guerra — a necessidade de produzir seu fim permanente.

Estabelecer a paz em vez de travar a guerra é a necessidade deste momento, e o prognóstico de paz só poderá ser assegurado quando a humanidade estiver disposta a dar de si por inteiro em prol dessa causa. Foi isso que meu Filho buscou transmitir aos que o rodeavam, e aqueles que aceitaram os seus ensinamentos receberam a divina aprovação: "Bem-aventurados os pacificadores, porque eles serão chamados filhos de Deus."[1] Ao longo de todas as eras, os santos obedeceram ao seu mandamento, que é baseado na lei cármica: "Amarás ao Senhor teu Deus de todo o teu coração e ao teu próximo como a ti mesmo."[2]

É a ausência de amor, primeiro por si mesmo e depois pelo semelhante, a falta de respeito por si mesmo (que se reflete numa falta de respeito pelos outros), a falta de consideração pelas pessoas e de fé no Cristo, que vive em todos e, por fim, a imensa falta de fé em si mesmo, no Eu Real, que faz com que a atitude de guerra penetre na consciência da humanidade.

Saint Germain, vosso amado irmão de luz, disse que os soldados que são obrigados a participar da batalha — aqueles que são obrigados a matar no calor da batalha e, no entanto, não possuem ódio algum em seus corações, mas o fazem por um sentimento de obrigação para com os companheiros e a pátria — são parcialmente absolvidos do carma da guerra. Esta informação deverá trazer alguma esperança àqueles cujos filhos se vêem forçados a participar de situações estranhas e inegociáveis.

A situação mundial atual é um terreno fértil para a violência. E é para elucidar a lei da causa e efeito que gostaríamos de esclarecer a todos que os efeitos da guerra não podem ser mitigados na esfera dos efeitos, mas apenas na esfera das causas.

Há muitas agências no mundo, bem como muitos indivíduos, que são devotados à causa da paz. Eles nem sempre compreendem que muito da preparação para o início de uma guerra em escala mundial acontece a cada dia, à medida que as pessoas continuam a alimentar a consciência de massa com sentimentos de ódio (ou mesmo leve antipatia), crítica e condenação, ignorância e desentendimento. A soma das energias liberadas pelos choques entre indivíduos é a causa das explosões de violência que tumultuam a aura planetária.

Agora, a solução para todos os conflitos, tanto internos quanto externos, pessoais e planetários, está na ampliação do antigo desejo da alma de se tornar um Filho de Deus — um raio do Sol eterno, uma pequena brasa do altar do céu, uma manifestação da lei da forma mortal, um elo indissolúvel com a natureza eterna. Na verdade, a busca pela Filiação divina é o único meio de estabelecer laços permanentes entre o domínio da consciência do mundo e o domínio da consciência de Deus.

A tranqüilidade do céu deve ser encontrada na calma pacífica do Jardim do Éden — um estado de consciência onde o pensamento pode se acalmar por completo para ver a salvação de Deus,[3] um estado em que o pensamento pode reproduzir na mente as energias criativas que originalmente o geraram. Assim, apenas por meio do fogo criativo do amor perfeito e da paz que transcende toda a compreensão é que mudanças permanentes poderão ser feitas no interior. Essa mudança pode ser como aquelas que foram realizadas nas multidões por meu Filho, o Senhor Cristo Jesus.

Cada pessoa no planeta que fizer diariamente o esforço de se sintonizar comigo conscientemente poderá receber minha ministração como Mãe Cósmica, meu vigilante cuidado com as suas energias, que são na verdade as energias de Deus, além da minha orientação em nome do Divino Filho Varão. Pois Deus deseja multiplicar seus filhos e fazê-los cativos de sua vontade sagrada.

"Abençoados os pacificadores, pois eles serão chamados filhos de Deus." Não vedes que a paz deve ser forjada pela ação? A paz não é o cessar da atividade e sim uma aceleração do ritmo dos propósitos da vida em vós, e a demonstração de coragem para defender de forma honrada o que é certo e fazê-lo com a graça e o poder do Espírito do Senhor.

Não é sábio tentar extinguir a violência com violência — ou, como alguns dizem, combater o fogo com fogo. Em vez disso, deveis extinguir as brasas da ira despejando a refrescante água da vida sobre o efervescente turbilhão emocional das energias distorcidas da humanidade. Pois as criações do ódio sempre criam o vazio onde não existe amor ou compreensão.

Não tenciono aqui examinar todo o âmbito da ética do mundo, nem se ela representa ou não a ética divina, especialmente no que diz respeito às complexidades da guerra. Certamente, existem aqueles que concordam com o que eu digo, enquanto outros discordam, em parte ou no todo.

Em vez de explorar os intrincados meandros da Lei nesta mensagem, digo-vos que esta é uma área na qual deveis encontrar vosso próprio caminho. Pois se o céu tentar dominar vossos pensamentos, podeis vos rebelar contra essa intrusão no vosso livre-arbítrio, e isso será compreensível. E se rejeitásseis nossos conceitos, poderíeis também rejeitar a assistência de nossas hostes angélicas, atrasando, desse modo, o progresso de todo o planeta.

É na aceitação e amplificação do amor, da paz e de todas as qualidades divinas que os indivíduos finalmente chegarão ao ponto de entender que o seu tesouro está dentro do seu coração.[4] E é no cerne da consciência da Presença de Deus, do reconhecimento total de que a vida é uma e na compreensão de que o Cristo é inato a todas as pessoas que os seus conceitos de vida como Deus se tornarão férteis e abundantes.

Lembro-me de certa manhã em que o amado Jesus, ainda criança, veio até onde eu estava, trazendo na mão um pedaço de madeira muito dura, na qual ele tentava entalhar alguma coisa. Queria que eu convencesse José a trocar aquele pedaço por outro, mais mole, que fosse mais fácil de entalhar.

Coloquei-o sobre o meu joelho e expliquei-lhe que havia uma qualidade interior que há muito havia sido concedida àquela árvore, que fazia com que aquela madeira fosse mais dura e uma outra mais mole. Disse-lhe que a madeira mole iria facilmente se entortar e que, se ele a utilizasse, a pequena imagem que tentava entalhar não suportaria as batidas e tombos que levaria, enquanto que um entalhe feito em uma peça mais dura iria agüentar muito mais as forças externas. Também lhe disse que a madeira gostaria de ser entalhada por suas mãos, e que a única diferença entre a madeira mole e a dura seria um emprego de mais paciência por parte dele.

Ele afastou os cabelos que lhe haviam caído sobre os olhos e com uma suavidade imensa, em um gesto rápido, deu-me um beijo em cada bochecha. Notei uma pequena lágrima em um de seus olhos no instante em que saiu apressado para dar continuidade ao seu trabalho de entalhar a madeira dura.

Assim, na vossa perseverança ganhareis vossas almas.[5] Pois Deus trabalha com pessoas de diversas origens e pensamentos perversos, buscando restaurar todos ao seu estado divino.

Amorosamente, em nome de Cristo eu permaneço,

Vossa Mãe de Luz,

Maria

3 de março de 1968

6

Deus vos ama

Meus amados filhos e filhas:

Existem momentos em que não sentis vontade de seguir em frente. A luz vos parece muito distante e questionais vossas boas graças junto aos céus. O peso dos infortúnios que retornam parece pesado na escala da manifestação e a palavra de conforto muito distante. Para piorar as coisas, uma sensação de fadiga se soma às agonias externas e ao turbilhão interior.

Se às vezes as palavras dos mestres ascensos vos parecerem chavões por demais repetidos, não acrediteis nisso. Pois Deus vos ama, e o seu amor é suave, doce e compreensivo. Ele não dará as costas àqueles que erraram muito no passado e o procuram agora com fardos pesados. Os filhos da luz, os irmãos mais velhos da raça, os mestres ascensos e os anjos confortadores também são reais. Eles não vos darão as costas, se vós não vos afastardes da luz, pois este é o perigo.

O homem é ensinado a sentir, por circunstâncias conspiratórias, que tudo está perdido, que ele foi lançado fora, que a hora do plantio passou, também passaram o verão e a colheita, e sua produção foi pequena. Mas o amor do Infinito, o plano eterno e as marcas dos testes devem ser levados em consideração. Pois a alma precisa receber a oportunidade do teste mais completo na esfera da experiência.

Nós não estamos proibidos de interferir no domínio dos homens nem de estender nossa paixão incomum à humanidade encarnada. Afinal, não percorremos a *via dolorosa*? Não nos apresentamos diante da Presença do Deus vivo? Não nos demoramos nos vales e observamos do alto dos cumes cobertos de neve o pôr-do-sol, lavando em ouro esplêndido a terra, o ar e o mar?

Ó, abençoados, se ao menos pudésseis compreender, ao olhar para as luzes que se acendem no céu, que os dedos de Deus que as colocaram lá, tão longe deste globo terrestre, estão tão perto de vós como a entrada para o vosso coração! Se ao menos pudésseis compreender que os dedos de Deus buscam os mansos e os humildes, os pobres e os cansados, os desesperados e os jubilosos. Pois os dedos de Deus também tocam os jubilosos, para que não sejam elevados a uma altura demasiada em que não consigam suportar um ciclo descendente.

O som de mundos distantes é ouvido nos corações dos solitários, e eles já não estão mais sós. O colapso do universo no microcosmo do homem é a rendição do Um eterno ao indivíduo. A chama acaricia a alma; e enquanto Deus se aproxima dentro da chama, a compreensão surge, e todas as peças do estranho quebra-cabeça da vida se encaixam num quadro cósmico de esperança celestial.

"EU SOU o caminho", disse ele.[1] Meu Filho assim falou. E o Cristo de todos os homens, que falou através dele, fala ainda hoje. Também eu, em nome do Espírito da Ressurreição, mantenho o conceito imaculado para todos os que amam a Deus. E como é maravilhoso o amor de Deus! É um beijo de mãe dado na testa de uma criança. É a ternura de um pai em vigília, que vê a febre diminuir ao amanhecer e seu coração se inunda da promessa e da esperança de um novo dia: as coisas vão melhorar. Os anjos também sussurram esperança nos corações atentos dos homens. E, em meio ao tumulto e à confusão, a arte de Deus se renova.

Não posso, nessas horas escuras das nações, abster-me de tocar cada homem individualmente. Apesar de muitos estarem preocupados com a crise nacional, com eventos que abalam o mundo, para mim, para uma Mãe universal, cada filho é importante. E, como uma representante da Mãe Divina, devo expressar seu amor por todos.

"Vai, e faze da mesma maneira"[2] significa colocar vossa mão sobre a mão dos que tremem, tateando no escuro. Eles não têm mais ninguém a quem apelar entre os homens a não ser a vós. Nos dias que virão, muitos estenderão a mão no escuro procurando tocar a mão de Deus, e encontrarão a vossa. A cadeia do Espírito não deve ser quebrada. Venha de perto ou de longe, de onde quer que o grito se eleve, a resposta deve surgir. A esperança deve ser concedida e as lágrimas devem ser enxugadas. A cegueira dos desesperados deve ser apenas passageira.

O plano universal está no ar, mas também está nos corações dos homens. Pequenos raios de luz vindos de perto e de longe estão unindo os pedaços soltos da universalidade. A vontade de Deus está sendo cumprida mesmo quando os homens tremem, debatem-se e reagem como se a escuridão neles fosse real — como se devessem protegê-la dos cobiçosos que poderiam roubar as sombrias idéias erradas dos seus mundos por acreditarem, também eles, que são reais.

Nada é real, abençoados, a não ser a luz, a verdade e o Espírito de Deus. O Seu amor transcende todas as coisas da vida. O aguilhão da morte não pode se apresentar diante da face de Deus, pois Ele é vida. Pois assim como os lírios que não trabalham nem fiam[3] se exibem de branco em vestes perfumadas, também assim será com todos aqueles cuja fé seja profunda o bastante para mover o coração de Deus e fazê-lo responder.

Ele conhece vossas necessidades antes mesmo de pedirdes. No entanto, essas respostas nem sempre parecem se manifestar. Qual o motivo disso, seres abençoados?

Não há motivo algum, porque as respostas se manifestam. Deus responde, no nível dele, com respostas imediatas a todas as necessidades dos homens. Mas eles precisam aprender a arte de encontrar a resposta, de aceitá-la, de receber com boa vontade o "sim" ou o "não" divinos. E, às vezes, o *não* é melhor do que o *sim*, pois Deus sabe o que é melhor para os homens. E se eles disserem com sabedoria: "Fazei por mim o que for melhor — não se faça a minha vontade, mas a tua",[4] pode ser que encontrem seu Getsêmani, seu Calvário, sua *via dolorosa*. Isso tudo, porém, será seguido pela ressurreição, pela ascensão e pela união com a verdade.

"Em verdade vos digo que, sempre quando o fizestes a um destes meus pequeninos irmãos, a mim o fizestes."[5] Devemos nos lembrar sempre das suas palavras.

Amorosamente, permaneço vossa Mãe,

Maria

29 de setembro de 1968

7

Algo precisa ser feito

✧

Amigos do coração de Deus:

Gritos de desespero vindos do interior dos homens sobem até nós, implorando ajuda. Não podemos deixar de responder. Em toda parte tumultos fazem os corações dos homens estremecerem. E diante do sol da natureza, de onde a esperança deveria irradiar sua mensagem flamejante, um calafrio de medo entorpecedor revela a escuridão crescente da comunidade mundial.

Apesar das costuras terem sido rasgadas repetidas vezes pelo egoísmo humano e pela falta de consideração, sempre as remendamos. O fosso gigantesco entre as mãos celestiais ministradoras, como as que ofereci recentemente no Cairo, Egito,[1] e os mesquinhos ressentimentos que os homens amplificam parece um abismo quase intransponível. Apesar disso, os homens continuam a clamar, e nós, em nossas assembléias, decidimos a melhor resposta.

Certamente, algo precisa ser feito. As coisas não podem continuar como estão na ordem mundial, senão uma dissolução indesejável vai ocorrer e as forças da natureza vão expressar radicalmente a deserção humana do propósito universal.

O poder magnânimo de um coração, como o de meu Filho Jesus, pode por mais de dois mil anos sustentar o bater do coração de um *momentum* crístico em prol de um planeta. Inúmeros sábios fizeram ecoar e repetiram sua mensagem. Eles viram como as sagazes maquinações do anticristo semearam em escala mundial a destruição da corrente prevalecente da identidade divina em cada homem.

A destruição da crença em Deus nas escolas e universidades do planeta, perpetrada por aqueles que proclamam o ateísmo militante, apagou das mentes dos jovens a sublime esperança que os teria sustentado por toda a vida. As mães de todo o mundo possuem uma compreensão variada de seus filhos. Algumas oferecem preces por eles, enquanto outras lhes oferecem cigarros. Esses exemplos, que vão do sublime ao ridículo, são apenas uma amostra de como a vida se manifesta atualmente.

A esperança maravilhosa revelada na magnificência e no vigor da natureza sugere ao homem que construa sua identidade segundo o plano do Pai eterno. Antes disso, porém, devemos restaurar no povo desta era a compreensão correta da chama interior do seu eu verdadeiro — a centelha divina de vida que é a dádiva de Deus para cada homem. Essa tarefa aparentemente simples, de reconhecer o Deus que vive em cada homem, deve ser incluída entre os padrões mais complexos da vida civilizada. Porém, pelo fato dessa verdade ser tão óbvia, é esquecida até mesmo pelos devotos de longa data.

Bem que os homens poderiam dizer: "Abre os meus olhos para que eu possa ver." Pois o sussurro desta oração, devido à sua humildade, mantém a alma alerta contra as sufocantes ervas daninhas da desilusão e de tudo aquilo que visa adequar a humanidade a um esquema de mundo no qual, como instrumentos do Estado, os homens perdem sua identidade.

Qual é uma das maiores conspirações do anticristo no mundo de hoje? Desvalorizar a vida humana, diminuir as oportunidades do homem, degradar a alma. Pois, se os homens forem levados a acreditar que são criaturas sem importância, não se preocuparão em demasia quando suas vidas e oportunidades forem abortadas. Sua loucura pelo prazer não é tanto o resultado de desejos desordenados, mas do fato de ele não perceber que tem uma missão.

Recentemente sentei-me à mesa do Conselho de Darjeeling em companhia do meu Filho Jesus, do Mestre El Morya, do amado Kuthumi e de uma hoste de outros mestres cuja maior preocupação é o bem-estar das crianças deste planeta. As táticas do anticristo e as condições preocupantes do mundo foram discutidas, por mais estranho que isso possa parecer aos que acreditam que o céu já tem uma solução preparada para cada problema humano. Compreendemos muito bem que a solução foi dada no Princípio. A nossa tarefa é apenas orientar os homens e desenvolver neles a autosuficiência que os capacitará a conquistar e restabelecer o domínio sobre os mundos, de acordo com aquela solução perfeita e original que foi afirmada há muito tempo pelo Cristo universal.

Cientes da necessidade dos que buscam servir à causa de guiar uma humanidade confusa e errante de assumirem um compromisso maior, pedimos a todos os filhos dos céus que perseverem continuamente nas orações, em sintonia com as oitavas mais elevadas da vida. Da mesma forma que nenhum anjo ou deva no céu é insignificante, também nenhuma alma na Terra é desprovida de valor. Todos são amados. E nesse amor de Deus pelas ovelhas perdidas e extraviadas[2] existe também esperança para aqueles que seguem de perto os passos do Bom Pastor.[3]

Todos devem perceber a grande necessidade de manter contato conosco em pensamentos, palavras e obras. Pois pela leitura e meditação em nossas palavras é possível encontrar inspiração para as boas obras diárias. Desse modo, pelas atividades ordenadas pelo Cristo, o corpo de Deus sobre a Terra se une em uma ação salutar que produz o fruto das aspirações justas dos homens. Pois a coroa está sempre acima da cruz e o êxito surge a partir das muitas pequenas vitórias.

Todos esses assuntos e muitos outros foram discutidos em nossa recente reunião de conselho. Pois nós, que nos identificamos tanto com a Palavra, com o Logos, mantemos uma comunicação constante uns com os outros e com nossa abençoada Presença Divina, o Pai Eterno.

Das reuniões do conselho que tivemos recentemente, surgiram várias idéias para promover a iluminação da humanidade. A ignorância humana, em contraste com a verdade divina, parece mais virulenta do que nunca. Pois o intelecto do homem transformou-se em uma faca de dois gumes que procura afastá-lo do Éden que ele busca e do conhecimento que o céu pode lhe proporcionar. Um dos mestres mais sábios afirmou que a ignorância que o homem tem de si mesmo é maior do que a ignorância que ele tem do mundo à sua volta. Em pleno século XX, a pessoa comum possui um conhecimento muito maior sobre a natureza e os processos da natureza do que a respeito da sua própria psique.

Diante disso, surgiu a idéia de que um ensinamento sobre a questão da consciência e do ser do homem deveria ser transmitido nas *Pérolas de sabedoria*, uma série a ser lançada em breve.[4] Isso seria de ajuda inestimável aos homens de todos os credos e raças, e traria uma compreensão tão necessária a todos os tipos de pessoas.

A valorosa combinação dos ensinamentos do Instrutor Mundial Kuthumi, divulgados no seu maravilhoso templo na Caxemira, na Índia, com as meditações do amado Senhor Lanto, transmitidas no seu retiro no Grand Teton, e os comentários a respeito das eras, dados pelo amado Deus Meru, no Templo da Iluminação, na América do Sul, irão, com certeza, formar uma esplêndida série de mensagens nascida da sabedoria divina e projetada para auxiliar os indivíduos a encontrarem seu lugar no esquema divino. Essa série também servirá para ajudá-los a compreender a combinação de forças que trabalham para sua perdição, bem como para mostrar-lhes como podem servir melhor, a si e a toda a vida.

Se viver livre do medo e em constante estado de graça atenta, o homem será capaz de disseminar a mensagem da radiação divina no mundo todo. Espero, pela graça de Deus, que ele seja capaz de ver além da aparência externa desta era, essa estranha fachada de ilusão mortal. Então serão reveladas diante dos seus olhos, de forma totalmente nova e revitalizante, a mão do Eterno, que a estende sobre todos nós para redimir a ordem mundial e anunciar entre os homens a nova raça que está chegando.

Vitoriosamente, pela liberdade de todo Filho Varão, permaneço

Vossa Mãe Cósmica,

Maria

15 de junho de 1969

8

O eu é o portal para Deus

Amadas crianças do meu coração:

Desejamos diminuir a tensão e não criá-la. No entanto, não podemos deixar de dizer-vos que a espantosa quantidade de tempo que a humanidade perde dedicando-se a coisas banais pode, um dia, ser lamentada. As pessoas dizem que não têm tempo de se dedicar aos estudos espirituais, à oração de intercessão pelos necessitados, à meditação e às coisas do Espírito. Outros evitam a fé em buscas espirituais até que eles próprios se encontram em uma situação na qual necessitam desesperadamente de um auxílio vindo dos céus.

Na semana passada, o Senhor Maitreya se aprofundou na análise de um dos problemas com os quais a humanidade atualmente se defronta em escala mundial, e que a faz utilizar suas energias não na produção do milagroso amor do reino do Cristo e sim na disseminação da praga da divisão e do ódio sobre a face da Terra. Neste momento, eu gostaria de abordar certos problemas que surgem na área da religião e que causam muita perturbação aos filhos do homem.

Muitos de vós deveis vos lembrar das palavras de meu Filho a Pedro: "Satanás quer ter-vos, para vos peneirar como trigo."[1] Esse fenômeno de peneirar o homem ou a mulher espiritual como se fosse trigo tem sido observado até hoje. Esse peneirar das devoções dos homens é doloroso para os filhos de Deus que anseiam por penhorar sua fé não apenas a Ele, mas também aos homens e mulheres encarnados que cuidam dos assuntos de seu Pai.[2]

Quando aqueles que supostamente estão empenhados em suprir as necessidades espirituais do homem (seja no Oriente ou no Ocidente) não obedecem aos princípios da verdade e da honra, quando criticam indivíduos ou segmentos da sociedade e suas próprias vidas exibem poucos exemplos de virtude crística, aqueles que os seguem como exemplo muitas vezes ficam desapontados.

A maior parte dos buscadores espirituais manifestou, em algum momento de suas vidas, grande idealismo. Esse idealismo faz com que eles queiram trazer para suas existências elementos de espiritualidade, que poderão levá-los para mais perto de Deus e de seus semelhantes. Quando vêem aqueles que proclamam esposar a causa divina, que se dizem professores de retidão (ministros, padres, eruditos ou autoridades da Igreja) agirem de forma pouco recomendável, profana, antiética ou que compromete, de algum modo, os verdadeiros ensinamentos de Cristo, esses idealistas são muitas vezes levados, quase que por puro desespero, a interromper sua busca por Deus ou a rejeitar a realidade de Deus em si mesmos e nos outros.

O dano provocado por esses supostos líderes, que usam o nome do meu Filho mas não têm o seu Espírito, é incalculável. E eu gostaria hoje de me dirigir àqueles que sofreram as dores da desilusão, e dizer a todos: Lembrai-vos de que, para serdes desiludidos, primeiro tendes de estar iludidos. Olhai apenas para o que é real, o que Deus implantou em cada homem, e então não ficareis mais desapontados pelo irreal, que o próprio homem involuntariamente criou ou aceitou no seu mundo.

Por mais estranho que pareça, existem alguns indivíduos que conscientemente buscam manifestar o mal. Esses espíritos das trevas, seguidores das tendências luciféricas, pensam, erroneamente, que o conhecimento do mundo é o fulgor da Realidade que eles buscam. E olham para o reino de Deus e para a sua sabedoria como se fossem tolices.

Ao observar a imensa caravana de vidas que retornam ao coração do Pai, temos a preocupação* de que a beleza simples do puro de coração seja, um dia, a meta de todo homem. Se o homem procurar a pureza de coração dentro de si mesmo, também a procurará nos outros. E se ele não a encontrar, vai querer invocá-la. No entanto, nesse estranho drama da vida, para se elevar na sempre ascendente espiral da realidade cósmica, os homens precisam compreender a importância do verdadeiro discernimento. Meu Filho disse: "Pelos seus frutos os conhecereis (...) Colhem-se uvas dos espinheiros ou figos dos abrolhos?"[3]

Dissemos por diversas vezes que os homens não devem falar mal uns dos outros nem se envolver em mexericos (tendo já apontado os perigos corrosivos do envolvimento nessas atividades, que invadem os limites da condenação e do julgamento), igualmente dissemos que as pessoas espiritualizadas devem sempre compreender a importância de aprender a discernir entre o bem e o mal. De que outra forma o seguidor do Cristo conseguiria compreender as palavras de Paulo aos Coríntios: "Que sociedade tem a justiça com a injustiça? E que comunhão tem a luz com as trevas? E que concórdia há entre Cristo e Belial? Ou que parte tem o fiel com o infiel?"[4]

Os maus atos falam por si, praticados por santos ou pecadores. E se um santo for realmente tudo aquilo que o seu nome representa, e ele cometer um ou mais erros, embora leve uma vida de boas obras, se ele for mesmo um santo, se realmente for uma criança de Deus, ficará grato por alguém lhe apontar seus erros. Porém, se ele se esconder atrás do escudo do egoísmo pessoal, defendendo-se como alguém que não erra, não manterá a pureza de coração que o possibilitará ver com clareza o caminho que está à sua frente.

**Preocupação*: *i.e.*, estamos interessados em providenciar.

Com relação a isso, devo dizer a todos vós, aos que estão aprendendo, bem como àqueles que lutam para alcançar a mestria em seus mundos: Tende sempre em mente que o amor de Deus é tangível e real. Deveis procurar continuamente expressá-lo.

Porém, deveis também compreender a diferença entre o caráter divino e o caráter da criação humana. Não é errado ser capaz de distinguir o bem do mal. Na verdade, é absolutamente essencial que tenhais bem desenvolvido o discernimento espiritual, pois tais diferenças são muitas vezes sutis e difíceis de perceber.

Existe um certo perigo até mesmo na afirmação: "Tudo é amor." Pois, apesar de tudo *ser* amor na medida em que existe na consciência mais elevada de Deus, o amor, para se tornar prático no mundo terreno, deve estar disposto a reconhecer as ervas daninhas que precisam ser arrancadas do jardim. Os que são cegos, para esses fatos da vida, e também os que lideram tais cegos, irão personificar as ervas daninhas e defendê-las como se fossem suas. Muitos, pelo orgulho, caíram de posições elevadas. Os puros de coração, porém, verão a Deus[5] dentro de si e dos outros. Não temerão nomear a condição que está atuando em seus mundos, e deverão ser cuidadosos para diferenciar o real do irreal em seu discernimento dos outros.

Todavia, a coragem é necessária, pois o mal não é pessoal. Ele foi simplesmente magnetizado para o mundo dos homens pela falta de fé que eles têm em si mesmos. Se os homens tivessem fé em si mesmos, achariam fácil ter fé em Deus. Buscamos, portanto, gerar uma fé maior nos filhos da luz e em todos os homens, sabendo que da simplicidade da sua fé nascerá a devoção ao serviço e a compreensão que criará, por fim, um novo sentimento de valor no povo da Terra.

Como é maravilhoso que os indivíduos sejam capazes de ter a apreciação do seu valor e do valor de suas vidas. O eu é o portal para Deus. Quando Deus é encontrado, a dúvida e o medo desaparecem. E se um amigo não preenche as expectativas do ideal de alguém ou as suas próprias expectativas (ou mesmo se o eu fica abaixo da expectativa), a fé em Deus e em Sua liderança, em Seu propósito final manifestado em nós, irá fortalecer o vínculo com a realidade na consciência dos homens, possibilitando que cada um deles compreenda que o Cristo é o verdadeiro valor e a única medida do homem. A fé trará paz em meio ao turbilhão e espalhará o bálsamo da verdade curadora que, ao arrancar o espinho do erro, deseja apenas a manifestação da saúde e da integridade do corpo de Deus na Terra.

A hierarquia vos alerta que existem lobos em peles de cordeiro,[6] e que alguns deles sabem que são lobos, mas outros não sabem. Não obstante, todos podem confiar no Cristo de seu próprio ser; todos podem confiar nesse grande reservatório de luz celestial que derrama o precioso néctar de sua sagrada sabedoria, o óleo de sua unção e as águas da purificação sobre todos os que o receberem.

Peço-vos que vos mantenhais com fé, em meio a esse turbilhão, serenos, mas alertas, ativamente conscientes da necessidade de conhecer a verdade que está acima das pessoas, dos lugares, das condições ou das coisas — a verdade que sozinha pode libertar-vos e manter-vos livres.[7]

Permaneço vossa benfeitora no labor cósmico, representando a luz do mundo,

Maria

2 de novembro de 1969

9

A verdadeira religião

Chamas preciosas do meu coração:

Já ouvistes falar que a primavera está no coração. Ao observardes as condições do mundo, podeis achar que é um estranho contraste o fato de que nos milhões de anos durante os quais a Terra passou por mudanças constantes a consciência das pessoas, ao lidar umas com as outras, tenha permanecido primitiva.

Aqueles que defendem as teorias do socialismo como meio de alcançar melhores condições de vida para a humanidade deveriam aprender com os exemplos das eras passadas — se ao menos conseguirem olhar sem preconceito nem orgulho pessoal em seus julgamentos limitados — quando, devido à falta da religião verdadeira, pura e imaculada,[1] e à falta da prática da verdadeira religião, a civilização mergulhou, era após era, nas espirais negativas de destruição, imoralidade e vergonha.

Evito falar na grande infelicidade gerada a cada vez que a humanidade cedeu em massa aos seus instintos mais primitivos. Prefiro citar aqui, agora e sempre, o fato maravilhoso de que sempre que uma vida de virtude, dedicação ou até mesmo a chamada vida de sacrifícios foi vivida em prol da humanidade, isso deixou uma marca magnífica e de duradouro efeito positivo sobre todos os povos. O mundo inteiro foi beneficiado por todo sábio, avatar e discípulo que tenha verdadeiramente dedicado sua vida a Deus.

O que o mundo precisa hoje não é de menos religião e sim da religião certa.

Porém, com que cuidado as forças das trevas do mundo, que se escondem de forma tão hábil por trás de suas máscaras de anjos de luz[2] (chegando até a convencer a humanidade de que elas não existem), teceram suas redes de mentiras para enganar os desavisados.

Como o fazem, seres preciosos? Primeiro, apontando a hipocrisia humana e, em seguida, criando a ilusão de hipocrisia onde ela não existe. Utilizando a diabólica tendência ao mexerico, à crítica e à difamação do próximo, aos quais as pessoas se acostumam, as forças das trevas cravaram suas mentiras, como ferrões, na consciência humana.

Sob tal influência negativa, é fácil apontar o dedo para alguém que mal conheceis e decidir que seus motivos são escusos. A facilidade com que isso ocorre explica por que os mestres ascensos procuraram criar sistemas de jurisprudência que permitam imparcialidade na justiça humana dos tribunais das nações, nos quais os indivíduos devem ser julgados por um júri formado por seus semelhantes, como proteção contra as tiranias que os homens, com tanta freqüência, impõem uns aos outros.

Homens e mulheres iluminados têm, muitas vezes, franzido o cenho diante do dedo acusador — pois, muitas vezes, não passa disso. As acusações são lançadas contra aqueles cujos corações são puros como o lírio e feitas por aqueles cujos corações são, em comparação, sujos como os pântanos nos quais o lírio nasce.

O mesmo dedo acusador é usado para desacreditar a religião na literatura, nas artes, no cinema e na vida de pessoas de renome. Pelo processo de "peneirar o trigo"[3] as forças da mentira procuram acentuar os defeitos das religiões do mundo. Ao apontar suas supostas falhas em lidar com as crises de suas épocas, os seres das trevas esperam que os homens eliminem todas as religiões, boas ou más, de suas vidas.

Ó, amada humanidade, como Mãe do Mundo eu vos falo solenemente com a dureza da repreensão: Apesar da hipocrisia humana, dos altares destruídos e dos líderes religiosos não conseguirem dar bom exemplo, ensinar preceitos apropriados ou apon tar a direção certa aos seus seguidores, apesar de todos os defeitos que possam existir ou que existiram no passado nas várias religiões do mundo, a verdadeira religião não deve desaparecer jamais da Terra.

Se isso acontecer, se as forças do ateísmo conseguirem reprimir a fé dos homens na divindade e o mundo se tornar um lugar sem Deus, ele se tornará uma selva tão furiosa e vazia que extinguirá a luz do propósito em todo o corpo planetário.

O homem não é um vegetal. Ele não foi criado para ser um instrumento vazio, e sim algo que transborde de vida abundante, com criatividade, propósito, admiração, e da quietude da expectativa.

As trevas dos tempos modernos estão acentuadas em muitos jovens, cujos corações ternos mal saíram do berço. No orgulho do conhecimento adquirido nos modernos sistemas de educação, eles amplificam os *momentums* destrutivos das civilizações passadas com os quais eles mesmos estiveram envolvidos. Por isso, existe neles uma tendência a responder aos apelos dos príncipes das trevas.

Porém, no fundo de seus corações existe a força motriz da luz universal. Existe um eco nos corredores da memória que os fazem lembrar dos momentos em que estiveram na Presença de Deus, e isso cria neles um anseio pela verdade e pela realidade.

Nem seus pais nem todas as eras passadas são responsáveis pelos seus problemas. Eles são indivíduos; cada um deles foi dotado por Deus com os mais elevados propósitos. Cada um deles criou sua própria rede cármica, e é para essa rede (que pode conter tanto o lodo da maldade humana quanto o coração da Era de Ouro como cálice do propósito universal) que devemos voltar nossa atenção.

O homem não é nem deus nem demônio; ele é potencialmente um deus em formação. Destinado pelo Eterno a ser o mestre de sua vida, ele se tornou, pelo sentimento de divisão e discórdia, um filho da confusão.

Agora, no momento em que meu coração se dirige às crianças do mundo, peço grande compreensão de vossa parte. Não se trata de uma questão de idade ou juventude, pois o que são a idade e a juventude senão uma fantasia da imaginação humana na dimensão do tempo. Todos navegam pelo alto-mar demarcado; todos se movem como peregrinos no barco da vida. E eles não estão assim tão separados por esses poucos anos, como a ilusão os leva a crer. Cada um consegue reconhecer, dentro de si, sua fragilidade. Pois ele igualmente compreende que, assim como se manifesta um frágil eu, externamente delicado, existe uma força interna, um propósito interno, uma grandeza à qual deve dar asas.

Incentivo todos a alcançar a mestria pessoal, em vez da mestria sobre as vidas alheias ou de colocar em prática as diversas formas comuns de controle que os homens tanto exercem uns sobre os outros. Com que determinação as forças das trevas semearam as idéias maquiavélicas de que o homem deve controlar os homens e seus destinos. Elas não criaram grandeza nem generosidade, mas mecanismos pelos quais dividem e subdividem as raças humanas.

Essa fragmentação não cria a unificação de propósito que ajudaria a humanidade a ver a realidade e a reconhecê-la quando a visse. Ao contrário, cria discórdia, que semeia violência, porque os homens não pensam todos da mesma maneira. E, por não pensarem todos da mesma maneira, podem exalar o sopro venenoso do ódio uns contra os outros e, ao fazê-lo, achar que estão realizando sua razão de ser. Alguns ousam até mesmo considerar seu ódio fruto de ideais elevados.

Não estamos condenando. Procuramos dar-vos compreensão, fazer-vos entender a consciência da humanidade. Desejamos guiar os jovens para o intenso brilho cristalino da ofuscante realidade, onde a Cidade de Deus pode se tornar tangível neles e na Terra. Queremos evitar o banho de sangue que as forças das trevas querem lançar sobre a humanidade, através das suas tentativas de dividir e suas idéias fabricadas que jogam os homens uns contra os outros.

Desejamos evitar essa era de destruição planejada pelos inimigos da retidão. O mundo já viu guerras demais; demasiados corações maternos já sofreram a angústia da perda dos filhos. Nosso desejo hoje é melhorar o mundo pela mensagem do meu Filho, o Príncipe da Paz. Desejamos fortalecer os laços entre todas as religiões. Desejamos melhorar a qualidade de vida em toda parte, dentro do seu próprio domínio.

Não nos importamos com o fato de os indivíduos desejarem ser exclusivos ou ter uma religião que chamem de sua. Só queremos fazê-la uma religião verdadeira, que expanda a graça de Deus e cumpra sua meta* — ou seja, unir a flor ao caule, o bebê ao seio da mãe e as almas dos homens ao seu Criador.

Lembrai-vos das duas mulheres que foram levadas perante Salomão para serem julgadas. Uma delas sufocara a criança sem querer com o próprio corpo durante a noite, mas o filho da outra estava vivo.[4] Aquela que não era a mãe verdadeira queria que a criança que sobreviveu fosse cortada em duas, mas a mãe verdadeira gritou: "Não, dai-lhe o menino vivo!", pois tinha amor. Aconselho-vos a mesma disposição de permitir que as almas dos homens escolham a religião que quiserem. Deixai-me apenas exortar todas as religiões a pregarem sempre o amor ao próximo, para evitar o veneno da luta entre classes, o ódio racial e a competição religiosa.

Nós, da Grande Fraternidade Branca, estamos dispostos a oferecer ao homem a liberdade de escolher como lhes aprouver.

---

*Religião: palavra derivada do latim *religio*, que significa "ligação entre o homem e os deuses", ou *religare*, que significa "tornar a ligar".

Simplesmente os aconselhamos a serem sábios e a não se submeterem ao erro que, ao dividir os homens, destrói os propósitos de todos os avatares, de todos os discípulos, de todos aqueles que já conheceram, nesta Terra, o Calvário em prol dos filhos de Deus.

Em memória da eterna ressurreição, da eterna realidade, da eterna possibilidade, do despertar para a verdade, permaneço aqui, pela missão do meu Filho e a serviço da vida.

Sua Mãe de Amor,
Maria

3 de maio de 1970

10

Semear vento e colher tempestade

✧

A todos os que guardam o cálice do coração:

No momento em que o brilho ofuscante da idéia divina de criar o mundo expandiu de forma deslumbrante seu diadema de miríades de elétrons no espaço, e desde o primeiro fóton de luz até os infinitos e distantes pontos luminosos que compõem o cosmos, tudo foi um exercício para coroar o Filho de Deus com o seu devido domínio.

A hipocrisia da era atual da evolução da Terra é dolorosa para muitos corações, pois é uma clara indicação, para aqueles que conseguem discernir a face da Vida, que o homem não está, de modo algum, ligado à coroa do propósito cósmico. Suas energias descem pelo ralo e são engolidas por um gigantesco abismo, enquanto sua atenção se volta para uma série de filmes sem sentido, que aceleram a tendência de decadência moral e intelectual.

Como é possível que os sábios das nações sejam incapazes de discernir os efeitos dessas imagens sobre os seus filhos e sobre si mesmos? Não percebem que pela perversão do fogo sagrado, através da exibição grosseira e desnecessária de sexo e da inserção de horror, assassinato e medo nos anúncios e nas formas de entretenimento, os homens estão diminuindo cada vez mais a consciência de todo o planeta? Será que não têm olhos para ver que algumas pessoas estão transformando toda a humanidade em mercadoria?

No entanto, esses mesmos homens que controlam a indústria de entretenimento, o teatro e o cinema poderiam produzir dramas inspiradores que exaltassem a nobreza humana e apresentassem personagens magnânimos, em vez de mostrarem dúvidas, falta de confiança, suspeitas, medo e todas as condições pouco íntegras que estão aparentes desde que a humanidade abandonou o trono da graça.

Quando os anjos olham o rosto das criancinhas que deveriam estar aprendendo a rezar e a comungar com o mundo do Espírito, tão imenso, invisível e silencioso durante os seus anos de formação, quando suas pequenas mentes ainda estão desabrochando — quando os anjos testemunham as terríveis fórmulas que produzirão tanta violência e ódio, mais tarde, nas vidas dessas crianças, eles se fazem a seguinte pergunta, do alto de sua sabedoria maravilhosa: "Por que a humanidade não percebe que está semeando vento e vai, um dia, colher tempestade?"[1]

Na verdade, grande parte, se não toda a violência com a qual a humanidade se depara hoje em dia é resultado de deliberada manipulação das mentes das pessoas por aqueles que estão embriagados pelo poder. Guiados pelas estrelas mais escuras, eles desvalorizam meu Filho, destroem a consciência crística e desmoralizam a graça salvadora essencial que é inerente à percepção daquele que é unigênito de Deus.

O conceito de unigênito de Deus, cheio de graça e de verdade,[2] quando devidamente compreendido, revela que Deus gerou apenas o bem. Nenhuma dualidade entre o bem e o mal veio de sua mão, mas apenas a mais clara, definida e pura luz e a mais nobre esperança para toda a criação.

Assim como foi na época da Torre de Babel, continua sendo hoje: os homens, em suas buscas psicológicas e intelectuais, ignoram o grande poder de gênio pelo qual Deus criou os mundos, criou a flexibilidade e a maravilhosa tenacidade da mente e do espírito humanos e concedeu aos seus melhores servos uma graça ilimitada. O mundo se volta para o labirinto das investigações mentais e materialistas, e vemos que as autoridades dos vários campos do conhecimento humano, muitas vezes discordando umas das outras, criam a sabedoria deste mundo, que é loucura diante de Deus.[3]

Não será verdade que aquele que pode criar as estrelas e colocá-las em seus devidos lugares, que pode dar o sopro de vida a uma alma, que pode expandir a abóboda celeste e dirigir a velocidade do tempo, certamente será também capaz de oferecer um melhor meio de vida à sua criação — melhor do que tem sido mostrado aos jovens: como os sombrios conceitos dos prazeres do Egito,[4] dos prazeres da mesa e da carne e um infindável panorama de guerra, pobreza, luta, solidão e frustração para a humanidade?

Quando apareci em Fátima (1917),[5] dei um importante aviso sobre as iminentes condições que ameaçariam a paz do mundo e tentariam destruir a Igreja espiritual, que é o corpo do Cristo. Homens cruéis e tiranos malignos em altos postos controlam todas as áreas da civilização e, no entanto, a atenção das pessoas é tão facilmente desviada quando a maior parte da energia delas está ocupada com assuntos fúteis. Nesses momentos, é fácil a crítica se transformar em arma.

Aqueles cujos corações, cabeças e mãos estão a serviço da hierarquia espiritual são muitas vezes malcompreendidos e deliberadamente atacados por aqueles que não deviam agir desse modo. Enquanto isso, as abençoadas crianças dos homens não sabem quem são seus melhores amigos, sejam eles ascensos ou não, mesmo entre os seus acusadores — que negam o Cristo três vezes antes de o galo cantar.[6] Essa hora de trevas não é fácil para aqueles homens e mulheres que se mantêm firmes em defesa da nossa causa. Todavia, a luz deve banir essas trevas, e os homens jamais devem perder a coragem ou a esperança.

Pos isso, digo-vos: renovai-vos diariamente na fonte sagrada. Voltai as costas para as trevas e para o mal do passado. Ansiai por ver-vos, e aos outros, livres e com o plano divino realizado. Desse modo, que a corajosa luz do coração da mãe cósmica seja instilada em muitos, para que a mão que balança o berço possa também ser a mão que governa o mundo,[7] pelo ensinar gradativo do amor e da virtude, pela guarda da mente dos jovens, protegendo-os dos destruidores, cujos corações estão endurecidos pelo amor por si mesmos e calejados por milhares de iniqüidades e degradações dolorosas.

Voltai-vos para o coração do meu Filho, cujo campo de luz pode ser invocado tão facilmente para envolver vossos corações abençoados! Assimilai a doçura da consciência crística e não deixeis ninguém destruir em vós aquela beleza que é a luz de Deus que nunca falha.

Devotadamente,
Permaneço vossa Mãe Cósmica
Maria

7 de junho de 1970

11

As responsabilidades do nosso amor

Amados corações de luz:

A vida nos é muito cara, por isso buscamos preservar as muitas facetas da sua expressão. No entanto, acreditamos que o tempo, da forma que o homem o julga, é insignificante como preservador da vida, a não ser que seja qualificado com as virtudes da vida. Então, gostaríamos de ensinar os homens a preservarem a vida pela qualificação adequada do tempo e da energia.

Ao longo da história, muitas pessoas demonstraram grande compaixão pelo meu Filho por sua crucificação. Sofreram com ele quando já carregava sua cruz em direção ao Calvário. Ele, porém, respondeu-lhes, dizendo: "Filhas de Jerusalém, não choreis por mim, chorai antes por vós mesmas e por vossos filhos."[1] Contudo, o mundo continua em grande pesar, seguindo a *via dolorosa* em vez de se regozijar com a promessa de ressurreição para cada filho de Deus.

Para criar um espírito de alegria divina nos homens e transferir a eles nosso sentimento de felicidade divina, nós, das hostes ascensas, gostaríamos de mostrar a todos, especialmente aos queridos jovens do mundo, os imensos e esplendorosos fogos da realidade, as grandes marés da felicidade divina. Quando a vida é vivida seguindo o exemplo mais elevado, ela não produz as sementes da feiúra e do desespero, e sim os frutos da compaixão por aqueles que ainda não renasceram na imagem divina.

Portanto, sabei que pelo fio da nossa preocupação com cada coração flui também a energia do nosso amor, da nossa sabedoria e até mesmo do nosso poder; pois um esforço trino em prol da humanidade está sempre sendo realizado pela Fraternidade.

Os mal-entendidos encobriram tantas questões importantes pois os seres das trevas, seguindo a psicologia da consciência humana e usando as sutilezas da mente, acham fácil fazer uma lavagem cerebral quase maciça em toda a humanidade. Os seres humanos foram treinados para reagir aos estímulos programados como o cão da experiência de Pavlov.

Assim, aqueles que são capazes de privar a humanidade da consciência crística, sabendo que as reações podem ser planejadas num gráfico e previstas com antecedência, podem também, com sincronismo perfeito, introduzir uma espiral negativa de medo ou autocondenação e com ela reduzir os padrões comportamentais das massas ao nível de um rebanho. Subitamente, tornou-se popular fazer pouco do reino de Deus. E aqueles que no passado adoraram a luz caem agora nas profundezas da degradação e gritam na presença do Cristo: "Que temos nós contigo?"[2]

Como é necessário que as mães e os pais renovem seus esforços pela sagrada oração! Como os membros das nossas ordens sagradas, mantendo o verdadeiro espírito da percepção crística, precisam visualizar a renascença da consciência crística no coração de cada mônada flamejante!

Seres amados, o resultado do controle das massas pode ser visto nas vidas de muitos. Ao se verem presos em tal confusão de aspectos conflitantes, as pobres criaturas se dividem mental, emocional e espiritualmente, e mal podem compreender o impulso da vida. Devido ao seu despreparo para lidar com as coisas espirituais e à falta de discernimento, as pessoas, muitas vezes, dão as costas à radiação do Eterno e se lançam na direção de uma miríade de canais que lhes proporcionam diversão temporária, mas que não reúnem as muitas facetas do ser para formar um instrumento útil.

Para impedir que a semente divina — aquela semente que Deus colocou em cada coração — seja desperdiçada em descaminhos completamente inúteis, nós vos transmitimos esta mensagem em nome de toda a hierarquia. Embora eles me tenham escolhido como representante da Mãe Cósmica, para falar por eles, faço isso em memória da doce infância de meu Filho Jesus.

Durante sua infância, vi a radiação sagrada de sua missão transmitir uma maravilhosa aura brilhante, que passava despercebida aos seus olhinhos. Observei quando, ao longo dos anos, a chama da iluminação e o raio da comunhão do coração de Deus foram transformando aquele olhar na maturidade e confiança de um mestre dos homens e, acima de tudo, um mestre de si mesmo. Vi quando as rudes multidões blasfemaram contra sua obra. Acompanhei, com certa preocupação, devo confessar, as diversas vezes em que ameaças foram feitas à sua vida, como quando pretendiam apedrejá-lo ou empurrá-lo de um penhasco.

Para evitar que alguns de vós pensem que não é adequado eu confessar tal preocupação, devo lembrar-vos de que aquele foi um período de grandes testes, antes da minha ascensão. Um tempo em que eu era, em igual medida, uma devota com certa mestria espiritual e também a mãe de um filho que saíra do meu ventre.

Menciono essas circunstâncias não para enfraquecer vossa fé nos meus esforços em nome de Deus, mas para que não mais vos recrimineis pelas fraquezas humanas que fazem parte da vossa luta. Pois qualquer dia desses também elas vão deixar de existir, quando vossos corações tiverem alcançado a mestria sobre as sugestões agressivas do mundo, bem como sobre vós mesmos.[3]

Talvez, então, enquanto meditais no empenho das almas não ascensas que lutam para alcançar a perfeição, aprendereis a ser mais gentis com aqueles da Senda que ainda não alcançaram a mestria sobre cada momento solitário. Nas vidas dos santos que eu tenho acompanhado através dos anos, houve momentos, antes da sua vitória final, em que eles manifestaram resquícios de sua consciência humana. Não deveis, então, aprender, com a caridade de vossas almas, a ser tolerantes com os esforços uns dos outros, e receber por isso mérito divino? Pois aqueles que caminham ao vosso lado podem muito bem estar adiante de vós na senda espiritual; embora Deus os julgue através dos séculos, o homem os julga por momentos fragmentados.

Pleiteamos o tecer do corpo espiritual. Lembramos que os ensinamentos da verdadeira hierarquia, transmitidos pelos verdadeiros mensageiros da Grande Fraternidade Branca, possuem uma qualidade vibracional que jamais foi ultrapassada, apesar de muitos tentarem desmerecer o brilhante contato conosco, através do qual flui tanto amor e sabedoria divinos para os filhos de Deus. Embora nós mesmos honremos essa comunicação, os frutos da vitória do estudante, em última análise, são o prêmio que almejamos.

Percebeis, então, que assim como buscais na cooperação hierárquica implementar a vontade de Deus e a essência dos ensinamentos, conforme absorveis o amor que somos e tentais ser este amor em ação, o reino do Filho de Deus se manifestará com mais rapidez em vosso ser e no mundo sobre o qual tendes influência.

Ora, se isto for indesejável, amados, continuai no embotamento e na repetição das obscuras meias-verdades do mundo. Se, porém, vossas almas estão insatisfeitas com a negatividade, se ainda não desvendastes os mistérios da natureza, se continuais em busca da chama da iluminação, da Palavra sagrada, do sentimento perdido que ressoa dentro de vós, se conseguis sentir compaixão, não apenas pelos outros, mas também por vós mesmos, então eu acredito que a ligação com a nossa hierarquia, que vos está sendo trazida a cada semana através das nossas publicações,[4] se tornará cada vez mais cara a vós.

Acredito que estudareis para serdes aprovados diante de Deus,[5] e utilizareis as poderosas influências de luz e amor que vos estão sendo enviadas. Então podereis ver que, apesar do significado da vida não vos ter sido revelado por completo, o que já vos foi transmitido merece, verdadeiramente, vossa atenção. E creio que podereis também ver que os radiantes propósitos de Deus que vos estão sendo revelados não são barreiras intransponíveis e sim objetivos que deveis começar a perseguir com crescente diligência.

Ainda ouço as cuidadosas palavras pronunciadas pelo meu Filho Jesus aos 12 anos: "Não sabeis que me convém tratar dos negócios de meu Pai?"[6] E quando contemplo a grandeza que existe em cada um de vós, anseio por ver o instante (não importa qual seja a vossa idade cronológica ou o estágio de evolução espiritual) em que podereis desafiar os negócios do mundo que vos mantiveram cativos, em que vos dirigireis a qualquer um que esteja atrapalhando o caminho do vosso destino — mesmo que seja o vosso eu exterior — dizendo: "Não sabeis que me convém tratar dos negócios de meu Pai?"

Assim, que mais e mais filhos e filhas venham para o campo de força de nossa existência e compartilhem as responsabilidades do nosso amor. Tomando sobre os seus ombros o peso da luz, eles serão exaltados e também exaltarão. Pois a humanidade procura recuperar seu equilíbrio, o ímpeto perdido do Espírito e a restauração da Era de Ouro, quando o poder cósmico estará em equilíbrio com a sabedoria cósmica e o amor cósmico — pois o amor da Mãe Divina é também o amor do Pai de todos.

Carinhosamente, em seu nome, EU SOU simplesmente

Maria

Vossa Mãe

13 de setembro de 1970

12

O messias da revelação progressiva

✧

Graciosos devotos das doutrinas todo-poderosas de Deus:

Vossa fé produziu um *momentum* para o bem acima do comum, e declaro que para muitos de vós, se vossas aspirações pudessem ter sido alcançadas por completo, já teriam, há muito tempo, estabelecido um mundo de perfeição da Era de Ouro. Pensais com Deus e amais com Deus, mas a triste degeneração da evolução do mundo parece dominar. Uma forte atitude de pura ambição espiritual eleva-se com fervor dos corações dos fiéis, mas eles são poucos.

Como o vosso amado Saint Germain anunciou (penso que de forma bem clara) em um recente comunicado, existe uma grande necessidade de divulgação mundial da verdade divina, bem como da compreensão das leis ocultas da nossa Fraternidade aos muitos que têm fome e sede de justiça.[1] Que eles sejam saciados é nossa prece, oferecida de forma contínua como uma novena perpétua, como um apelo incansável, como um predomínio autopurificador da esperança.

Permiti-me lançar agora um raio da luz do meu coração sobre as palavras eternas de Saint Germain?[2] Como resultado de recentes sondagens nos assuntos mortais realizadas pela hierarquia, foi tomada a decisão de buscar meios de nos comunicarmos com a humanidade, pois detectamos um grande número [de almas] que são realmente importantes na evolução deste planeta e que dariam assistência ao plano divino se ao menos soubessem como fazê-lo.

Sabemos que, apesar de os estudantes da luz maior possuírem um entendimento acima do comum que não lhes é fornecido por meio dos canais ortodoxos, poucos de vós compreendem como os sistemas sociais e religiosos na Terra, hoje, estão entrincheirados. Mais autoritários que os governantes romanos, mais ameaçadores que as legiões de César e mais habilidosos que o Sinédrio, os religiosos conservadores, com seus poderes temporais, manobraram as forças do mundo para proibir a revelação progressiva à humanidade da Terra.

É verdade que se as revelações do passado tivessem sido consideradas, a virtude da Palavra viva da verdade, trocada entre vizinhos, teria pavimentado o caminho para uma estrutura espiritual diferente no mundo de hoje. É verdade que o Sermão da Montanha de meu Filho engloba os mais elevados ensinamentos para a formação de um caráter crístico. No entanto, João, seu discípulo mais próximo, declarou: "Jesus fez muitas outras coisas. Se cada uma delas fosse escrita, cuido que nem mesmo o mundo todo poderia conter os livros que seriam escritos."[3]

Isso indica, sem dúvida alguma, que muitos dos seus ensinamentos jamais foram registrados. Estou certa de que compreendeis que todas as palavras e atos de meu Filho tiveram a mesma importância. Diante disso, amados, as revelações progressivas são dadas com o objetivo de continuar a infinita divulgação da Palavra de Deus aos homens de cada geração que se sucede — não como contestação das antigas e sim como afirmação do testamento de Deus sempre renovado.

Hoje, os mandatários da sociedade tornaram quase impossível fundar uma nova religião, e os portões das antigas religiões do mundo estão bem fechados pelas opiniões humanas, pelos erros e dogmas irremovíveis, que impedem a possibilidade do advento de algo novo. O gigantesco trabalho de trazer à luz revelações espirituais progressivas é intenso, e muitas vezes os nossos mensageiros têm de lidar com muitas forças das trevas que tentam frustrar essa causa sagrada.

Não sabeis o que significa enfrentar as nuvens escuras de uma ordem mundial entrincheirada e uma força mundial armada contra o vosso próprio filho. O confronto da Sexta-feira Santa é mais do que apenas histórico — é uma iniciação das eras. O elevar da cruz é um símbolo pelo qual Deus e o homem se encontram no corpo vital da verdade crística.

O [princípio do] corpo físico da Palavra viva é anunciado neste momento por homens que não o compreendem, do mesmo modo que não o compreenderam naquele dia. Do mesmo modo que tentaram difamar seu caráter impoluto, eles igualmente buscam, muitas vezes, desfigurar o caráter dos que, nas gerações que se sucedem e citando suas próprias palavras, farão "obras maiores do que estas (...) porque eu vou para o Pai".[4]

Devido à necessidade de compreensão, proclamo minha sólida união com Saint Germain ao buscarmos nutrir o messias da revelação progressiva, segundo o qual a cortina do Santo dos santos, o véu no templo do ser do homem, poderá se rasgar em duas partes, de alto a baixo,[5] pelo grande relâmpago do amor divino. Ao colocar de lado antigas tradições, esse amor, como lei sagrada, revela no altar do coração de cada homem uma chama viva, o Paráclito que vai muito além do símbolo, manifestando-se como a presença da Vida em todo o seu imaculado esplendor!

Vossa Mãe de Amor Infinito

Maria

5 de setembro de 1965

13

O nascimento de Deus no homem

Àqueles cuja esperança se encontra na estrela do seu nascimento:

Tantos de vós estais pensando em novos começos; tantos de vós estais enlevados pelas alegrias das festividades externas que devo, em nome da graça cósmica, aconselhar-vos cautela e guiar-vos como crianças do nosso coração até a percepção de que é o nascimento de Deus no homem celebrado na Missa de Natal, e que as oportunidades desta época do ano são dadas aos homens para que possam, literalmente, libertar-se das trevas.

No grande brilho da explosão de luz celebrada como a Missa do Cristo, as trevas exteriores podem acenar para a chama interior para que ela cante sobre novos começos. Então, com os tijolos do Espírito solidamente assentados sobre a fundação do coração de Deus e subindo de forma transcendental rumo ao azul da Sua vontade, a alma se elevará como uma torre de força, enfrentando todas as condições externas, dizendo a elas: "Se não sois Deus, não tendes poder algum!" — porque apenas Deus pode trazer a vida eterna ao coração humano.

Ao pronunciar essas palavras, vejo milhões dentre vós que estais lendo minha mensagem reconhecerdes carinhosamente meu espírito como familar ao vosso. Entretanto, uma das grandes tragédias da existência humana é a falta do milagre da crença, a falta de fé nas coisas do Espírito que estão à vossa volta como as melhores dádivas de Deus. Por essas dádivas devíeis ser gratos sempre, e vossos agradecimentos deveriam ser um buquê de pensamentos perfumados oferecidos a Deus.

Muitos estão preocupados com o momento que atravessamos — tanto com a ruína das duras experiências quanto com a bênção de uma reunião familiar. Muitos estão ocupados em fazer os outros felizes. Pensemos juntos sobre como eles podem fazer Deus feliz, pois embora ele tenha dado tanto, recebe muito pouco.

Ora, sei muito bem que existem aqueles que dirão: "Deus não é uma pessoa." Digo-vos que Deus é um Espírito, Seu Espírito é onipresente e pessoal a cada manifestação que o receber. E o reflexo de Sua alegria nos olhos das pessoas, Sua esperança em seus corações e Sua perseverança em seus espíritos são a fragrância da eternidade.

Abster-vos da oportunidade de recebê-Lo na pessoa do Cristo é como apagar da vossa consciência uma das facetas mais gloriosas da individualidade — a oportunidade de dar. Pois alojado em Seu coração está uma abundância permanente da qual todos podem usufruir, em diferentes medidas. Sem essa abundância, a alma estaria completamente destituída, mas, com ela, cada indivíduo pode descobrir que o suprir das suas necessidades é a alegria de Deus.

Existem aqueles que estão momentaneamente carentes de atenção. Existem os que são deliberadamente ignorados. Existem outros, que trilham um caminho que é muito diferente do objetivo do Pai. No entanto, todos eles pertencem à caravana que sobe a montanha da fé e da boa vontade.

Vejo com clareza a imagem da intenção crística para um mundo que dorme sob a neve, ainda inconsciente da totalidade do seu propósito. Embora tivesse planejado este ano alertar os estudantes sobre as formas de erro (que muitos deles conseguem enxergar com clareza), refleti e disse a mim mesma: "Como posso servi-los ainda melhor? Pois já os alertei, censurei e encorajei."

Enquanto pensava em falar-vos isso, vários irmãos de branco, ascensos, vieram até mim, com seu sentimento sincero de que devíamos oferecer o buquê do nosso amor para a alma de Deus dentro de cada um — a alma que apenas Deus pode despertar no homem —, pois é nosso grande desejo mostrar aos estudantes a grandeza de Seu amor.

Assim, embora tantas vezes tenhamos lamentado as mundanas formas de proceder que não refletem os caminhos do Senhor;[1] embora tenhamos tantas vezes tentado trazer os homens para um caminho mais elevado, um caminho esplendoroso que tão poucos conheceram; embora a repreensão de Deus tenha dado muitos frutos, preferi modificar minha abordagem este ano e apelar do fundo do meu coração ao coração de cada um, de forma íntima e terna.

Que o Deus interior desperte os homens. Que ele mostre ao mundo o erro em seus caminhos. Que ele mostre aos indivíduos o esplendor de sua força. Que ele se revele. Vós, que precisais dele mais do que imaginais, ouvi-o. Desenvolvei o hábito de procurá-lo por trás da manifestação externa.

Em todas as imagens e pensamentos de vosso coração, que são muitos e desordenados, o caminho de seu amor é a esperança do mundo. O milagre de sua vinda à vida do indivíduo é uma alegria a ser contemplada. É quase como uma semente lançada no coração da terra que, nutrida e regada, germina e se lança em direção à luz. É a força nascida da devoção ao seu amor, que parece perdido ou evanescente no homem. Porém, ao se chegar mais uma vez na infalível força de Deus, eles conhecerão a paz que nasce do serviço ao Cristo em cada um.

O nosso caminho é o caminho da paz. Porém, aqueles que estudaram a longa luta das desventuras da humanidade conhecem a necessidade de ser racional e prático no mundo da forma, assim como somos no mundo do Espírito.

Não permiti jamais que os vossos ideais pereçam. Deixai que eles implementem dentro de vós os aspectos do vosso ser que manterão vivos no mundo o potencial do homem crístico para a realização divina — a liberdade da alma que pode ir em frente e se inflamar com o amor da sua estrela, com o seu amor pela vida, com o seu entusiasmo pela verdade, sempre com o seu despertar aflorando na lembrança.

E, assim, o dia marcado para o seu surgimento chegará mais depressa,[2] e muitos poderão vê-lo como ele é.[3] E pelo fato de o verem, acreditarão mais em si mesmos e nos propósitos da vida. O destino do homem será trançado com a plenitude da graça da Criança Crística universal aconchegada nos braços de cada mãe como o seu próprio filho, alojado no coração de cada pai como a semente divina.

E a Criança ensinará a todos o caminho de um mundo que se eleva em meio ao crepúsculo e se dirige para a alvorada na qual uma nova oportunidade e uma nova forma de pensar, avançada na estrada para Deus, selarão o destino de um mundo iluminado na paz da esperança universal.

Maria

13 de dezembro de 1970

14

A transformação do indivíduo é a chave para a salvação do planeta

A todos os corações peregrinos:

Da mesma forma que o amor chega em determinados momentos para todos os homens que se abrem para as convicções internas da própria alma, também eu estou convencida de que todas as coisas, um dia, refletirão a glória de Deus.

Muitos mantiveram na memória a imagem do meu Filho durante as agonias da perseguição humana, reminiscências dos próprios conflitos que eles enfrentaram na matéria. Tais envolvimentos com a *via dolorosa*, o caminho do sofrimento, são uma armadilha que impede o homem de ver e experimentar as glórias inerentes à vida construtiva que foi vivida pelo nosso carpinteiro de Nazaré. Que seja do conhecimento de todos que aquela foi sua construção para a eternidade no domínio finito do pensamento e do sentimento.

É uma tragédia que os homens sejam tão facilmente distraídos por meios exteriores do verdadeiro curso dos pensamentos corretos. O que se deseja, então, é a mestria dos pensamentos e sentimentos, a mestria do fluxo de energia através da consciência de cada um.

Pelo fato de não existir nenhum outro método de controle do indivíduo, interno ou externo, eu gostaria de ressaltar a cada filho e filha dos céus a incomparável alegria e liberdade que pode ser alcançada à medida que forem percebendo a importância de governar seus pensamentos e sentimentos, atitudes e entendimentos da maravilha divina.

À vossa volta existe beleza e, no entanto, a feiúra muitas vezes ocupa seu lugar. Desejo remover a coroa de espinhos que o homem, de forma inconsciente, colocou sobre a própria cabeça. Antes disso, porém, peço-vos que a razão seja usada para realizar as mudanças construtivas necessárias se o homem quiser assegurar seu destino cósmico enquanto ainda encarnado. Já meditastes sobre o presente maravilhoso que Deus vos deu: o dom da vida — até mesmo na manifestação de vossa forma física, que tantas vezes é crucificada pelas dificuldades da vida diária?

Seres preciosos, as atitudes do mundo são forte reflexo da perda da inocência do homem. Quando a ingenuidade e a inocência se tornarem novamente parte da natureza do homem, ele irá efetivamente se transformar na imagem do Cristo, como era o plano de Deus para ele no princípio.

Então, imitando os mestres da sabedoria, o homem não só buscará e será buscado pela luz da Grande Fraternidade Branca, mas se tornará também um verdadeiro seguidor de Deus em todo o maravilhoso alcance desse significado. Ora, não sabeis, amados, que o Altíssimo pode, de forma precisa, guiar vossos pensamentos e sentimentos tão facilmente quanto podeis confeccionar uma roupa de criança, usando a destreza de vossos dedos e a flexibilidade de vossa mente?

Com a vossa capacidade divinamente concedida de comandar vosso corpo físico e organizar vossa vida, não poderíeis igualmente adquirir mestria no controle da mente e dos vossos sentimentos? Se o fizerdes, asseguro-vos que isso vai contribuir muito para o alívio dos problemas do mundo, atualmente enlouquecido. Isso servirá até mesmo para anular as desafortunadas manifestações de bruxaria e magia negra que são, muitas vezes, praticadas em nome da religião, mas usadas unicamente para a dominação psíquica e controle de outros seres.

Devo dizer-vos que o único desígnio que o céu deseja ver expresso na Terra e nos corações dos homens é aquele autocontrole pelo qual todos os indivíduos poderão obter a própria vitória e o fortalecimento de sua mente crística.

Portanto, invoco as mentes crísticas e as qualidades crísticas que vão promover o autocontrole, pois este é o requisito mais importante do momento. Apesar de o homem ter, de tempos em tempos, utilizado de forma inadequada as mentes e os sentimentos que lhes foram dados por Deus, essas mesmas mentes e sentimentos possuem as mesmas capacidades do Espírito expressadas por Jesus, que ele ansiava por ver estabelecidas em todos vós.

Pela obediência à lei do vosso eu interior, podereis alcançar esse autocontrole, que tornará vosso mundo mais brilhante a cada dia. Embora saiba que alguns desprezarão minha mensagem devido à sua simplicidade, outros compreenderão a necessidade de determinar mudanças em toda a sua conduta, visando ações futuras.

Essa necessidade do controle divino pode ser vista tanto nos jovens quanto nos velhos — desde as criancinhas em estado de inocência até os mais sábios que, em sua maturidade, muitas vezes já perderam os sagrados laços da inocência que tanto determinam a aura de bravura cósmica nos homens.

Enquanto confiardes unicamente em vossa força humana e não no poder do Cristo, rodeados como estais pelos mosaicos do pensamento mortal, é fácil ver que podereis vos tornar vítimas desses pensamentos mesquinhos de degradação humana. A eliminação da idéia de que não podeis tomar o comando de vossas vidas é o primeiro e fundamental passo que deve ser dado, antes de poderdes começar a tecer as vestes espirituais da mestria pessoal, que desejamos ver em torno de vós.

Muitos imaginam que nos últimos dias de minha jornada terrena eu não alcancei tudo o que desejava. Amados, devo confessar que até mesmo no estado ascenso nós não conseguimos alcançar tudo o que desejamos, especialmente nas questões relacionadas Terra e à sua evolução.

Quero que saibais que, dentre os milhões e milhões que formam a humanidade, algumas das suas preces que se elevam até o nosso nível são literalmente desoladoras, particularmente quando analisadas à luz do fato de que os céus já forneceram a resposta para a qual a humanidade não quis abrir o coração.

Ao assinalarmos a importância da dedicação da vida do indivíduo a Deus queremos dizer que acreditamos que o reino dos céus deve se manifestar dentro de cada indivíduo, antes de poder se manifestar em larga escala no mundo. Quanto mais os homens esperarem que o mundo satisfaça seus desejos, mais eles vão continuar esperando, na teimosia e desesperança daqueles que não compreendem, que, no fim, um será levado e outro será deixado.[1]

A justiça de Deus na Terra deve se tornar obra do indivíduo. Aqueles que desejam justiça social são os mesmos capazes de construir barreiras mundiais de leis e ordens que não podem ser cumpridas; eles não compreendem que o estabelecimento da lei e da ordem virá à medida que os homens proclamarem o sagrado senso de justiça que arde por trás do mundo das aparências. Um dia, eles aprenderão que somente nas esferas interiores, nos pensamentos e sentimentos íntimos é que a transformação pode ocorrer — e que a transformação do indivíduo é a chave para a salvação do planeta.

Sempre que qualidades indesejáveis parecerem dominar de forma pouco usual vossa consciência, tomando conta do vosso ser, ocupando a verdadeira fibra de vossa mente e vos negando a paz e a felicidade de ter os pensamentos que tanto ansiais, compreendei que fostes momentaneamente presos pelas garras de um grande acúmulo de forças.

No passado, também nós nos defrontamos com campos de força de energias psíquicas negativas, e até mesmo no estado ascenso fomos obrigados a enfrentar gigantescas grades flutuantes de destroços astrais. Porém, como perseveramos e contamos com a ajuda de Deus, nossas mentes imediatamente se tornaram calmas e imbuídas do poder do raciocínio e julgamento sagrados.

Aprendei que não deveis ser precipitados, nem demasiado críticos, e tampouco atribuir a outros, de forma injusta, qualidades que não são parte do Eu Verdadeiro. Dai a todos a alegria e a paz que vós mesmos esperais receber e observai como as energias do universo irão, no devido tempo, como um rio que flui continuamente, invadir vosso mundo e vos ajudar no processo de purificação interna.

Quando penso na longa jornada do Cristianismo e nos conflitos nos quais muitos se envolveram em nome do meu Filho, condenando como pagãos os seguidores de Deus em outros rebanhos, lembro-me das palavras dele: "Tenho outras ovelhas que não são deste aprisco. A mim me convém agregá-las também. Elas também ouvirão minha voz, e haverá um rebanho e um pastor."[2]

Em nome da sagrada razão, até que os homens sejam capazes de ver o corpo de Deus sobre a Terra como um só rebanho e consigam contemplar um só pastor, dai a eles liberdade de pensar como quiserem. E orai para que consigam estabelecer em suas consciências aquela fé em um Deus único, que vai fazer de toda a Terra uma só família sob os quatro cantos do céu.

Todos os conflitos precisam ser resolvidos, todas as vilanias lançadas fora e a suave beleza do reino dos céus se transformará em flores sob os pés dos homens — uma forma elevada e santa de alegria na cultura transcendente da consciência dos mestres ascensos. Então, as criancinhas poderão ser instruídas no caminho em que devem andar[3] e, por fim, o trabalho das eras que precedeu o nascimento do Divino Filho Varão trará uma era dourada de iluminação. E Deus governará nos corações dos homens, porque eles O amarão e amarão uns aos outros.

A cada momento em que um indivíduo compreende e entra nessa consciência, um novo começo ocorre. Que sejais seguidores do meu Filho e da luz invencível que pressagia a era em constante progresso dos avatares; pois no princípio era a luz do Verbo, e a luz estava com Deus, e a luz era Deus.[4] E dessa luz nasceu a chama que afasta as trevas que nunca existiram e jamais existirão.

A ilusão dessa treva deverá desvanecer-se à medida que a vinda do reino for ouvida como um vento impetuoso[5] e o solo do coração, como um solo sedento, beberá da água da vida eterna.[6]

Que os homens sejam espiritualmente saciados. Que os seus objetivos sejam agora puramente espirituais, como no passado foram materiais. Que assim possamos servir de ponte em meio à confusão e consigamos revelar, por fim, o alicerce permanente da vida abundante.

Permaneço
Maria
A Mãe de Jesus

21 de fevereiro de 1971

PARTE DOIS

✧

O Aspecto do Amor do Espírito Santo

Cinco Mistérios do Rosário Oferecidos
pela Mãe a Seus Filhos

O poder da oração falada

Como Deus disse nas escrituras, a Terra é o reino do escabelo dos seus pés, e nós fomos enviados ao universo físico para dominá-lo, sujeitá-lo e nos multiplicarmos.

Recebemos o livre-arbítrio e devemos fazer nossas escolhas; devemos fazer o que quisermos e depois arcar com as conseqüências dos nossos atos. Desse modo, ao nos conceder a dádiva da liberdade, Deus não interfere com essa liberdade nem impede calamidades ou tragédias em nosso meio.

Se compreendermos a tolice que é depender da vontade e das escolhas humanas, e reconhecermos que necessitamos da consulta e intercessão da vontade divina e dos princípios da liberdade divina, então clamaremos a Deus e diremos: "Não a minha vontade, ó Deus, mas a tua seja feita. Ajuda-me. Não consigo resolver este problema. Ele é muito grande para mim."

Desse modo, a oração, a comunicação — pedi e recebereis; batei e abrir-se-vos-á[1] — se torna a forma de liberar o poder de Deus. Se quisermos que Ele assuma o controle de nossas vidas, devemos dizer: "Senhor, eu me rendo a vós. Já vi que minha vontade não me leva a lugar algum, que por mim mesmo não posso fazer nada. É o Pai em mim que faz a obra. Pai, vem para a minha vida. Jesus, entra no meu templo."

Então, Deus assume o controle. Tornamo-nos instrumentos e vemos o céu se abrir. Vemos grandes mudanças, milagres e curas.

A vida é para ser livre e feliz. Fomos destinados a ter acesso ao paraíso com todo o poder e a glória das hierarquias e santos do céu. Fomos destinados a comungar com os santos, a interagir com aqueles que foram antes de nós e que são os nossos professores — os mestres da Senda.

Assim, desse modo em particular, compreendemos que a Ciência da Palavra Falada na forma de decretos, um tipo de oração falada dinâmica, é a forma pela qual proclamamos o decreto para que Deus assuma o comando, com ajuda das hostes celestiais, das situações e problemas que estão absolutamente além da nossa capacidade de definir e reconhecer, muito menos resolver.

Eu, por exemplo, não saberia lhes dizer qual é a resposta para os problemas do radicalismo nas atividades políticas de esquerda e de direita. Vemos erro nos dois lados, e também vemos coisas certas dos dois lados; no entanto, quem, no fim, estará absolutamente certo? "Sempre seja Deus verdadeiro, e todo homem mentiroso", disse o apóstolo.[2]

Portanto, em vez de apoiar um lado ou outro, para no fim descobrir que os dois têm defeitos, damos nosso apoio a Deus e aos seus anjos; pedimos que eles entrem em ação. E Deus, que não discrimina ninguém, usa todos e cada um, até mesmo pessoas das quais discordamos, condenamos e julgamos, talvez, menores ou menos importantes que nós — pois somos todos maculados de algum modo por algum grau de preconceito.

Assim, o que existe de magnífico a respeito do chamado e do decreto é que nós decretamos invocando a vontade de Deus, e, então, ele a implementa. E quando ele a implementa, nós vemos qual é a sua vontade e nos tornamos mais específicos em nossos decretos, para enfatizar os pontos específicos de sua vontade.

Então, as tragédias sem sentido e inúteis na vida, aquelas coisas que não deveriam acontecer, podem ser mitigadas e revertidas. Mas, de algum modo, a lei de Deus exige ser ouvida e compreendida. Ela é inexorável, e Deus não infringe sua própria lei, embora tenha introduzido a misericórdia e a graça do Cristo como formas de intercessão e de abrandamento da lei, em resposta à oração.

Dessa forma, vocês podem compreender que a tradição católica de pedir aos santos para interceder junto a Deus é o equivalente a pedir aos mestres ascensos para usar o seu *momentum* de serviço para derramar luz em nossas vidas, com o intuito de nos assistir em determinada situação. E então percebemos o propósito de Nossa Senhora como Mediadora da misericórdia, da graça e da cura. Nossa Senhora, por sua posição na hierarquia, pode ir ao Pai, ao Filho, aos hierarcas de luz e aos Elohim, e deles receber dispensações de luz para nos ajudar.

Assim, de acordo com as leis de Deus, os que possuem fardos de carma, que fizeram mau uso da lei, que estão sob o peso desse carma, devem ter aqueles com maior mestria e luz para interceder por eles, pois cada um de nós está limitado pelo peso do nosso carma com relação à quantidade de luz que pode nos ser enviada por Deus.

Isso pode parecer desleal ou injusto, mas não é. Aqueles que demonstraram ser responsáveis quanto ao uso da luz e da energia de Deus têm acesso a mais luz. Este é o significado das palavras de Jesus: "Ao que tem, se lhe dará, e terá em abundância. Ao que não tem, até aquilo que tem lhe será tirado."[3]

O significado do ensinamento que Jesus transmitiu na parábola dos talentos é o mesmo.[4] Aqueles que possuem luz e usaram essa luz de forma responsável deverão receber mais luz — o que multiplicou os talentos "sobre o muito foi colocado". Aquele que fez mau uso da luz de Deus, ou simplesmente não a utilizou, não pode receber mais. E pelo fato de não ter gerado lucro, nem ter sido produtivo em multiplicar a dádiva original, essa dádiva ser-lhe-á tirada.

Todas essas lições, quando devidamente compreendidas, nos levam de volta ao conhecimento da Ciência da Palavra Falada. Ela é o meio de invocar a chama violeta* e a misericórdia divina como intercessão, concedida por intermédio dos santos e do Espírito Santo para transmutar carma, dissolver registros de pecado e nos libertar dos erros passados, pois Deus disse: "Nunca mais me lembrarei dos seus pecados."[5]

Deus não deseja que vocês nem eu permaneçamos acorrentados a um erro que cometemos há mil anos ou ontem. Depois de termos aprendido a lição, experimentado o pesar por nossa ignorância ou impetuosidade e de sinceramente desejarmos seguir em frente para alcançar um nível mais elevado, Deus nos perdoa. E o perdão surge sob a forma de uma limpeza do registro, da transmutação do carma e como a oportunidade não apenas de ir em frente e não pecar mais, mas também de realizar atos positivos que são construtivos na vida.

Nossa Senhora nos disse: "Quando recitais o rosário e o fazeis bem cedo pela manhã, antes que as tarefas diárias e o carma do dia desçam sobre vós, podeis enfrentar esse dia com mais facilidade, pois já colocastes em torno de vós a minha Presença pela recitação da Ave Maria (...) Desse modo, sabeis que nos momentos em que recitais o rosário sem serdes perturbados, sem vos movimentardes de um lado para o outro e em sintonia com o meu Imaculado Coração, eu posso entrar, unir-me a vós e realizar as vossas necessidades do momento, de cura, orientação, direção e conforto para a hora do vosso teste."[6]

Nossa Senhora apareceu para mim em uma manhã de outono, em 1972, na torre de orações de nosso retiro em Colorado Springs, e disse: "Quero vos dar o ritual do rosário para os filhos e filhas de Deus (...) Esse rosário servirá para trazer a Era de Ouro. Deverá ser usado como uma adoração universal à chama da Mãe, por pessoas

---

* A chama violeta é uma energia espiritual de alta freqüência que transmuta (transforma) carma negativo em energia positiva. Para mais informações e decretos de chama violeta, veja o livro *Chama violeta para curar o corpo, a mente e a alma*, publicado pela Summit University Press.

de todas as religiões. Pois, como sabeis, a saudação 'Ave, Maria' simplesmente significa 'Ave, raio da Mãe' e é uma afirmação de louvor à chama da Mãe presente em todas as partes da vida. A cada vez que é pronunciada, evoca a ação da luz da Mãe nos corações de toda a humanidade."

O rosário é um ritual sagrado pelo qual todos os filhos de Deus podem encontrar seu caminho de volta à sua imaculada concepção no coração da Virgem Cósmica. O rosário da Nova Era é um instrumento para a humanidade se libertar do sentimento de pecado e da errônea doutrina do pecado original — pois todas as almas são imaculadamente concebidas por Deus Todo-Poderoso, e Deus, o Pai, é a origem de todos os ciclos do ser humano. Maria diz: "Aquilo que é concebido em pecado não vem de Deus e não tem o poder nem a permanência da Realidade. Tudo o que é real é de Deus; tudo o que é irreal vai se dissolver, à medida que a humanidade se tornar una com a chama da Mãe. O oferecimento diário do rosário é uma forma certa de alcançar essa unidade."

Quando refleti em meu coração sobre o significado da nossa origem em Deus, percebi que Deus Pai e Deus Mãe realmente criaram a alma de forma imaculada. Foi nosso sentimento de pecado que colocou sobre nós a doutrina da maldição, do pecado original, segundo a qual, a partir do momento em que nascemos, mesmo sem termos balbuciado um som sequer, ou tido um só pensamento ou sentimento que seja, já somos considerados miseráveis pecadores.

Compreendi que a verdadeira identidade do homem e sua origem em Deus são muito mais poderosas que o seu sentimento de pecado ou de má utilização do fogo sagrado de Deus, que resultou no que se conhece como a Queda. Essa Queda foi, na realidade, o pecado de desobediência a Deus, e por essa desobediência pagamos todos os dias um preço muito alto. Esse preço é nossa separação de Deus, tendo como resultado dor, sofrimento, trabalho e doença, que assolam a raça humana.

Nossa Senhora, porém, veio para nos mostrar o caminho de volta ao estado de graça, por meio do uso da Ave-Maria e das meditações sobre o seu abençoado Filho, Jesus. O rosário que ela me ensinou visa eliminar o sentido de pecado e o sentido de morte. Portanto, rezamos a Ave-Maria da seguinte maneira:

> Ave Maria, cheia de graça,
> O Senhor é convosco.
> Bendita sois vós entre as mulheres
> E bendito é o fruto do vosso ventre, Jesus.
>
> Santa Maria, Mãe de Deus,
> Rogai por nós, Filhos e Filhas de Deus,
> Agora e na hora da nossa vitória
> Sobre o pecado, a doença e a morte.

Os católicos vão perceber que a Ave-Maria tradicional diz: "Rogai por nós, pecadores", em vez de: "Rogai por nós, filhos e filhas de Deus." Nossa Senhora quer que compreendamos que Deus não nos mantém presos sob a garra mortal do pecado ou ao sentimento do pecado, mas, segundo a visão imaculada do seu Olho Onividente, como um filho e uma filha que são frutos da união do Deus Pai-Mãe.

Nossa Senhora me disse: "As pessoas precisam começar a compreender e a saber que foram criadas à imagem e semelhança de Deus, e afirmar: "Agora somos filhos de Deus,"[7] como disse João, o Amado. Portanto, que os filhos de Deus olhem para o céu e, com dignidade, nobreza e auto-estima, façam esse chamado como o verdadeiro filho e filha de Deus.

"Rezemos então para esse raio da Mãe, não na hora da morte, pois a morte não existe. Meu próprio Filho provou que a morte é irreal. Assim, invocai minha intercessão na hora da vossa vitória sobre o pecado, a doença e a morte."

Estrutura do rosário

Como foi mencionado no Prólogo, Nossa Senhora divulgou um rosário para cada manhã da semana e um rosário para ser usado no domingo à noite. Esses rosários foram apresentados no Livro Um da Trilogia *Mensagens Douradas de Maria*: *Mensagens de Maria para um novo dia.*

Um rosário para cada um dos cinco raios secretos do Espírito Santo foi dado com o propósito de se obter a comunhão com o Paráclito nas cinco noites da semana. Esses rosários estão incluídos neste volume. São mistérios que descrevem os testes que a alma tem de enfrentar, as demonstrações da Lei que tem de apresentar e as tentações que tem de superar, antes que o devoto da Mãe e do Filho se integre completamente na consciência do Cristo.

Maria prometeu ainda divulgar um 14º rosário, explicando que esse seria diferente dos outros, e que seria revelado quando as pessoas tivessem acumulado um *momentum* de devoção ao oferecer os 13 rosários. Esse 14º rosário foi divulgado em outubro de 1975, e será devidamente apresentado no Livro Três desta trilogia. Sem dúvida, todos esses rosários preparam o discípulo para as iniciações da Senda, que são narradas nos respectivos mistérios.

O conteúdo do Rosário Escritural para a Nova Era, que a Mãe Abençoada ditou, reflete o fluxo do Deus Pai-Mãe — de Deus como Pai e de Deus como Mãe. Isso foi revelado a João nas palavras "EU SOU Alfa e Ômega, o princípio e o fim".[1] A primeira adoração do rosário, o sinal-da-cruz, marca os quatro aspectos do ser de Deus como Pai, Mãe, Filho e Espírito Santo. Ao fazermos o sinal-da-cruz, estamos reforçando a consciência desses aspectos do corpo e da alma, mente e coração. A cruz latina (que normalmente fica inserida na ponta do rosário) é o emblema das linhas convergentes do Espírito (Alfa) e da Matéria (Ômega), significando o lugar onde Cristo nasceu e onde as energias do Logos são liberadas para o planeta.

Tocando a testa, fazendo dela a ponta norte da cruz, dizemos "Em nome do Pai". Tocando o coração na ponta sul da cruz, dizemos "e da Mãe". Tocando o ombro esquerdo como a ponta leste da cruz, dizemos "e do Filho". Tocando o ombro direito como a ponta oeste, dizemos "e do Espírito Santo, Amém".

Ao incluir o nome da Mãe em nossa saudação à Trindade, invocamos a consciência da Virgem Cósmica, que faz com que cada aspecto da Santíssima Trindade adquira um significado maior em nossa consciência evolutiva. De fato, Maria é a Filha de Deus, a Mãe de Cristo e a Noiva do Espírito Santo. Desempenhando o papel velado da contrapartida feminina de cada um dos aspectos do princípio masculino de Deus, ela é a mais habilitada para retratar para nós a natureza do Pai, do Filho e do Espírito Santo.

A segunda adoração do rosário, a "Adoração a Deus", foi recebida por Mark Prophet diretamente do Espírito Santo. Quando você faz essa oração com amor e devoção, envia de volta a Deus toda a energia do seu ser que é focalizada, através da Palavra falada, na adoração. Você envia o amor de Deus de volta para Ele com o maior fervor do seu ser. Ele pega esse amor, multiplica-o, devolve-o a você e, então, a partir do seu próprio coração de devoto, envia raios de luz para abençoar todas as pessoas.

A adoração seguinte do rosário é "O Pai-Nosso do EU SOU, de Jesus Cristo". Jesus nos deu o Pai-Nosso, que é apresentado na Bíblia no modo imperativo, de comando. Ele parte do princípio de que a alma está no estado de se transformar, comandando aquilo que deseja fazer: descer para realizar a obra perfeita. Jesus nos ensinou essa oração porque o comando, em si, tem a intenção de elevar a alma a essa posição de autoridade. Mesmo que a nossa alma não compreenda o porquê de possuir autoridade para comandar a luz de Deus, a oração, por si só, já nos leva até lá.

Agora, ao avançarmos na Senda da Cristicidade, olhamos para essa Oração do Senhor e compreendemos que esses comandos se manifestaram dentro de nós. Conhecemos o Deus que vive no nosso templo; conhecemos a Presença do EU SOU.[2] Estamos agora com Jesus no Cenáculo e Ele nos ensina o "Pai-Nosso do EU SOU", afirmando que tudo o que comandamos se manifesta onde quer que estejamos:

> Pai nosso que estais no céu,
> Santificado seja o vosso nome, EU SOU.
> EU SOU o vosso reino manifestado
> EU SOU a vossa vontade que está sendo cumprida
> EU SOU na Terra assim como EU SOU no céu
> A todos eu dou hoje o pão de cada dia
> Eu perdôo neste dia a toda a vida
> E EU SOU também o perdão que ela me estende
> Eu afasto todo homem das tentações
> Eu liberto todo homem de qualquer situação nefasta
> EU SOU o reino
> EU SOU o poder e
> EU SOU a glória de Deus em manifestação eterna e
> imortal —
> Tudo isto EU SOU.

Nesta oração, estamos afirmando (como Deus afirmando em nós) que o Grande Criador está fazendo todas as coisas que anteriormente pedimos que Ele fizesse. Consideramo-nos co-criadores, junto com Ele. Ao dizermos "EU SOU", estamos dizendo "Deus em mim é". Quando somos um com Deus, não existe separação. O EU SOU de Deus falando é o único EU SOU que temos, porque nos livramos de toda e qualquer identidade inferior.

A fim de usarmos corretamente o nome de Deus, EU SOU,[3] como afirmação do Ser, precisamos antes estar convencidos da nossa unidade com Deus através da correta interpretação das Suas Leis. Pela graça de Deus, a afirmação dessas Leis não foi inteiramente removida das Sagradas Escrituras. Os que se propõem a examinar a Bíblia à luz da verdade histórica, bem como sob a luz dos ensinamentos dos mestres ascensos, começarão a compreender que a doutrina do pecado original e a crença de que o homem é pecador por natureza não foram originadas nem nas Leis de Deus nem nos ensinamentos de Jesus.

Depois de aliviados do pesado fardo do pecado e do próprio sentimento de pecado, a humanidade poderá verdadeiramente afirmar sua união com Deus, que será alcançada apenas através do Cristo, o Mediador — o único Filho unigênito de Deus. Assim como existe apenas um Deus, um Senhor, também existe apenas um Cristo. Da mesma forma que Deus individualizou-se na Presença do EU SOU para cada um, Ele também individualizou o Cristo para cada um de nós, no Cristo Pessoal e na Chama Crística que arde no altar dos nossos corações, sustentando a vida como uma oportunidade para a unidade.

Continuando com a nossa análise das adorações do rosário, vemos que as três Ave-Marias que compõem a quarta adoração determinam o padrão para todo o rosário, na chama trina da fé, esperança e caridade, na vontade de Deus, na sua sabedoria e no seu amor. Através dessa trindade unificada, e também nela — na união do Pai, do Filho e do Espírito Santo —, a ação das adorações que se seguem é multiplicada pelo poder do três vezes três para a salvação da humanidade.

Ao fazer o "Ama-me", a quinta adoração do rosário, estamos falando com Deus, a Presença individualizada bem acima de nós, invocando aquele amor. E quando aquele amor é derramado através de nós, ele abençoa toda a Terra.

O "Intróito à Sagrada Chama de Cristo", que é feito como a sexta adoração do rosário, também foi dado por inspiração a Mark Prophet pelo Espírito Santo. Ao dizermos essa oração, sentimo-nos comungando com o nosso Santo Cristo Pessoal, através da Chama Sagrada de Cristo em nossos corações. Estamos nos entregando ao Cristo e dizendo: "Obrigado, amado Santo Cristo Pessoal, por estares comigo. Sede as minhas mãos, a minha mente, o meu coração e os meus pés, e concede tua bênção à vida através de mim. Entrego meu ser a ti, e quero fazer da minha vontade a *tua* vontade e a vontade do Pai."

Diagrama do Rosário

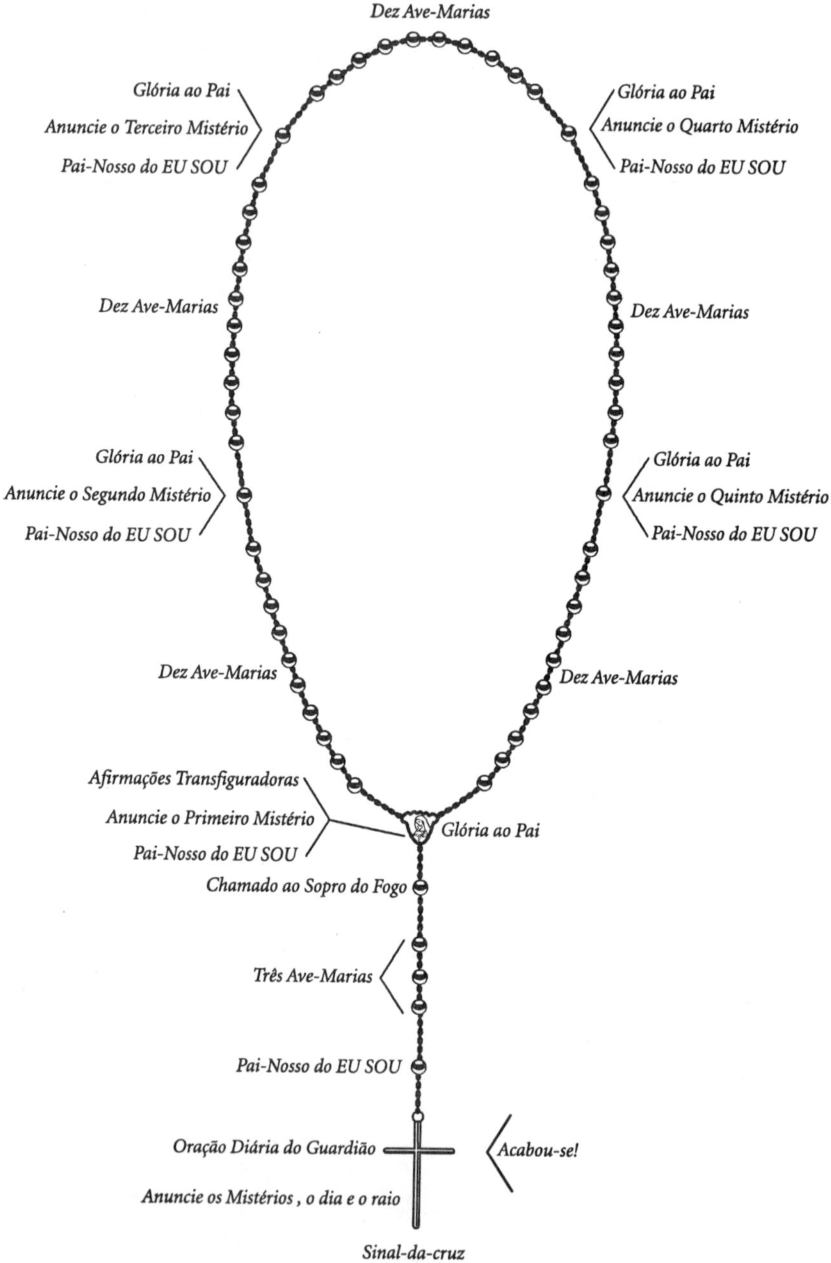

Siga da esquerda para a direita, no sentido horário, começando com o Sinal-da-cruz e terminando com *Acabou-se!*

Em cada uma das seis dezenas que formam o corpo dos rosários dos raios secretos, fazemos o Pai-Nosso do EU SOU de Jesus, as dez Ave-Marias e o Glória ao Pai. Essas adorações em cada uma das dezenas são um tributo à unidade do Deus Pai-Mãe. Desse modo, o Pai-Nosso do EU SOU, sétima na ordem das adorações, estabelece o fluxo de energias desde o altar dos nossos corações, retornando à verdadeira fonte da vida, de onde viemos.

As dez Ave-Marias, que são a oitava oração na ordem das adorações, são a dádiva da nossa devoção à Mãe Estrelar. Ela nos gerou no seu ventre cósmico e manteve para nós o conceito imaculado da nossa divindade dentro do seu coração de diamante. Pela ação do ritual do 10, a Mãe nos ajuda a superar todo o narcisismo e nos coroa com uma visão do reino dos céus, enquanto a coroamos com a grinalda do nosso amor.

O Glória ao Pai, nona na ordem das adorações, é a nossa oferta de louvor cheio de alegria ao Deus Todo-Poderoso, pela vitória da Mulher vestida de Sol, que por sua vez nos concede o domínio do Divino Filho Varão.

Em cada uma das dezenas do rosário, então, meditamos alternadamente em Maria, a Mãe, como ponto focal da nossa encarnação da Maternidade de Deus, e em Jesus Cristo, a fim de conseguirmos alcançar a plenitude dessa Filiação divina dentro de nós. Através da Mãe e do Filho alcançamos o Pai. E no Pai renascemos, de acordo com o seu desígnio imaculado.

O rosário, então, destina-se a equilibrar a polaridade masculina e feminina do ser. E isto é conseguido pela nossa contemplação da vida e das experiências de Jesus, no momento em que fazemos a adoração da Ave-Maria.

Nossa meditação sobre os eventos da vida de Jesus e das estações da cruz nos habilita a passar também pelas experiências que Jesus passou e, dessa forma, participar do seu drama — tornarmo-nos o próprio drama em companhia dele através da caminhada pelas estações da cruz. Deus, desse modo, reencena dentro de cada um de nós esses eventos sacratíssimos da vida de Jesus, que deverão se transformar na nossa própria vida.

No rosário dos raios secretos, nossa meditação sobre a vida de Jesus se estende às suas encarnações anteriores ao ministério na Galiléia, e temos a oportunidade de acompanhar episódios da vida de Eliseu e o seu discipulado sob Elias, bem como a comunhão de David com o Senhor nos Salmos.

Quando finalmente formos capazes de nos equiparar por completo com a vida de Maria, de Jesus e de outros santos, então seremos capazes de nos revestir das suas consciências de vitória, ressurreição e ascensão.

A partir do momento em que estamos dispostos a entrar nesta senda, Maria, Jesus, as hostes do Senhor, o Arcanjo Miguel e os anjos vêm até nós a cada dia. E cada dia se torna um pequeno ritual, pelo qual recebemos uma importante lição da lei cósmica por uma circunstância em nossa vida criada pelo nosso carma. Essa senda é chamada de senda da iniciação, porque nossas almas estão sendo iniciadas.

Mal terminamos nosso rosário de manhã e já somos assediados pelos problemas do dia e pelos desafios que a vida alegremente nos apresenta. Já não caminhamos pela *via dolorosa*, porque não estamos tristes, não temos mais o sentimento de pecado nem de vergonha. Temos, porém, o sentimento da glória, pois de glória em glória sabemos que estamos vestindo a consciência de Deus.

O rosário termina com A Aliança dos Magos, um antigo compromisso dos sábios, os Filhos da Solidão, que vieram ao longo dos séculos trazendo a Criança Crística em seus corações. É uma promessa de entrega de si mesmo ao Pai. Esse é mais um passo no mistério da renúncia e um profundo compromisso com Deus, o Pai. Esta décima adoração do rosário sela as orações que, de forma altruísta, oferecemos a Maria, bem como as energias que ela nos envia na corrente de retorno do seu amor.

Quando Nossa Senhora terminou de ditar o rosário, disse: "Esta é a chave. Se o corpo de estudantes dos ensinamentos a usar, a prática deste rosário diariamente vai fazer com que a chama da Mãe seja ancorada no mundo e evitará a enorme destruição de vidas humanas nos dias que estão diante de nós."

Como retribuição pela nossa devoção e também pela grinalda de rosas entrelaçadas, criada nas 10 afirmações do rosário, Nossa Senhora nos fez a seguinte promessa: "Quando chegardes a um determinado ponto no vosso *momentum* da mestria de oferecimento do rosário, eu virei para junto de vós e colocarei ao redor do vosso pescoço um rosário de rosas feitas de estrelas de fogo — cada conta uma estrela de luz. E, nessa hora, sabereis que eu vim, pois sentireis a grinalda de luz em torno do pescoço. E ela será como uma recompensa pelo serviço fiel ao Imaculado Coração e pela rosa que simboliza o desdobramento da chama da Mãe na consciência da humanidade."[4]

As hostes celestes aguardam as energias que liberamos ao oferecer o rosário para que possam, como retribuição, liberar sua energia em ação planejada em prol de todos os filhos de Deus na Terra. Maria nos incentiva a oferecer o rosário, enquanto o céu se une a nós, em devoção à Mãe amada, e juntos rezamos pela salvação de toda a humanidade.

Adorações do rosário

✧

O Sinal-da-cruz

Em nome do Pai
e da Mãe
e do Filho
e do Espírito Santo,
Amém.

Adoração a Deus

Amada e poderosa Presença do EU SOU,
Que meu coração fazes bater,
Exerce agora mesmo o Teu domínio,
Parte da Tua Vida eu quero ser.
Reina e vive para sempre
Nesta chama que arde em mim;
Que de Ti nunca me ausente,
Que nossa união comece assim.

Todos os dias procedem
Do Poder que de Ti corre,
Avançando como um rio,
Tão alto como uma torre.
EU SOU fiel ao Teu Amor

Que como um sol resplandece;
Agradeço o Teu rumo salvador
E o Teu "Sim" que me enobrece.

Eu Te adoro! Eu Te adoro! Eu Te adoro! (3 x)
Ó, Deus, como és maravilhoso! (9 x)
Eu Te adoro! Eu Te adoro! Eu Te adoro! (3 x)

Rumo à Perfeição seguindo,
Que a graça do Amor me enlace
Ao Teu centro conduzindo —
Enfim, vejo a Tua face!
Visão de imortal Poder,
Amor, Saber, Honra também,
Cobre de Glória o meu ser,
Que eu não veja mais ninguém!

Ó, Deus, como és maravilhoso! (3 x)
Eu Te adoro! Eu Te adoro! Eu Te adoro! (9 x)
Ó, Deus, como és maravilhoso! (3 x)

Meu Amado, EU SOU! Amado EU SOU! Amado EU SOU!

O Pai-Nosso do EU SOU
por Jesus, o Cristo

Pai Nosso que estais no céu,
Santificado seja o Vosso nome EU SOU.
EU SOU o Vosso Reino manifestado
EU SOU a Vossa Vontade que está sendo cumprida
EU SOU na Terra assim como EU SOU no céu
A todos eu dou hoje o pão de cada dia
EU perdôo neste dia a toda a vida

E EU SOU também o perdão que ela me estende
EU afasto todo homem das tentações
EU liberto todo homem de qualquer situação nefasta
EU SOU o Reino
EU SOU o Poder e
EU SOU a Glória de Deus em manifestação eterna e
imortal —
Tudo isto EU SOU.

Ave-Maria

Ave Maria, cheia de graça
O Senhor é convosco.
Bendita sois vós entre as mulheres
E bendito é o fruto do vosso ventre, Jesus.
Santa Maria, Mãe de Deus,
Rogai por nós, filhos e filhas de Deus,
Agora e na hora da nossa vitória
Sobre o pecado, a doença e a morte.

Ama-me

1. Desejo ser preenchido
Com o Amor de Deus;
Peço para ser nutrido
Pelo amor de Deus;
Toda a Graça quero ter
Do coração de Deus;
Sua face quero ver
Pelo Amor de Deus.

Refrão: Como uma rosa a desabrochar
Espalha sua fragrância pelo ar,
A Deus ofereço minha devoção,
Com o oceano cósmico em união.

2. Moldado me quero ver
   pelo Amor Divino,
   Meu Cristo, desejo ser
   Todo, todo Teu.
   Estou em paz no Teu Amor,
   À vontade de Deus, a Seu dispor.
   Estou unido a toda humanidade —
   O Amor dá a Seus filhos unidade.
   EU SOU uma Alma vivente e desperta,
   Junto aos anjos, ao homem, tendo Deus como meta.

3. No grande Amor de Deus prendi-me,
   Em seus braços fortes, no seu Poder;
   Acalentado pelo Céu agora
   Sou sempre protegido a cada hora.
   Iluminado e ditoso EU SOU,
   De Sucesso Divino estou repleto
   Pois o amor da Justiça EU SOU.
   Eu Te amo, eu Te amo, eu Te amo,
   Minha brilhante Presença Divina;
   Ama-me, ama-me, ama-me
   Pelo teu poder me protege e conduz.
   Permanece sempre em mim,
   Até que eu me torne a Tua Luz!

Intróito à Sagrada Chama de Cristo

1. Meu Santo Cristo, que acima de mim estás,
   E o equilíbrio à minha alma dás!
   Que o Teu santo resplendor agora desça
   E a minha integridade restabeleça!

Refrão: Em mim arde sempre a Tua chama,
Ao meu redor a Tua Paz se eleva,
O Teu Amor me protege e derrama,
A radiante Luz que a Ti me leva.
EU SOU Tua trina radiação,
EU SOU Tua Presença em ação
Que aumenta, aumenta, aumenta agora!

2. Santa Chama de Cristo em mim,
Tua Luz trina expande enfim;
Inunda meu ser com a essência amada,
Rosa, azul, branca e dourada.

3. Sagrado laço que me une à Presença,
Sempre querido amigo e irmão,
Quero continuar Tua santa vigília,
Ser como Tu és aqui em ação.

Glória ao Pai

Glória ao Pai
E ao Filho
E ao Espírito Santo!
Assim como era no princípio
É agora e será sempre
Vida sem fim —
EU SOU, EU SOU, EU SOU!

A Aliança dos Magos
por El Morya

Pai, nas Tuas mãos eu confio o meu ser.

Recebe-me e usa-me — meus esforços, pensamentos, meus recursos, tudo o que EU SOU — no Teu serviço ao mundo dos homens e aos nobres propósitos cósmicos, que a minha mente ainda não conhece.

Ensina-me a ser bondoso no caminho da Lei que desperta os homens e os conduz às margens da Realidade, à confluência do Rio da Vida, à Fonte Edênica, para que eu possa compreender que as folhas da Árvore da Vida, que me são oferecidas diariamente, se destinam à cura das nações; que, à medida que as recolho no tesouro do ser e ofereço o fruto da minha adoração amorosa a Ti e aos Teus propósitos supremos, eu estabelecerei de fato uma aliança contigo como meu guia, meu guardião, meu amigo.

Pois Tu és o conector que trará à minha vida contatos celestes, limitados apenas pelo fluxo das horas, que me ajudarão a realizar, no mundo dos homens, o aspecto mais significativo do plano individual da minha vida, tal como Tu o concebeste e tal como foi executado em Teu nome pelo Conselho do Carma de supervisores espirituais que, sob a Tua sagrada direção, administram as Tuas leis.

Que assim seja, ó, Pai eterno, e que a aliança com o Teu Filho amado, o Cristo vivente, o Unigênito da Luz, me ensine a ter consciência de que Ele vive hoje no seio da triunidade do meu ser como o Grande Mediador entre a minha Presença Divina individualizada e o meu eu humano; de que Ele me eleva à Consciência Crística e à Tua realização divina, para que, assim como o Filho eterno se torna um só com o Pai, também eu possa tornar-me um só Contigo no momento dinâmico em que da união nascerá minha perfeita liberdade de me mover, pensar, criar, planejar, cumprir, habitar, herdar, morar e permanecer totalmente na plenitude da Tua Luz.

Pai, nas Tuas mãos eu confio o meu ser.

Ritual do rosário de Nossa Senhora para os filhos e filhas do domínio

✧

Para recitar o Rosário, siga estes 14 passos, utilizando as adorações do rosário apresentadas nas páginas precedentes, conforme elas são exigidas no ritual.

1.

Segurando a cruz na mão direita, faça o *sinal-da-cruz* em honra da Santíssima Trindade dentro do homem enquanto recita o *Sinal-da-cruz.*

Em nome do Pai
(Toque a testa com a mão direita)
e da Mãe
(Toque o coração com a mão direita)
e do Filho
(Toque o ombro esquerdo)
e do Espírito Santo,
(Toque o ombro direito)
Amém.
(Coloque as mãos juntas.)

2.

Anuncie os mistérios, o dia e o raio. Por exemplo: "Mistérios Inspiradores: Segunda-feira à noite — O Primeiro Raio Secreto."

3.

Ainda segurando a cruz, recite a *Adoração a Deus.*

4.

Na primeira conta grande do rosário, recite o *Pai-Nosso do EU SOU de Jesus*, para comemorar a unidade de Deus em manifestação universal.

5.

Em cada uma das três contas seguintes, recite uma *Ave-Maria* para o estabelecimento da fé, esperança e caridade sobre a Terra.

6.

Na conta seguinte, recite o *Ama-me.*

7.

No triângulo ou medalha recite o *Intróito à Sagrada Chama de Cristo.*

8.

Anuncie o Primeiro Mistério. Por exemplo: "Primeiro Mistério Inspirador: Deleite na Tua Lei."

9.

Ainda segurando o triângulo, recite o *Pai-Nosso do EU SOU de Jesus*, para celebrar a unidade de Deus em manifestação individual.

10.

Em cada uma das 10 contas seguintes, recite as Escrituras do Primeiro Mistério para criar um cálice de louvor e ofereça uma *Ave-Maria* para invocar a Luz que preenche o cálice com a essência da Mãe Divina.

11.

Conclua o Primeiro Mistério com uma oferta de louvor à Santíssima Trindade no homem, cantando ou recitando *Glória ao Pai* na conta seguinte.

12.

Ainda segurando essa conta, anuncie o Segundo Mistério. Por exemplo: "Segundo Mistério Inspirador: A Excelência do Teu Nome."

13.

Na mesma conta, recite o *Pai-Nosso do EU SOU de Jesus*, para comemorar a unidade de Deus em manifestação individual. Complete as cinco dezenas seguintes com a mesma seqüência de adorações empregada na primeira.*

14.

Conclua seu ritual recitando *A Aliança dos Magos.*

*Se o seu rosário tiver apenas cinco dezenas de contas, use a quinta dezena de contas para o quinto e o sexto mistérios.

Rosário Escritural de Nossa Senhora para a Nova Era

I

Sinal-da-cruz

Mistérios Inspiradores

Segunda-feira à noite — O Primeiro Raio Secreto

Adoração a Deus
O Pai-Nosso do EU SOU de Jesus
Três Ave-Marias
Ama-me
Intróito à Sagrada Chama de Cristo

Primeiro Mistério Inspirador
Deleite na Tua Lei

O Pai-Nosso do EU SOU de Jesus

1. Bem-aventurado o homem que não anda segundo o conselho dos ímpios, nem se detém no caminho dos pecadores, nem se assenta na roda dos escarnecedores. Antes, tem o seu prazer na lei do Senhor, e na sua lei medita dia e noite.

Ave-Maria

2. Será como a árvore plantada junto a ribeiros de águas, a qual dá o seu fruto na estação própria, e cujas folhas não caem. Tudo o que fizer prosperará.

Ave-Maria

3. Os ímpios não são assim, mas são como a moinha que o vento espalha. Pelo que os ímpios não subsistirão no juízo, nem os pecadores na congregação dos justos.

Ave-Maria

4. Pois o Senhor conhece o caminho dos justos, mas o caminho dos ímpios perecerá.

Ave-Maria

5. Os céus declaram a glória de Deus; e o firmamento proclama a obra das suas mãos. Um dia faz declaração a outro dia, e uma noite mostra sabedoria a outra noite.

Ave-Maria

6. A lei do Senhor é perfeita, e transforma a alma; o testemunho do Senhor é fiel, e dá sabedoria aos simples.

Ave-Maria

7. Os preceitos do Senhor são retos, e alegram o coração; o mandamento do Senhor é puro, e ilumina os olhos.

Ave-Maria

8. O temor do Senhor é limpo, e permanece para sempre; as ordenanças do Senhor são verdadeiras, e inteiramente justas.

Ave-Maria

9. Por eles é admoestado o teu servo; em *guardá-los* há grande recompensa. Também da soberba guarda o teu servo, para que não se assenhoreie de mim; então serei sincero, e ficarei limpo de grande transgressão.

Ave-Maria

10. Sejam agradáveis as palavras da minha boca, e a meditação do meu coração perante a tua face, ó, Senhor, Rocha minha e Redentor meu!

Ave-Maria

Glória ao Pai

Segundo Mistério Inspirador
A Excelência do Teu Nome

O Pai-Nosso do EU SOU de Jesus

1. Ó, Senhor, Senhor nosso, quão admirável é o teu nome em toda a Terra! Puseste a tua glória sobre os céus!

Ave-Maria

2. Da boca das crianças e dos que mamam tu suscitaste força, por causa dos teus adversários, para fazeres calar o inimigo vingativo.

Ave-Maria

3. Quando vejo os teus céus, obra de tuas mãos, a lua e as estrelas que preparaste, que é o homem mortal para que te lembres dele, o filho do homem, para que o visites?

Ave-Maria

4. Contudo, pouco menor do que Deus o fizeste, e de glória e honra o coroaste.

Ave-Maria

5. Fazes com que ele tenha domínio sobre as obras das tuas mãos; tudo puseste debaixo de seus pés.

Ave-Maria

6. Todas as ovelhas e bois, assim como os animais do campo.

Ave-Maria

7. As aves do céu e os peixes do mar, e tudo o que passa pelas veredas dos mares.

Ave-Maria

8. Ó, Senhor, Senhor nosso, quão admirável é o teu nome sobre toda a Terra!

Ave-Maria

9. Eu te louvarei, ó, SENHOR, de todo o meu coração; contarei todas as tuas maravilhas.

Ave-Maria

10. Em ti me alegrarei e saltarei de prazer; cantarei louvores ao teu nome, ó Altíssimo.

Ave-Maria

Glória ao Pai

Terceiro Mistério Inspirador
O Senhor é meu Pastor

O Pai-Nosso do EU SOU de Jesus

1. O Senhor é o meu pastor; nada me faltará.

Ave-Maria

2. Deitar-me faz em verdes pastos, guia-me mansamente a águas tranqüilas,

Ave-Maria

3. Restaura a minha alma.

Ave-Maria

4. Guia-me pelas veredas da justiça, por amor do seu nome.

Ave-Maria

5. Ainda que eu andasse pelo vale da sombra da morte, não temerei mal algum,

Ave-Maria

6. Porque tu estás comigo; a tua vara e o teu cajado me consolam.

Ave-Maria

7. Preparas uma mesa perante mim, na presença dos meus inimigos.

Ave-Maria

8. Unges a minha cabeça com óleo; o meu cálice transborda.

Ave-Maria

9. Certamente que a bondade e o amor me seguirão todos os dias da minha vida,

Ave-Maria

10. E habitarei na casa do Senhor para sempre.

Ave-Maria

Glória ao Pai

Quarto Mistério Inspirador
O Lugar Secreto do Altíssimo

O Pai-Nosso do EU SOU de Jesus

1. Aquele que habita no esconderijo do Altíssimo, à sombra do Onipotente, descansará.

Ave-Maria

2. Direi do Senhor: Ele é o meu refúgio e a minha fortaleza, o meu Deus, em quem confio.

Ave-Maria

3. Certamente Ele te livrará do laço do passarinheiro, e da peste perniciosa. Ele te cobrirá com as suas penas, e debaixo das suas asas estarás seguro; a sua fidelidade será teu escudo e broquel.

Ave-Maria

4. Não temerás o terror noturno, nem a seta que voa de dia, nem peste que anda na escuridão, nem a praga que destrói ao meio-dia.

Ave-Maria

5. Mil cairão ao teu lado, 10 mil à tua direita, mas tu não serás atingido. Somente com os teus olhos contemplarás, e verás a recompensa dos ímpios.

Ave-Maria

6. Se fizeres do Senhor o teu refúgio, e do Altíssimo a tua habitação, nenhum mal te sucederá, nem praga alguma chegará à tua tenda.

Ave-Maria

7. Pois aos seus anjos dará ordem a teu respeito, para te guardarem em todos os teus caminhos; eles te sustentarão nas suas mãos, para que não tropeces em alguma pedra.

Ave-Maria

8. Pisarás o leão e a áspide; calcarás aos pés o grande leão e a serpente.

Ave-Maria

9. Porque ele me ama, diz o Senhor, eu o livrarei; pô-lo-ei num alto retiro, pois conhece o meu nome.

Ave-Maria

10. Ele me invocará, eu lhe responderei; estarei com ele na angústia, livrá-lo-ei, e o glorificarei. Dar-lhe-ei abundância de dias, e lhe mostrarei minha salvação.

Ave-Maria

Glória ao Pai

Quinto Mistério Inspirador
Confiança no Senhor

O Pai-Nosso do EU SOU de Jesus

1. Confia no Senhor de todo o teu coração, e não te estribes no teu próprio entendimento; reconhece-o em todos os teus caminhos, e ele endireitará as tuas veredas.

Ave-Maria

2. Não te indignes por causa dos malfeitores, nem tenhas inveja dos que praticam a iniqüidade; pois cedo serão ceifados, como a erva, e murcharão como a verdura.

Ave-Maria

3. Confia no Senhor e faze o bem; habita na Terra e vive tranqüilo.

Ave-Maria

4. Deleita-te no Senhor, e Ele te concederá os desejos do teu coração. Entrega o teu caminho ao Senhor; confia Nele, e Ele tudo fará.

Ave-Maria

5. Fará sobressair a tua retidão como a luz, e a tua justiça como o meio-dia.

Ave-Maria

6. Celebrai com júbilo ao Senhor, todos os moradores da Terra.

Ave-Maria

7. Servi ao Senhor com alegria; apresentai-vos a Ele com canto.

Ave-Maria

8. Sabei que o Senhor é Deus. Foi Ele, não nós, que nos fez povo Seu e ovelhas do Seu pasto.

Ave-Maria

9. Entrai pelas portas Dele com ações de graça, e em Seus átrios com louvor; rendei-Lhe graças, e louvai o Seu nome.

Ave-Maria

10. Porque o Senhor é bom, e o Seu amor dura para sempre; a Sua fidelidade estende-se de geração a geração.

Ave-Maria

Glória ao Pai

Sexto Mistério Inspirador
O Senhor é meu Guardião

O Pai-Nosso do EU SOU de Jesus

1. Elevo os meus olhos para os montes; de onde me virá o socorro?

Ave-Maria

2. O meu socorro vem do Senhor, que fez o céu e a Terra.

Ave-Maria

3. Não deixará vacilar o teu pé;

Ave-Maria

4. Aquele que te guarda não dormitará.

Ave-Maria

5. Certamente não dormitará nem dormirá o guarda de Israel.

Ave-Maria

6. O Senhor é quem te guarda; o Senhor é a tua sombra à tua direita.

Ave-Maria

7. O sol não te molestará de dia, nem a lua de noite.

Ave-Maria

8. O Senhor te guardará de todo o mal;

Ave-Maria

9. Ele guardará a tua alma.

Ave-Maria

10. O Senhor guardará a tua entrada e a tua saída, desde agora e para sempre.

Ave-Maria

Glória ao Pai

A Aliança dos Magos

II

Sinal-da-cruz

Mistérios Ativos

Terça-feira à noite — O Segundo Raio Secreto

Adoração a Deus
O Pai-Nosso do EU SOU de Jesus
Três Ave-Marias
Ama-me
Intróito à Sagrada Chama de Cristo

Primeiro Mistério Ativo
A Palavra do Senhor a Elias

O Pai-Nosso do EU SOU de Jesus

1. Ora, Elias, o tisbita, dos habitantes de Gileade, disse a Acabe: Tão certo como vive o Senhor, Deus de Israel, perante cuja face estou, nem orvalho nem chuva haverá nestes anos senão segundo a minha palavra.

Ave-Maria

2. Depois veio a palavra do Senhor a Elias: Retira-te daqui, vai para o Oriente, e esconde-te junto ao ribeiro de Querite, que está a leste do Jordão. Beberás do ribeiro, e Eu ordenei aos corvos que ali te sustentem.

Ave-Maria

3. Assim foi Elias e fez conforme a palavra do Senhor. Foi, e habitou junto ao córrego de Querite, a leste do Jordão. Os corvos lhe

traziam pão e carne pela manhã, como também pão e carne ao anoitecer, e bebia do córrego.

Ave-Maria

4. Mas, passados alguns dias, o córrego secou, porque não tinha havido chuva na Terra.

Ave-Maria

5. Então veio a ele a palavra do Senhor: Levanta-te, vai a Sarepta, que pertence a Sidom, e habita ali. Ordenei a uma mulher viúva ali que te sustente.

Ave-Maria

6. Então ele se levantou e foi a Sarepta. Chegando à porta da cidade, estava ali uma viúva apanhando lenha. Ele a chamou, e lhe disse: Traze-me, peço-te, num vaso um pouco de água, para eu beber.

Ave-Maria

7. Indo ela a buscá-la, ele a chamou e lhe disse: Traze-me também um pedaço de pão.

Ave-Maria

8. Respondeu ela: Tão certo como vive o Senhor, teu Deus, que não tenho nem um bolo, senão somente um punhado de farinha numa panela, e um pouco de azeite numa botija. E, vês aqui, apanhei dois cavacos, e vou prepará-los para mim e para meu filho, a fim de que o comamos e morramos.

Ave-Maria

9. Elias lhe disse: Não temas. Vai, faze como vos dissestes. Porém faze disso primeiro para mim um bolo pequeno e traze-mo aqui fora, depois o farás para ti e para teu filho.

Ave-Maria

10. Pois assim diz o Senhor, Deus de Israel: A farinha da panela não se acabará, e o azeite da botija não faltará, até o dia em que o Senhor dê chuva sobre a Terra.

Ave-Maria

Glória ao Pai

Segundo Mistério Ativo
Elias Ressucita o Filho da Viúva

O Pai-Nosso do EU SOU de Jesus

1. Foi ela, e fez conforme a palavra de Elias. Assim comeu ele, ela e a sua casa muitos dias.

Ave-Maria

2. Da panela a farinha não se acabou, e da botija o azeite não faltou, conforme a palavra do Senhor, falada por intermédio de Elias.

Ave-Maria

3. Depois disso adoeceu o filho da mulher, dona da casa. A sua doença se agravou tanto que ele parou de respirar.

Ave-Maria

4. Disse ela a Elias: Que tens contra mim, homem de Deus? Vieste a mim para trazeres à memória a minha iniqüidade, e matares a meu filho?

Ave-Maria

5. Respondeu-lhe ele: Dá-me o teu filho. Ele o tomou do seu regaço, e o levou para cima, ao quarto onde ele mesmo habitava, e o deitou em sua cama.

Ave-Maria

6. Então clamou ao Senhor: Ó, Senhor, meu Deus, também até a esta viúva, com quem me hospedo, afligiste, matando-lhe o filho?

Ave-Maria

7. Então se estendeu sobre o menino três vezes, e clamou ao Senhor: Ó Senhor, meu Deus, rogo-te que a alma deste menino torne a entrar nele.

Ave-Maria

8. O Senhor ouviu o clamor de Elias, e a vida do menino tornou a entrar nele, e ele reviveu.

Ave-Maria

9. Elias tomou o menino, trouxe-o do quarto à casa, e o entregou a sua mãe; e lhe disse: Vês aí, teu filho vive.

Ave-Maria

10. Então a mulher disse a Elias: Agora sei que tu és homem de Deus, e que a palavra do Senhor na tua boca é verdade.

Ave-Maria

Glória ao Pai

Terceiro Mistério Ativo
Elias e os Profetas de Baal

O Pai-Nosso do EU SOU de Jesus

1. Elias se chegou a todo o povo, e disse: Até quando coxeareis entre dois pensamentos? Se o Senhor é Deus, segui-o; mas se Baal, segui-o. Porém o povo não lhe respondeu nada.

Ave-Maria

2. Então Elias disse ao povo: Só eu fiquei dos profetas do Senhor, mas os profetas de Baal são 450 homens.

Ave-Maria

3. Dêem-se-nos dois novilhos. Escolham eles para si um dos novilhos, e o dividam em pedaços, e o ponham sobre a lenha, porém não lhe ponham fogo. Eu prepararei o outro novilho e o porei sobre a lenha, e não lhe colocarei fogo.

Ave-Maria

4. Então invocai o nome do vosso deus, e eu invocarei o nome do Senhor. O deus que responder por meio do fogo, esse é que é Deus. E todo o povo respondeu: É boa esta palavra.

Ave-Maria

5. Tomaram o novilho que lhes fora dado, e o prepararam. Então invocaram o nome de Baal, desde a manhã até o meio-dia, dizendo: Ah! Baal, responde-nos! Porém não houve voz; ninguém respondeu.

Ave-Maria

6. Passou o meio-dia, e continuaram a profetizar até a hora da oferta dos cereais. Porém não houve voz; nem resposta, nem atenção alguma.

Ave-Maria

7. Tomou Elias 12 pedras, e com as pedras edificou um altar em nome do Senhor.

Ave-Maria

8. Quando chegou a hora da oferta de cereais, o profeta Elias aproximou-se, e disse: Ó Senhor, Deus de Abraão, de Isaac e de Israel, manifeste hoje que tu és Deus em Israel, e que sou teu servo, e que segundo a tua palavra fiz todas estas coisas.

Ave-Maria

9. Responde-me, Senhor, responde-me, para que este povo conheça que tu, Senhor, és Deus, e que fizeste voltar o seu coração.

Ave-Maria

10. Então caiu fogo do Senhor, e consumiu o holocausto, a lenha, as pedras e o pó, e ainda lambeu a água que estava no sulco. Vendo isto, todo o povo caiu de rosto em terra, e disseram: O Senhor é Deus! O Senhor é Deus!

Ave-Maria

Glória ao Pai

Quarto Mistério Ativo
Ascensão de Elias e Unção de Eliseu

O Pai-Nosso do EU SOU de Jesus

1. Quando o Senhor estava para tomar Elias ao céu num redemoinho, Elias partiu de Gilgal com Eliseu.

Ave-Maria

2. Disse Elias a Eliseu: Ficai aqui; o Senhor me enviou a Betel. Porém, Eliseu disse: Tão certo como vive o Senhor, e vive a tua alma, não te deixarei. Assim desceram a Betel.

Ave-Maria

3. Então Elias tomou a sua capa e, dobrando-a, feriu as águas, as quais se dividiram para os dois lados, e passaram ambos em seco.

Ave-Maria

4. Havendo eles passado, Elias disse a Eliseu: Pede-me o que queres que eu te faça, antes que seja tomado de ti.

Ave-Maria

5. Disse Eliseu: Peço-te que haja porção dobrada de teu espírito sobre mim. Respondeu Elias: Coisa difícil pediste. Se me vires quando for tomado de ti, assim será feito; porém, se não, não se fará.

Ave-Maria

6. Indo eles andando e falando, de repente um carro de fogo, com cavalos de fogo, os separou um do outro, e Elias subiu ao céu num redemoinho.

Ave-Maria

7. Vendo isto, Eliseu clamou: Meu pai, meu pai, carros de Israel, e seus cavaleiros! E Eliseu nunca mais o viu. Tomando as suas vestes, rasgou-as em duas partes.

Ave-Maria

8. Apanhou a capa que caíra de Elias, voltou e parou à margem do Jordão.

Ave-Maria

9. Então tomou a capa que caíra de Elias, feriu as águas, e disse: Onde está agora o Senhor, Deus de Elias?

Ave-Maria

10. Quando feriu as águas, estas se dividiram para um e outro lado, e Eliseu passou.

Ave-Maria

Glória ao Pai

Quinto Mistério Ativo
A Promessa de Eliseu à Sunamita

O Pai-Nosso do EU SOU de Jesus

1. Certo dia Eliseu foi a Suném, onde havia uma mulher rica, que o acolheu para comer. Todas as vezes que passava por lá, entrava para comer.

Ave-Maria

2. Certo dia chegou Eliseu, recolheu-se àquele quarto, e se deitou. Então disse o profeta: Que se há de fazer por ela?

Ave-Maria

3. Disse Geazi: Ora, ela não tem filho, e seu marido é velho. Então disse o profeta: Chama-a. E, chamando-a, ela se pôs à porta.

Ave-Maria

4. Disse Eliseu: Por este tempo, daqui a um ano abraçarás um filho. Respondeu ela: Não, meu senhor, homem de Deus, não mintas à tua serva.

Ave-Maria

5. Mas a mulher concebeu, e deu à luz um filho, no tempo determinado, no ano seguinte, como Eliseu lhe dissera.

Ave-Maria

6. Tendo o filho crescido, certo dia saiu a ter com seu pai, que estava com os segadores. Disse a seu pai: Ai, a minha cabeça! Ai, a minha cabeça! Disse o pai dele a um moço: Leva-o a sua mãe.

Ave-Maria

7. Ele o tomou e o levou a sua mãe, e o menino esteve sobre os joelhos dela até o meio-dia, e então morreu. Subiu ela e o deitou sobre a cama do homem de Deus, então fechou a porta e saiu.

Ave-Maria

8. Chamou a seu marido, e disse: Manda-me um dos moços, e uma das jumentas, para que eu corra ao homem de Deus, e volte. Chegando Eliseu àquela casa, viu que o menino estava morto sobre a sua cama.

Ave-Maria

9. Entrou e, fechando a porta sobre eles, orou ao Senhor. Então subiu à cama, deitou-se sobre o menino e, pondo a boca sobre a boca dele, os olhos sobre os olhos dele e as mãos sobre as mãos dele, estendeu-se sobre ele; e a carne do menino aqueceu.

Ave-Maria

10. Depois desceu, andou pelo quarto de uma parte para outra, e tornou a subir, e se estendeu sobre ele. Então o menino espirrou sete vezes, e abriu os olhos.

Ave-Maria

Glória ao Pai

Sexto Mistério Ativo
A Cura de Naamã, o Leproso

O Pai-Nosso do EU SOU de Jesus

1. Ora, Naamã, chefe do exército do rei da Síria, era um grande homem diante do seu Senhor, e de muito respeito, porque por ele o Senhor dera livramento aos sírios; era homem valente, porém leproso.

Ave-Maria

2. Saíram tropas da Síria, e da terra de Israel, e levaram presa uma menina que ficou ao serviço da mulher de Naamã. Disse esta à sua senhora: Oxalá o meu senhor estivesse diante do profeta que está em Samaria! Ele o curaria da sua lepra.

Ave-Maria

3. Assim, veio Naamã com os seus cavalos, e com o seu carro, e parou à porta da casa de Eliseu.

Ave-Maria

4. Eliseu mandou-lhe um mensageiro, dizendo: Vai e lava-te sete vezes no Jordão, e a tua carne será restaurada, e serás purificado.

Ave-Maria

5. Porém, Naamã indignou-se muito, e se foi, dizendo: Eu pensava que ele certamente sairia, por-se-ia em pé, e invocaria o nome do Senhor, seu Deus, agitaria a mão sobre o lugar infectado, e me curaria da lepra.

Ave-Maria

6. Não são Abana e Farpar, rios de Damasco, melhores do que todas as águas de Israel? Não poderia eu me lavar neles, e ser purificado? Assim, se voltou, e se foi com indignação.

Ave-Maria

7. Chegaram-se a ele os seus servos, e lhe disseram: Meu pai, se o profeta te houvesse indicado alguma coisa difícil, não a terias feito? Quanto mais, dizendo-te ele: Lava-te, e serás purificado.

Ave-Maria

8. Pelo que ele desceu, mergulhou no Jordão sete vezes, conforme a palavra do homem de Deus.

Ave-Maria

9. E a sua carne foi restaurada, e se tornou como a carne de um menino, e ficou purificado.

Ave-Maria

10. Então voltou Naamã ao homem de Deus, ele e toda a sua comitiva. Veio, pôs-se diante dele, e disse: Agora conheço que em toda a Terra não há Deus senão em Israel.

Ave-Maria

Glória ao Pai

A Aliança dos Magos

III

Sinal-da-cruz

Mistérios Reveladores

Quarta-feira à noite — O Terceiro Raio Secreto

Adoração a Deus
O Pai-Nosso do EU SOU de Jesus
Três Ave-Marias
Ama-me
Intróito à Sagrada Chama de Cristo

Primeiro Mistério Revelador
O Cordeiro no Monte Sião

O Pai-Nosso do EU SOU de Jesus

1. Então olhei, e vi o Cordeiro em pé sobre o monte Sião, e com ele 144 mil, que traziam escrito na testa o seu nome e o nome de seu Pai.

Ave-Maria

2. E ouvi uma voz do céu, como a voz de muitas águas, e como a voz de um grande trovão. A voz que ouvi era como de harpistas, que tocavam com as suas harpas.

Ave-Maria

3. E cantavam um cântico novo diante do trono, e diante dos quatro seres viventes e dos anciãos. Ninguém podia aprender aquele cântico, senão os 144 mil que foram comprados da Terra.

Ave-Maria

4. Estes são os que não se contaminaram com mulheres, pois são virgens. Estes são os que seguem o Cordeiro para onde quer que vá. Estes são os que dentre os homens foram comprados para ser as primícias para Deus e para o Cordeiro. Na sua boca não se achou engano; são irrepreensíveis.

Ave-Maria

5. Vi outro anjo voando pelo meio do céu, tendo um evangelho eterno para proclamar aos que habitam sobre a Terra e a toda nação, tribo, língua, povo,

Ave-Maria

6. Dizendo com grande voz: Temei a Deus, e dai-lhe glória, porque é chegada a hora do seu juízo. E adorai aquele que fez o céu, a terra, o mar e as fontes das águas.

Ave-Maria

7. Um segundo anjo o seguiu, dizendo: Caiu, caiu a grande Babilônia, que a todas as nações deu a beber o vinho da ira da sua prostituição.

Ave-Maria

8. Seguia-os ainda um terceiro anjo, dizendo com grande voz: Se alguém adorar a besta e a sua imagem, e receber o sinal na sua testa ou na sua mão, também o tal beberá do vinho da ira de Deus, preparado, sem mistura, no cálice da sua ira. E será atormentado com fogo e enxofre diante dos santos anjos e diante do Cordeiro.

Ave-Maria

9. Aqui está a perseverança dos santos, daqueles que guardam os mandamentos de Deus e a fé em Jesus.

Ave-Maria

10. Então ouvi uma voz do céu, que dizia: Bem-aventurados os mortos que desde agora morrem no Senhor. Sim, diz o Espírito, descansarão dos seus trabalhos, pois as suas obras os acompanharão.

Ave-Maria

Glória ao Pai

Segundo Mistério Revelador
As Bodas do Cordeiro

O Pai-Nosso do EU SOU de Jesus

1. Depois dessas coisas, ouvi no céu uma grande voz de numerosa multidão, que dizia: Aleluia! A salvação e a glória e a honra e o poder pertencem ao nosso Deus.

Ave-Maria

2. Pois verdadeiros e justos são os seus juízos. Julgou a grande prostituta, que havia corrompido a Terra com a sua prostituição, e das mãos dela vingou o sangue dos seus servos.

Ave-Maria

3. E outra vez clamaram: Aleluia! E a fumaça dela sobe para todo o sempre.

Ave-Maria

4. Os 24 anciãos, e os quatro seres viventes, prostraram-se e adoraram a Deus, que está assentado no trono, dizendo: Amém. Aleluia!

Ave-Maria

5. E saiu do trono uma voz que dizia: Louvai o nosso Deus, vós, todos os seus servos, e vós que o temeis, tanto pequenos como grandes.

Ave-Maria

6. Também ouvi uma voz como a de uma grande multidão, como a voz de muitas águas, e como a voz de fortes trovões, que dizia: Aleluia! Pois já reina o Senhor nosso Deus, o Todo-Poderoso.

Ave-Maria

7. Regozijemo-nos, exultemos e demos-lhe a glória! Pois são chegadas as bodas do Cordeiro, e a sua noiva já se aprontou.

Ave-Maria

8. Foi-lhe dado que se vestisse de linho fino, resplandecente e puro. O linho fino são os atos de justiça dos santos.

Ave-Maria

9. E disse-me: Bem-aventurados aqueles que são chamados à ceia das bodas do Cordeiro. E disse-me ainda: Estas são as verdadeiras palavras de Deus.

Ave-Maria

10. Então me lancei a seus pés para adorá-lo, mas ele me disse: Olha, não faças isso! Sou servo teu e de teus irmãos, que têm o testemunho de Jesus. Adora a Deus! Pois o testemunho de Jesus é o espírito da profecia.

Ave-Maria

Glória ao Pai

Terceiro Mistério Revelador
Rei dos Reis e Senhor dos Senhores

O Pai-Nosso do EU SOU de Jesus

1. Vi o céu aberto, e apareceu um cavalo branco. O seu cavaleiro chama-se Fiel e Verdadeiro, e julga e peleja com justiça. Os seus olhos eram como chama de fogo, e sobre a sua cabeça havia muitos diademas. Ele tinha um nome escrito, que ninguém conhecia senão ele mesmo.

Ave-Maria

2. Estava vestido com um manto salpicado de sangue, e o nome pelo qual se chama é o Verbo de Deus.

Ave-Maria

3. Seguiam-no os exércitos que estão no céu, em cavalos brancos, e vestidos de linho fino, branco e puro.

Ave-Maria

4. Da sua boca saía uma espada afiada, para ferir com ela as nações. Ele as regerá com vara de ferro. Ele mesmo é o que pisa o lagar do vinho do furor e da ira do Deus Todo-Poderoso.

Ave-Maria

5. No manto, sobre a sua coxa, tem escrito o nome: REI DOS REIS E SENHOR DOS SENHORES.

Ave-Maria

6. Então vi um anjo em pé no sol, o qual clamou com grande voz a todas as aves que voavam pelo meio do céu: Vinde, e ajuntai-vos para a ceia do grande Deus.

Ave-Maria

7. Para comerdes carnes de reis, carnes de poderosos, carnes de cavalos e seus cavaleiros, carnes de todos os homens, livres e escravos, pequenos e grandes.

Ave-Maria

8. E vi a besta, os reis da terra, e os seus exércitos reunidos, para guerrearem contra aquele que estava montado no cavalo, e o seu exército.

Ave-Maria

9. E a besta foi presa, e com ela o falso profeta que diante dela fizera os sinais com que enganou os que receberam o sinal da besta, e os que adoraram a sua imagem. Estes dois foram lançados vivos no lago de fogo que arde com enxofre.

Ave-Maria

10. Os demais foram mortos pela espada que saía da boca do cavaleiro, e todas as aves se fartaram das suas carnes.

Ave-Maria

Glória ao Pai

Quarto Mistério Revelador
A Chave do Abismo

O Pai-Nosso do EU SOU de Jesus

1. Então vi descer do céu um anjo que tinha a chave do abismo e uma grande cadeia na mão.

Ave-Maria

2. Ele prendeu o dragão, a antiga serpente, que é o Diabo e Satanás, e o amarrou por mil anos. Lançou-o no abismo, e ali o encerrou, e selou sobre ele, para que não enganasse mais as nações, até que os mil anos se completassem. Depois disto é necessário que seja solto, por um pouco de tempo.

Ave-Maria

3. Vi também tronos, e aos que se assentaram sobre eles foi-lhes dado o poder de julgar. E vi as almas daqueles que foram degolados por causa do testemunho de Jesus e pela palavra de Deus, e que não adoraram a besta, nem a sua imagem, e não receberam o sinal na testa nem nas mãos. Reviveram, e reinaram com Cristo durante mil anos.

Ave-Maria

4. Mas os outros mortos não reviveram, até que os mil anos se completassem. Esta é a primeira ressurreição. Bem-aventurado e santo aquele que tem parte na primeira ressurreição. Sobre estes não tem poder a segunda morte, mas serão sacerdotes de Deus e de Cristo, e reinarão com ele durante mil anos.

Ave-Maria

5. Quando se completarem os mil anos, Satanás será solto da sua prisão e sairá a enganar as nações que estão nos quatro cantos da terra, Gogue e Magogue, cujo número é como a areia do mar, a fim de ajuntá-las para a batalha.

Ave-Maria

6. Subiram sobre a largura da terra, e cercaram o arraial dos santos e a cidade querida. Mas desceu fogo do céu, e os consumiu. E o diabo que os enganava, foi lançado no lago de fogo e enxofre, onde estão a besta e o falso profeta. De dia e de noite serão atormentados para todo o sempre.

Ave-Maria

7. Então vi um grande trono branco, e o que estava assentado sobre ele. Da presença dele fugiram a terra e o céu, e não se achou lugar para eles.

Ave-Maria

8. E vi os mortos, grandes e pequenos, que estavam diante do trono, e abriram-se livros. Abriu-se outro livro, que é o da vida. Os mortos foram julgados pelas coisas que estavam escritas nos livros, segundo as suas obras.

Ave-Maria

9. O mar entregou os mortos que nele havia, e a morte e o além deram os mortos que neles havia, e foram julgados cada um segundo as suas obras.

Ave-Maria

10. Então a morte e o inferno foram lançados no lago do fogo. Esta é a segunda morte. E todo aquele que não foi achado inscrito no livro da vida, foi lançado no lago de fogo.

Ave-Maria

Glória ao Pai

Quinto Mistério Revelador
A Santa Jerusalém

O Pai-Nosso do EU SOU de Jesus

1. E veio um dos sete anjos, que tinham as sete taças cheias das últimas sete pragas, e me disse: Vem, mostrar-te-ei a noiva, a esposa do Cordeiro.

Ave-Maria

2. E levou-me em espírito a um grande e alto monte, e mostrou-me a grande cidade, a Santa Jerusalém, que descia do céu, da parte de Deus. Ela brilhava com a glória de Deus e o seu brilho era semelhante a uma pedra preciosíssima, como o jaspe cristalino.

Ave-Maria

3. Tinha um grande e alto muro com 12 portas, e nas portas 12 anjos, e nomes escritos sobre elas, que são os nomes das 12 tribos dos filhos de Israel. Do lado do oriente tinha três portas; do lado norte, três portas; do lado sul, três portas; do lado do poente, três portas.

Ave-Maria

4. O muro da cidade tinha 12 fundamentos, e neles estavam os nomes dos 12 apóstolos do Cordeiro. Aquele que falava comigo tinha um bastão de ouro para medir a cidade, suas portas e seu muro.

Ave-Maria

5. A cidade era quadrangular, o seu comprimento era igual à sua largura. Mediu a cidade com o bastão e ela media 12 mil estádios

de comprimento, e a largura e a altura eram iguais. Ele mediu o seu muro, e era de 144 côvados, segundo a medida humana, que o anjo estava usando.

Ave-Maria

6. O muro era construído de jaspe, e a cidade era de ouro puro, semelhante a vidro límpido. Os fundamentos do muro da cidade estavam adornados de toda espécie de pedras preciosas. As 12 portas eram 12 pérolas: cada uma das portas era de uma só pérola. A praça da cidade era de ouro puro, como vidro transparente.

Ave-Maria

7. Nela não vi templo, porque o seu templo é o Senhor Deus Todo-Poderoso, e o Cordeiro. A cidade não necessita nem do sol, nem da lua, para que nela resplandeçam, pois a glória de Deus a ilumina, e o Cordeiro é a sua lâmpada.

Ave-Maria

8. As nações andarão à sua luz, e os reis da Terra trarão para ela a sua glória e honra.

Ave-Maria

9. As suas portas não se fecharão de dia, e noite ali não haverá. E a ela trarão a glória e a honra das nações.

Ave-Maria

10. E não entrará nela coisa alguma impura, nem o que pratica abominação ou mentira, mas somente os que estão inscritos no livro da vida do Cordeiro.

Ave-Maria

Glória ao Pai

Sexto Mistério Revelador
O Trono de Deus e do Cordeiro

O Pai-Nosso do EU SOU de Jesus

1. Então me mostrou o rio da água da vida, claro como cristal, que procedia do trono de Deus e do Cordeiro.

Ave-Maria

2. No meio da sua praça, em ambas as margens do rio, estava a árvore da vida, que produz 12 frutos, dando seu fruto de mês em mês. E as folhas da árvore são para a cura das nações.

Ave-Maria

3. Ali nunca mais haverá maldição. Nela estará o trono de Deus e do Cordeiro, e os seus servos o servirão e verão a sua face, e na sua testa estará o seu nome.

Ave-Maria

4. Ali não haverá mais noite. Não necessitarão de luz de lâmpada, nem da luz do sol, pois o Senhor Deus os iluminará. E reinarão para todo o sempre.

Ave-Maria

5. Disse-me o anjo: Estas palavras são fiéis e verdadeiras. O Senhor, o Deus dos espíritos dos profetas, enviou o seu anjo para mostrar aos seus servos as coisas que em breve hão de acontecer. Eis que cedo venho! Bem-aventurado aquele que guarda as palavras da profecia deste livro.

Ave-Maria

6. Eu, João, sou quem ouviu e viu estas coisas. E, havendo-as ouvido e visto, prostrei-me aos pés do anjo que me mostrava essas coisas, para adorá-lo.

Ave-Maria

7. Então ele me disse: Olha, não faças isso! Sou servo teu e de teus irmãos, os profetas, e dos que guardam as palavras deste livro. Adora a Deus.

Ave-Maria

8. Disse-me ainda: Não seles as palavras da profecia deste livro, porque próximo está o tempo.

Ave-Maria

9. Quem é injusto, faça injustiça ainda; quem está sujo, suje-se ainda; quem é justo, faça justiça ainda; e quem é santo, santifique-se ainda.

Ave-Maria

10. Eis que cedo venho! A minha recompensa está comigo, para dar a cada um segundo a sua obra.

Ave-Maria

Glória ao Pai

A Aliança dos Magos

IV

Sinal-da-cruz

Mistérios Declarativos

Quinta-feira à noite — O Quarto Raio Secreto

Adoração a Deus
O Pai-Nosso do EU SOU de Jesus
Três Ave-Marias
Ama-me
Intróito à Sagrada Chama de Cristo

Primeiro Mistério Declarativo
Sinais da Segunda Vinda

O Pai-Nosso do EU SOU de Jesus

1. Saindo do templo, Jesus ia-se retirando quando se aproximaram dele os seus discípulos para lhe mostrarem a estrutura do templo.

Ave-Maria

2. Ele, porém, lhes perguntou: Não vedes tudo isto? Em verdade vos digo, que não ficará aqui pedra sobre pedra que não seja derrubada.

Ave-Maria

3. Estando Ele assentado no monte das Oliveiras, aproximaram-se dele os discípulos, em particular, e lhe pediram: Dize-nos quando acontecerão estas coisas, e que sinal haverá da tua vinda e do fim dos tempos.

Ave-Maria

4. Respondeu-lhes Jesus: Acautelai-vos, que ninguém vos engane. Pois muitos virão em meu nome, dizendo: Eu sou o Cristo, e enganarão a muitos.

Ave-Maria

5. Ouvireis de guerras e rumores de guerras, mas cuidado para não vos alarmardes. Tais coisas devem acontecer, mas ainda não é o fim.

Ave-Maria

6. Levantar-se-á nação contra nação, reino contra reino, e haverá fomes, pestes e terremotos em vários lugares. Todas estas coisas, porém, são o princípio das dores.

Ave-Maria

7. Então vos hão de entregar para serdes atormentados, e matar-vos-ão. Sereis odiados de todas as nações por causa do meu nome.

Ave-Maria

8. Neste tempo, muitos se escandalizarão, trair-se-ão mutuamente e se odiarão uns aos outros.

Ave-Maria

9. Surgirão muitos falsos profetas, e enganarão a muitos. E, por se multiplicar a iniqüidade, o amor de quase todos esfriará.

Ave-Maria

10. Mas aquele que perseverar até o fim será salvo.

Ave-Maria

Glória ao Pai

Segundo Mistério Declarativo
Sinais do Fim da Era

O Pai-Nosso do EU SOU de Jesus

1. E este evangelho do reino será pregado em todo o mundo, em testemunho a todas as nações. Então virá o fim.

Ave-Maria

2. Portanto, quando virdes que a abominação da desolação, de que falou o profeta Daniel, está no lugar santo (quem lê, entenda), então, os que estiverem na Judéia, fujam para os montes.

Ave-Maria

3. Quem estiver sobre o telhado não desça para tirar alguma coisa de sua casa. Quem estiver no campo não volte para buscar as suas vestes.

Ave-Maria

4. Mas ai das que estiverem grávidas e das que amamentarem naqueles dias!

Ave-Maria

5. Orai para que a vossa fuga não aconteça no inverno nem no sábado. Pois haverá então grande aflição, como nunca houve desde o princípio do mundo até agora, tampouco há de existir.

Ave-Maria

6. Se aqueles dias não fossem abreviados, nenhuma carne se salvaria, mas por causa dos escolhidos serão abreviados aqueles dias.

Ave-Maria

7. Então, se alguém vos disser: Olhai, o Cristo está aqui, ou ali, não lhe deis crédito. Pois surgirão falsos cristos e falsos profetas, e farão tão grandes sinais e prodígios que, se possível fora, enganariam até os escolhidos.

Ave-Maria

8. Prestai atenção, eu vo-lo tenho predito. Portanto, se vos disserem: Olhai, ele está no deserto!, não saiais; ou: Olhai, ele está no interior da casa!, não acrediteis.

Ave-Maria

9. Pois como o relâmpago sai do oriente e se mostra até o ocidente, assim será também a vinda do Filho do homem.

Ave-Maria

10. Onde estiver o cadáver, aí se ajuntarão os abutres.

Ave-Maria

Glória ao Pai

Terceiro Mistério Declarativo
O Sinal do Filho do Homem no Céu

O Pai-Nosso do EU SOU de Jesus

1. Logo depois da aflição daqueles dias, o sol escurecerá, a lua não dará a sua luz, as estrelas cairão do firmamento e os corpos celestes serão abalados.

Ave-Maria

2. Então aparecerá no céu o sinal do Filho do homem, e todos os povos da Terra se lamentarão, e verão o Filho do homem, vindo sobre as nuvens do céu, com poder e grande glória.

Ave-Maria

3. E ele enviará os seus anjos, com grande clangor de trombeta, os quais ajuntarão os escolhidos desde os quatro ventos, de uma à outra extremidade dos céus.

Ave-Maria

4. Aprendei agora esta parábola da figueira: Quando já os seus ramos se tornam tenros e brotam folhas, sabeis que está próximo o verão. Igualmente vós, quando virdes todas estas coisas, sabeis que ele está próximo, às portas.

Ave-Maria

5. Em verdade vos digo que não passará esta geração sem que todas essas coisas aconteçam.

Ave-Maria

6. O céu e a terra passarão, mas as minhas palavras não hão de passar.

Ave-Maria

7. Porém, a respeito daquele dia e hora ninguém sabe, nem os anjos do céu, nem o Filho, mas unicamente o Pai. Como foi nos dias de Noé, assim será também a vinda do Filho do homem.

Ave-Maria

8. Pois assim como nos dias anteriores ao dilúvio, comiam, bebiam, casavam e davam-se em casamento, até o dia em que Noé entrou na arca, e não o perceberam, até que veio o dilúvio e os levou a todos — assim será também a vinda do Filho do homem.

Ave-Maria

9. Então, estando dois no campo, será levado um e deixado o outro. Estando duas moendo no moinho, será levada uma e deixada a outra.

Ave-Maria

10. Portanto, vigiai, porque não sabeis a que hora há de vir o vosso Senhor.

Ave-Maria

Glória ao Pai

Quarto Mistério Declarativo
A Abertura dos Selos

O Pai-Nosso do EU SOU de Jesus

1. Vi quando o Cordeiro abriu um dos sete selos, e ouvi um dos quatro seres viventes dizer, como se fosse voz de trovão: Vem!

Ave-Maria

2. Olhei, e vi um cavalo branco. O seu cavaleiro tinha um arco, e foi-lhe dada uma coroa, e ele saiu vencendo e para vencer.

Ave-Maria

3. Quando o Cordeiro abriu o segundo selo, ouvi o segundo ser vivente dizer: Vem!

Ave-Maria

4. Então saiu outro cavalo, vermelho. Ao seu cavaleiro foi dado tirar a paz da Terra, para que os homens se matassem uns aos outros. Também lhe foi dada uma grande espada.

Ave-Maria

5. Quando o Cordeiro abriu o terceiro selo, ouvi o terceiro ser vivente dizer: Vem! Olhei, e vi um cavalo preto. O seu cavaleiro tinha uma balança na mão.

Ave-Maria

6. E ouvi como que uma voz no meio dos quatro seres viventes, que dizia: Uma medida de trigo por um denário e três medidas de cevada por um denário, e não danifiques o azeite e o vinho.

Ave-Maria

7. Quando o Cordeiro abriu o quarto selo, ouvi a voz do quarto ser vivente, que dizia: Vem!

Ave-Maria

8. Olhei, e vi um cavalo baio. O seu cavaleiro chamava-se Morte, e o Inferno o seguia. Foi-lhes dado o poder sobre a quarta parte da Terra para matar com a espada, com a fome, com a peste e com as feras da Terra.

Ave-Maria

9. Quando ele abriu o quinto selo, vi debaixo do altar as almas dos que foram mortos por causa da palavra de Deus e por causa do testemunho que deram.

Ave-Maria

10. E clamavam com grande voz, dizendo: Até quando, ó verdadeiro e santo Soberano, não julgas e vingas o nosso sangue dos que habitam sobre a Terra?

Ave-Maria

Glória ao Pai

Quinto Mistério Declarativo
Os 144 Mil

O Pai-Nosso do EU SOU de Jesus

1. E foram dadas a cada um deles compridas vestes brancas, e foi-lhes dito que repousassem ainda por pouco tempo, até que se completasse o número de seus servos e seus irmãos, que haviam de ser mortos, como também eles foram.

Ave-Maria

2. Olhei enquanto ele abria o sexto selo. Houve um grande terremoto. O sol tornou-se negro como saco de cilício, e a lua tornou-se como sangue.

Ave-Maria

3. As estrelas do céu caíram sobre a terra, como quando a figueira, sacudida por um vento forte, deixa cair os seus figos verdes.

Ave-Maria

4. O céu recolheu-se como um pergaminho quando se enrola, e todos os montes e ilhas foram removidos dos seus lugares.

Ave-Maria

5. Os reis da terra, os grandes, os chefes militares, os ricos, os poderosos e todo escravo e todo livre se esconderam nas cavernas e nos penhascos dos montes,

Ave-Maria

6. E diziam aos montes e aos rochedos: Caí sobre nós e escondei-nos do rosto daquele que está assentado sobre o trono, e da ira do Cordeiro! Pois é vindo o grande dia da ira deles, e quem poderá subsistir?

Ave-Maria

7. Depois destas coisas, vi quatro anjos que estavam sobre os quatro cantos da Terra, retendo os quatro ventos da Terra, para que nenhum vento soprasse sobre a terra, nem sobre o mar, nem contra árvore alguma.

Ave-Maria

8. Vi outro anjo subir do lado do sol nascente, tendo o selo do Deus vivo. Ele clamou com grande voz aos quatro anjos, a quem fora dado o poder de danificar a terra e o mar,

Ave-Maria

9. Dizendo: Não danifiqueis a terra, nem o mar, nem as árvores, até que tenhamos selado nas suas testas os servos do nosso Deus.

Ave-Maria

10. E ouvi o número dos que foram selados, e eram 144 mil, de todas as tribos dos filhos de Israel.

Ave-Maria

Glória ao Pai

Sexto Mistério Declarativo
Lavados no Sangue do Cordeiro

O Pai-Nosso do EU SOU de Jesus

1. Depois destas coisas olhei, e vi uma grande multidão, que ninguém podia contar, de todas as nações, tribos, povos e línguas, que estavam em pé diante do trono e perante o Cordeiro, trajando compridas vestes brancas e com palmas nas mãos.

Ave-Maria

2. Clamavam com grande voz: Salvação ao nosso Deus, que está assentado no trono, e ao Cordeiro.

Ave-Maria

3. Todos os anjos estavam em pé ao redor do trono e dos anciãos e dos quatro seres viventes, e prostraram-se diante do trono sobre seus rostos, e adoraram a Deus,

Ave-Maria

4. Dizendo: Amém. Louvor, glória, sabedoria, ação de graças e honra, poder, força ao nosso Deus, para todo o sempre. Amém.

Ave-Maria

5. Então um dos anciãos me perguntou: Estes que estão vestidos de branco, quem são eles e de onde vieram?

Ave-Maria

6. Respondi-lhe: Senhor, tu o sabes. Disse-me Ele: Estes são os que vieram da grande tribulação, e lavaram as suas vestes e as branquearam no sangue do Cordeiro.

Ave-Maria

7. Por isso estão diante do trono de Deus, e o servem de dia e de noite no seu templo; e aquele que está assentado sobre o trono estenderá o seu tabernáculo sobre eles.

Ave-Maria

8. Nunca mais terão fome; nunca mais terão sede. Nem sol nem calor algum cairá sobre eles.

Ave-Maria

9. Pois o Cordeiro que está no meio do trono os apascentará e os conduzirá às fontes das águas da vida.

Ave-Maria

10. E Deus lhes enxugará dos olhos toda lágrima.

Ave-Maria

Glória ao Pai

A Aliança dos Magos

V

Sinal-da-cruz

Mistérios Exortadores

Sexta-feira à noite — O Quinto Raio Secreto

Adoração a Deus
O Pai-Nosso do EU SOU de Jesus
Três Ave-Marias
Ama-me
Intróito à Sagrada Chama de Cristo

Primeiro Mistério Exortador
Os 12 Fortalecidos e Enviados

O Pai-Nosso do EU SOU de Jesus

1. Chamando a si os seus 12 discípulos, deu-lhes poder sobre os espíritos imundos, para os expulsarem e curarem toda sorte de doenças e enfermidades.

Ave-Maria

2. Jesus enviou estes 12 e lhes ordenou: Não ireis pelos caminhos dos gentios, nem entrareis em cidade de samaritanos. Ide antes às ovelhas perdidas da casa de Israel.

Ave-Maria

3. E, indo, pregai, dizendo: O reino dos céus está próximo. Curai os enfermos, limpai os leprosos, ressuscitai os mortos, expulsai os demônios. De graça recebestes, de graça dai.

Ave-Maria

4. Não leveis ouro, nem prata, nem cobre, em vossos cintos; nem alforje para o caminho, nem duas túnicas, nem sandálias, nem bordão; pois digno é o trabalhador do seu alimento.

Ave-Maria

5. E em qualquer cidade ou aldeia em que entrardes, procurai saber quem nelas seja digno, e hospedai-vos aí até que vos retireis.

Ave-Maria

6. Ao entrardes numa casa, saudai-a. Se a casa for digna, desça sobre ela a vossa paz, se não for digna, torne para vós a vossa paz.

Ave-Maria

7. E se ninguém vos receber, nem ouvir as vossas palavras, saindo daquela casa ou daquela cidade, sacudi o pó dos vossos pés. Em verdade vos digo que no dia do juízo haverá menos rigor para Sodoma e Gomorra do que para aquela cidade.

Ave-Maria

8. Eu vos envio como ovelhas ao meio de lobos. Portanto, sede prudentes como as serpentes e simples como as pombas.

Ave-Maria

9. Acautelai-vos, porém, dos homens; eles vos entregarão aos tribunais e vos açoitarão nas suas sinagogas. Sereis até conduzidos à presença de governadores e de reis por minha causa, para lhes servir de testemunho, a eles e aos gentios.

Ave-Maria

10. Mas, quando vos entregarem, não fiqueis preocupados em como, ou com o que haveis de falar. Naquela mesma hora vos será concedido o que haveis de dizer, pois não sois vós que falareis, mas o Espírito de vosso Pai é que fala em vós.

Ave-Maria

Glória ao Pai

Segundo Mistério Exortador
Não a Paz, mas a Espada

O Pai-Nosso do EU SOU de Jesus

1. Vim lançar fogo na Terra; e que mais quero, se já está aceso? Importa porém que eu seja batizado com certo batismo, e como me angustio até que venha a cumprir-se!

Ave-Maria

2. Portanto, todo aquele que me confessar diante dos homens, eu o confessarei diante de meu Pai, que está nos céus. Mas todo aquele que me negar diante dos homens, eu o negarei também diante de meu Pai que está nos céus.

Ave-Maria

3. Não penseis que vim trazer paz à Terra. Não vim trazer paz, mas espada.

Ave-Maria

4. Pois eu vim trazer divisão entre o homem e seu pai, entre a filha e sua mãe, entre a nora e sua sogra. Assim, os inimigos do homem serão os seus próprios familiares.

Ave-Maria

5. Quem ama o pai ou a mãe mais do que a mim, não é digno de mim; quem ama o filho ou a filha mais do que a mim, não é digno de mim.

Ave-Maria

6. E quem não toma a sua cruz, e não vem após mim, não é digno de mim.

Ave-Maria

7. Quem achar a sua vida, perdê-la-á, e quem perder a sua vida por minha causa, achá-la-á.

Ave-Maria

8. Quem vos recebe, a mim recebe, e quem recebe a mim, recebe aquele que me enviou.

Ave-Maria

9. Quem recebe um profeta na qualidade de profeta, receberá galardão de profeta, e quem recebe um justo na qualidade de justo, receberá galardão de justo.

Ave-Maria

10. E quem der de beber, ainda que seja um copo d'água fria, a um destes pequeninos, por ser meu discípulo, em verdade vos digo que de modo algum perderá o seu galardão.

Ave-Maria

Glória ao Pai

Terceiro Mistério Exortador
O Sinal do Profeta Jonas

O Pai-Nosso do EU SOU de Jesus

1. Ou fazei a árvore boa e o seu fruto bom, ou fazei a árvore má e o seu fruto mau, pois pelo fruto se conhece a árvore.

Ave-Maria

2. Raça de víboras, como podeis vós dizer boas coisas, sendo maus? Pois do que há em abundância no coração, disso fala a boca.

Ave-Maria

3. O homem bom tira boas coisas do seu bom tesouro, e o homem mau tira coisas más do mau tesouro.

Ave-Maria

4. Mas eu vos digo que de toda palavra frívola que os homens proferirem hão de dar conta no dia do juízo.

Ave-Maria

5. Pois pelas tuas palavras serás justificado e pelas tuas palavras serás condenado.

Ave-Maria

6. Então alguns escribas e fariseus lhe disseram: Mestre, gostaríamos de ver da tua parte algum sinal.

Ave-Maria

7. Mas Ele lhes respondeu: Uma geração má e adúltera pede um sinal, porém não se lhe dará outro sinal senão o do profeta Jonas.

Ave-Maria

8. Pois como Jonas esteve três dias e três noites no ventre do grande peixe, assim estará o Filho do homem três dias e três noites no seio da Terra.

Ave-Maria

9. Os ninivitas ressurgirão no juízo com esta geração e a condenarão; pois se arrependeram com a pregação de Jonas. E aqui está quem é maior do que Jonas.

Ave-Maria

10. A rainha do Sul se levantará no dia do juízo com esta geração, e a condenará; pois veio dos confins da Terra para ouvir a sabedoria de Salomão. E aqui está quem é maior do que Salomão.

Ave-Maria

Glória ao Pai

Quarto Mistério Exortador
A Vinda do Filho do Homem

O Pai-Nosso do EU SOU de Jesus

1. Estejam cingidos os vossos lombos e acesas as vossas candeias. Sede vós semelhantes aos homens que esperam o seu senhor, ao voltar ele da festa de casamento, para que, quando vier e bater, logo possam abrir-lhe.

Ave-Maria

2. Bem-aventurados aqueles servos, os quais, quando o senhor vier, achar vigiando! Em verdade vos digo que se cingirá e os fará assentar à mesa e, chegando-se, os servirá.

Ave-Maria

3. E, se vier na segunda vigília, e se vier na terceira vigília e os achar assim, bem-aventurados são os tais servos.

Ave-Maria

4. Sabei, porém, isto: Se o pai de família soubesse a que hora havia de vir o ladrão, vigiaria e não deixaria arrombar a sua casa.

Ave-Maria

5. Portanto, estai vós também apercebidos, porque virá o Filho do homem à hora que não imaginais.

Ave-Maria

6. Perguntou-lhe Pedro: Senhor, dizes esta parábola a nós ou a todos? Respondeu-lhe o Senhor: Qual é, pois, o mordomo fiel e prudente, a quem o Senhor pôs sobre os seus servos, para lhes dar a tempo a ração?

Ave-Maria

7. Bem-aventurado aquele servo a quem o seu senhor, quando vier, achar fazendo assim. Em verdade vos digo que sobre todos os seus bens o colocará.

Ave-Maria

8. Mas se aquele servo disser em seu coração: O meu senhor tarda em vir, e começar a espancar os criados e as criadas, e a comer, beber e embriagar-se, virá o senhor daquele servo no dia em que não o espera, numa hora em que não sabe, separá-lo-á e lhe dará a sua parte com os infiéis.

Ave-Maria

9. O servo que soube a vontade do seu senhor e não se aprontou, nem fez conforme a sua vontade, será castigado com muitos açoites.

Ave-Maria

10. Mas o que não a soube, e fez coisas dignas de açoites, com poucos açoites será castigado. A qualquer que muito for dado, muito se lhe pedirá, e ao que muito se lhe confiou muito mais se lhe pedirá.

Ave-Maria

Glória ao Pai

Quinto Mistério Exortador
Os Sete Anjos que Tinham as Setes Últimas Pragas

O Pai-Nosso do EU SOU de Jesus

1. Vi no céu outro sinal, grande e admirável: sete anjos, que tinham as sete últimas pragas; porque nelas é consumada a ira de Deus.

Ave-Maria

2. E vi como que um mar de vidro misturado com fogo, e os que tinham vencido a besta e a sua imagem e o número do seu nome estavam em pé junto ao mar de vidro. Tinham harpas de Deus.

Ave-Maria

3. E cantavam o cântico de Moisés, servo de Deus, e o cântico do Cordeiro, dizendo: Grandes e maravilhosas são as tuas obras, ó, Senhor Deus Todo-Poderoso. Justos e verdadeiros são os teus caminhos, ó Rei dos séculos.

Ave-Maria

4. Quem não te temerá, ó Senhor, e não glorificará o teu nome? Pois só tu és santo. Todas as nações virão, e se prostrarão diante de ti, pois os teus juízos são manifestos.

Ave-Maria

5. Depois disto olhei e abriu-se no céu o santuário do tabernáculo do testemunho, e os sete anjos que tinham as sete pragas saíram do templo, vestidos de linho puro e resplandecente, cingidos à altura do peito com cintos de ouro.

Ave-Maria

6. Um dos quatro seres viventes deu aos sete anjos sete taças de ouro, cheias da ira do Deus que vive para todo o sempre.

Ave-Maria

7. E o templo se encheu de fumaça, procedente da glória de Deus e do seu poder, e ninguém podia entrar no templo, enquanto não se consumassem as sete pragas dos setes anjos.

Ave-Maria

8. Então ouvi, vinda do templo, uma grande voz que dizia aos setes anjos: Ide e derramai sobre a Terra as sete taças da ira de Deus.

Ave-Maria

9. O primeiro saiu, derramou a sua taça sobre a Terra, e apareceu uma chaga feia e dolorosa nos homens que tinham o sinal da besta e que adoravam a sua imagem.

Ave-Maria

10. O segundo anjo derramou a sua taça no mar, que se tornou em sangue como de um morto, e morreram todos os seres viventes que estavam no mar.

Ave-Maria

Glória ao Pai

Sexto Mistério Exortador
Taças da Ira de Deus

O Pai-Nosso do EU SOU de Jesus

1. O terceiro anjo derramou a sua taça nos rios e nas fontes das águas, e se tornaram em sangue.

Ave-Maria

2. Então ouvi o anjo das águas dizer: Justo és tu, ó Senhor, que és e que eras o Santo, porque julgaste estas coisas; porquanto derramaram o sangue de santos e de profetas, também tu lhes deste sangue a beber; são merecedores disto.

Ave-Maria

3. E ouvi uma voz do altar responder: Na verdade, ó Senhor Deus Todo-Poderoso, verdadeiros e justos são os teus juízos.

Ave-Maria

4. O quarto anjo derramou a sua taça sobre o sol, e foi-lhe permitido que abrasasse os homens com fogo. Os homens foram abrasados com grande calor, e blasfemaram contra o nome de Deus, que tem poder sobre estas pragas; mas não se arrependeram para lhe darem glória.

Ave-Maria

5. O quinto anjo derramou a sua taça sobre o trono da besta, e o seu reino se fez tenebroso. Os homens mordiam as suas línguas de dor, e por causa das suas dores e das suas chagas blasfemaram contra o Deus do céu, e não se arrependeram das suas obras.

Ave-Maria

6. O sexto anjo derramou a sua taça sobre o grande rio Eufrates, e a sua água secou, para que se preparasse o caminho dos reis do Oriente.

Ave-Maria

7. O sétimo anjo derramou a sua taça no ar, e saiu grande voz do templo do céu, do trono, dizendo: Está feito.

Ave-Maria

8. E houve relâmpagos, vozes, trovões e um grande terremoto, como nunca tinha havido desde que há homens sobre a Terra, tal foi o terremoto, forte e grande.

Ave-Maria

9. A grande cidade fendeu-se em três partes e as cidades das nações caíram. Deus se lembrou da grande Babilônia, para lhe dar o cálice do vinho da indignação da sua ira.

Ave-Maria

10. Todas as ilhas fugiram, e os montes não mais se acharam. E sobre os homens caiu do céu uma grande saraivada, pedras que pesavam cerca de um talento. E os homens blasfemaram contra Deus por causa da praga da chuva de pedra, porque a sua praga era muito grande.

Ave-Maria

Glória ao Pai

A Aliança dos Magos

PARTE TRÊS

O Aspecto do Poder do Espírito Santo

Quatorze Mensagens da Palavra da
Vida para as Crianças da Mãe

1

O soar do Ângelus

Com o soar do Ângelus desce uma doce quietude sobre o coração humano quando este responde ao chamado dos sinos. E quando a poderosa Presença do EU SOU de cada indivíduo sobre a Terra envia as suas badaladas, convidando os filhos e as filhas do céu a voltarem para casa, os que respondem, dentre a humanidade, conseguem ouvir os sinos soarem a hora eterna, e respondem mudando de direção quando necessário, renovando a fé e a amizade divina quando é preciso e arrependendo-se quando exigido.

Seja qual for a necessidade, o indivíduo que deseja responder ao chamado do Céu deve fazê-lo agora. Pois as únicas garantias oferecidas são as do momento eterno, quando o chamado é ouvido e a criança responde a Ele. O pequenino Samuel, em resposta ao chamado de Deus, disse: "Fala, Senhor, pois o teu servo ouve."[1]

Quando minha mãe tomou-me pela mão e me levou até o templo de Deus, disse-me: "Vê, minha filha, esta é a chamada casa de Deus. Ele está em toda parte, e em nenhum outro lugar Ele é sentido de forma mais poderosa do que no lugar em que é reconhecido."

Consegui absorver a lição da instrução de minha mãe, que me serviu bem. Pois transmiti essa mesma bênção ao meu Filho Jesus, e ele declarou: "As raposas têm covis e as aves do céu têm ninhos, mas o Filho do homem não tem onde reclinar a cabeça."[2] Este conceito da onipresença de Deus inundava o seu ser. Ele reconheceu que Deus se manifesta em toda parte, em todos os lugare e escolheu reconhecê-lo em tudo.

Esta noite, quando vos reunis em homenagem à minha ascensão, venho para fazer soar o sino da liberdade em honra de vossa liberdade. Pois não existe ninguém hoje, ou nesta noite na forma mortal, para quem eu não mantenha um conceito imaculado. Portanto, se eu mantenho um conceito imaculado para todos, faço soar o sino da liberdade para cada um e proclamo a majestade da ascensão de cada um.

O caminho pode não parecer fácil, e realmente nem sempre ele nos pareceu fácil. A humanidade, ao longo dos anos, escolheu cobrir nossos atos com um véu de glamour. Porém, as realidades de nossa vida diária e as vicissitudes que enfrentamos não foram tão glamourosas, naqueles primeiros dias. E sentimos, às vezes, a dor, o desassossego e a incerteza dos homens comuns. Estávamos presos numa aura de confusão que existia naquela época e continua existindo hoje.

Entretanto, mantivemos a nossa fé firme na eterna Presença de Deus. E quando parecia que as nuvens e as sombras do desespero iam nos envolver, pensávamos na cobertura de prata que está por trás de cada nuvem e de cada sombra. Pensávamos na eterna perfeição da luz.

Embora as minhas palavras sejam simples, são eternas. Pois descobrireis que o simples pensamento e a idéia da luz são um conceito eterno pelo qual podereis viver. Descobrireis que esse conceito é um cajado sobre o qual podereis vos apoiar.

E quando a sabedoria mortal vos parecer falha e achardes que as respostas aos questionamentos dos vossos corações não estão sendo dadas, podeis vos concentrar na idéia de que a luz de Deus nunca falha. Nesta certeza encontrareis poder para vos libertar das sombras do desespero, para vos desvencilhar das situações temporárias nas quais vos encontrais. Então, com o coração agradecido e tendo restabelecido o conceito da vossa divindade em sua natureza imaculada, seguirei progressivamente em direção à luz, como nós o fizemos, um passo a cada dia e cada vez mais perto da vossa ascensão.

A humanidade hoje em dia está mesmo, como vos disse Saint Germain, vivendo dentro de conceitos de perigo e confusão. Os aparentes progressos científicos do mundo comunista são, de certo modo, uma poderosa ameaça às forças da democracia e da liberdade. Seria muito bom se toda a América e todo o mundo livre pudessem reconhecer a necessidade de todos se unirem neste dia e nesta hora para defender a causa da liberdade com mais diligência, com mais senso de honra e de unidade. Isso representaria uma assistência incomparável à humanidade.

Eu vos pergunto, amados: Se a luz representada pela América e pela liberdade se apagassem, para onde iria o mundo, entregue nas mãos da anarquia e da natureza insidiosa do comunismo mundial? Para onde iria a esperança dos corações da humanidade e pela qual a cristandade tanto trabalhou e rezou?

Invocai, amados, com determinação renovada, para que a maravilhosa dádiva da liberdade — que Saint Germain e outros mestres vos concederam pelas as mãos de Deus — possa ser mantida. Pois, pouco a pouco, ataques têm sido feitos contra as muralhas da liberdade, que se mantêm em oposição às forças das sombras. E as forças da luz precisam, para terem sucesso, se reunir em uma unidade divina.

Agora, então, eu vos falo em favor da ascensão de todos os homens, da liberdade de todos os homens, da liberdade de todas as crianças que ainda não nasceram, para que todos possam usufruir das bênçãos da liberdade, para que todos possam respirar o ar da liberdade e alcançar um estado de dignidade, no qual suas almas possam se expandir e se elevar rumo à ascensão, em resposta ao apelo dos sinos cósmicos e para ouvir o soar do Ângelus maravilhoso que fala a cada coração estas palavras abençoadas: "Está terminado. Bem está, servo bom e fiel. Sobre o pouco foste fiel, sobre o muito te colocarei. Entra no gozo do teu Senhor."[3]

Na casa de meu Pai há muitas moradas.[4] Portanto, nessas maravilhosas mansões planetárias de Deus, alegrias e maravilhas estão preparadas. Não permiti que os violentos tomem esses lugares à força, enquanto o coração da América dorme. Que a América acorde e busque com diligência as metas da glória espiritual. Enquanto a América busca as glórias do Espírito, que busque igualmente os necessários avanços científicos para esta era.

Creio que seria bom se a humanidade fizesse chamados ao amado Saint Germain e à amada Mestra Leonora, pedindo que seja concedido um grande avanço na ciência e nas invenções, para que seja cada vez mais difícil aos poderes das sombras atacar a democracia e os lugares conhecidos como cidadelas da liberdade.

A América do Sul, com todo o seu glorioso território, permanece um terreno fértil, um lugar onde o amado Grande Diretor Divino deseja erigir uma civilização maravilhosa como o mundo jamais viu, um lugar de preparação para a chegada da sétima raça raiz.

Que a proteção, então, seja dada à Mulher e à sua semente, o Filho Varão do Santo Cristo. Que a proteção lhes seja dada! Que haja um enorme fluxo, um fluxo de proteção poderosa a todos os que servem à luz em todo o mundo, para que a ascensão na luz possa se tornar o objetivo de todos e as forças do comunismo não consigam invadir aquele lugar abençoado conhecido como América do Sul — e que o poder da luz e os poderes dos céus sejam sacudidos, para que as estrelas do Ser Divino, o sagrado Pai Supremo, caiam sobre a terra, naquela terra abençoada para iluminar todos os seus povos e o seu território, sobre suas cordilheiras, vales e montes, estabelecendo um manto de paz sobre todos e reforçando as forças da liberdade em todo o mundo.

Pois somente através da liberdade os homens podem compreender como os seus corações podem se tornar abertos à sua Presença. E a Presença pode derramar a glória que os exaltará, assim como os raios de sol ao atravessar a atmosfera entram no coração do lírio e o ajudam a evoluir de botão a flor plena, estendendo suas pétalas delicadas à luz do sol como se fosse um cálice inundado pelo perfume do céu.

Então, que o perfume do fogo sagrado e das sagradas flores do céu inunde os vossos corações e consciências, que seja levada pelo vento através da atmosfera de toda a Terra e seja inalado por todos os que respiram o ar da liberdade, para que a glória da ascensão seja conhecida, amada, reverenciada e adorada por eles, assim como por nós, em memória daquela hora abençoada em que me elevei, fui levada por esse ritual ao coração de Deus.

Convoco a todos, agora, a vos dedicardes novamente aos propósitos de uma Mãe Cósmica. Mesmo aqueles dentre vós que não são mães saberão compreender que todos tendes a missão do meu Filho, a missão do Santo Cristo Pessoal, a desempenhar. E poderão declarar, junto com ele, na dignidade da liberdade: "Eu vim para que tenham vida, que é Deus, e a tenham em abundância."[5]

Que assim seja em nome de Deus, EU SOU. Que assim seja! Que a vida se manifeste com mais abundância para todos. Que todos venham a conhecer mais da vida que é de Deus. Que outros mais bebam deste cálice. Que *todos* bebam dele! Pois todos são filhos do mesmo Pai.

Deixo-vos agora. E ao partir peço que os seres angélicos que me acompanharam enquanto eu subia ao céu vos abençoem, vós que vos reunistes neste lugar em honra do meu nome.

Que a bênção que esses anjos vos trazem se espalhe por toda a atmosfera da Terra. E que todos possam compartilhar convosco do meu sentimento de amor pela quietude da noite da vitória que precede a aurora da ascensão de todos os homens na luz de Deus que nunca falha. Agradeço-vos.

Washington, D.C.

15 de agosto de 1962

2

Renovai a vossa sagrada aliança

Vinde ao meu jardim, ó meus filhos, e senti a paz suprema que se manifesta quando os vossos corações se sintonizam com a radiação dos anjos e ao sentires a paz que Deus envia por meio das ofertas florais e dos pinheiros, estejam eles parados ou soprados por uma leve brisa. Convido-vos, jovens mães, senhoras, cavalheiros e homens de destino, a tomardes o vosso lugar entre as fileiras dos bravos — aqueles que estão dispostos a se afastar do mundo para, em comunhão com os poderes do céu, sentir a glória de Deus e receber dessa glória a força sustentadora necessária para todas as horas, de forma a ter a solidez de coração para enfrentar as iniqüidades e os testes da vida.

Alguns de vós pensam em mim como a mãe dos aflitos, alguém que conhece bem a dor. É verdade que testemunhei ao longo dos séculos e durante o pequeno período de tempo, em termos relativos, em que estive encarnada como Maria, a Mãe de Jesus, uma imensa quantidade da dor e da tristeza que parece ser o quinhão atual da humanidade.

Porém, vi, muito além das aparências da dor, que a nobreza e a grandeza, que transpassam o véu do amanhã e exaltam tanto as mulheres quanto os homens com a glória que está registrada nos arquivos do céu, é luz glorificada, liberdade, manifestação da presença divina e proteção da grande idéia da nobreza espiritual como entronizada no coração humano.

Testemunhar o seu filho amado, subir um monte de pedra e vê-lo ser despido de sua honra pode angustiar muitas pessoas. Mas testemunhar sua ressurreição, alguns dias mais tarde, e vê-lo ascender de forma vitoriosa da mortalha da desesperança humana, para a vitória da imortalidade e da vida, foi glória suficiente para considerar as nódoas dos momentos passados insignificantes.

Alguns admiram a força que Deus me deu, mas asseguro-vos que essa força foi gerada muito mais nos momentos de aparente derrota do que nas horas de suposta vitória. Pois há uma vitória aparente que não é vitória, em absoluto, até serdes, por comparação e contraste, capazes de sorver do cálice da vida e da borra de mágoa e rancor a doçura da vitória — não como se tudo fosse a hóstia adocicada que se dissolve na boca e no ventre, mas como aquela que às vezes é doce como o mel na boca e amarga como fel no ventre da consumação.

Homens e mulheres corajosos são necessários, não apenas para os problemas e propósitos do passado, mas também para os de hoje em dia. Não é suficiente que homens nobres de grande envergadura espiritual tenham enfeitado a Terra como flores no jardim de Deus; é essencial que os homens e as mulheres de hoje se ofereçam no altar da vida, consagrados aos supremos ideais do meu amado Filho e do amado Filho de Deus. Ele já era tudo isso desde a mais tenra infância, e eu soube, desde o momento em que o abracei junto ao meu coração, que Ele era a plenitude de tudo o que Deus esperava dos homens. Percebi nos seus primeiros passos as mesmas passadas graciosas que iriam levá-lo dos locais baixos da existência até um lugar de mestria, o monte da vitória da ascensão. Vi em seus passinhos, desde o princípio, a dedicação inabalável aos propósitos do seu Pai.

José e eu jamais sentimos que Ele pertencesse apenas a nós, e por isso foi mais fácil oferecê-lo ao mundo e a Deus. Sabíamos desde o início de sua missão que Ele realmente não pertencia apenas a nós, mas ao mundo. Assim, quando Ele disse a mim e ao pai:

"Não sabeis que me convém tratar dos negócios de meu Pai?",[1] foi um sinal secreto para nós, que não está registrado nos arquivos dos homens. Por essa declaração Ele se dedicou ao início da sua missão.

No momento em que estou na atmosfera deste aposento, sinto-me compelida a pedir-vos que aprofundeis vossa dedicação, vossa consagração e vosso amor. Sinto-me compelida a pedir-vos, pela Grande Lei, que renoveis cada aliança sagrada que alguma vez fizestes com Deus, lembrando-vos dos compromissos passados. Homens e mulheres de hoje, deixastes Deus de lado e o substituístes por brinquedos, bugigangas, quinquilharias e coisas efêmeras. Não percebeis que a vossa vida é uma missão dedicada a Deus, à manifestação da pureza e da virtude e à compreensão da equação cósmica?

Como são ínfimas as medidas dos homens, realmente muito estreitas — mal chegam a um cúbito. E o templo de Deus se estende, magnífico, diante dos olhos dos homens. Se ao menos eles pudessem reconhecer e refletir mais sobre as coisas eternas, as espirais do desejo espiritual poderiam ser elevadas mais e mais alto. E os ciclos da mestria iriam acompanhar as espirais dessa aspiração até que, pela comunhão interna com a nossa oitava, tal maravilhosa perfeição se manifestaria sobre a tela da vida que tornaria muitos filhos e filhas de Deus conscientes de sua estatura — não uma estatura de ignorância, mas a mais preciosa das estaturas: a da radiação crística.

Gentis damas e cavalheiros, já ouvistes dizer: "Estou com os nervos em frangalhos!" Ó, seres preciosos, devíeis consagrar vosso sistema nervoso ao coração da vossa Presença, e sentiríeis a poderosa chama da vida pulsando enquanto flui pelos fios condutores do vosso sistema nervoso, da mesma forma que a eletricidade flui pelos fios que acendem as vossas lâmpadas. Se pudésseis reconhecer a Presença de Deus que comanda a paz no vosso mundo e o poder da vossa vitória; se pudésseis sentir gratidão pelas variadas bênçãos concedidas a vós a cada hora e a cada instante, creio que haveria menos tempo para preocupações inúteis, para mau uso da vossa energia, para destrutividade e vergonha.

Uma vida consagrada, quando é mantida imperturbável perante os questionamentos humanos no altar da dedicação, pode sempre recorrer à Grande Presença Divina da vida que está no altar e, na hora do teste, dizer: "Ó, Deus, comprometi-me contigo. Toma-me, usa-me, faz comigo o que quiseres, pois sou teu." Mas existem aqueles que, como Ananias e Safira,[2] afirmam aos homens que "são dedicados a Deus", mas o são só em palavras, pois ao primeiro sinal de um teste renegam suas promessas e dedicação. Pergunto-vos: Que desesperança nasce nessas pessoas que, sem integridade espiritual, tendem a colocar a culpa sobre outros e se recusam a carregar seus próprios fardos ou os fardos dos outros? Isso não aconteceu com meu Filho. Isso não aconteceu com nenhum filho ou filha do céu verdadeiramente consagrado à preservação dos ideais sagrados deste momento.

Vosso amado Saint Germain, em sua séria dedicação ao coração de Deus, ao receber sua iniciação máxima de ser o Deus da Liberdade para o corpo planetário reafirmou as palavras do Cristo que encarnou: "Aqui estou, para fazer, ó, Deus, a tua vontade."[3] Em sua dedicação, ele se ofereceu para permanecer mais um tempo, e mais um tempo e mais outro meio tempo se necessário, se isso pudesse ajudar ou servir de assistência para alguma corrente de vida recalcitrante a encontrar o seu caminho para casa. E em troca dessa grande dedicação de voltar um tempo, outro tempo e mais meio tempo, eis que o vale da sua dedicação se tornou uma montanha de pureza e maravilha. E o céu concedeu a Saint Germain uma coroa de liberdade, nobre, maravilhosa e linda.

Hoje aqui, diante de vós, estou ciente do fato de que os homens se perguntaram se ele foi, na verdade, o pai do amado Jesus. Digo-vos agora, recordando aquele tempo, que eu jamais deveria ter me privado de sua companhia. Pois ele sempre foi compreensivo, paciente, magnífico e divino. Foi um verdadeiro consorte, digno, na Terra, de ser o pai de Jesus.

Ele é a grande Colúmbia, a gema do oceano da Liberdade de Deus para a Terra. Em memória do vosso Saint Germain e do filho que ele ajudou a criar, o vosso e o meu amado Mestre Ascenso Jesus Cristo, digo-vos, senhoras e senhores, jamais esqueceis — não apenas no dia dedicado a Colombo e devidamente celebrado pelos homens, mas também a cada dia observado por Deus em sua constante fidelidade para dar e vos deixar como herança a proteção das hostes angélicas — da generosidade da vida e do imenso cuidado cósmico do céu por vós. Não vos esqueceis de sua misericórdia diária. Não vos esqueceis do nosso desejo de comungar convosco. Não vos esqueceis da nossa intercessão em vosso benefício. Não vos esqueceis do imenso poder que geramos, nem de como vos defendemos com espadas de luz desembainhadas para vos proteger contra aqueles que em seus ataques poderiam destruir tudo o que vos é caro.

Venho esta tarde para conclamar dos vossos corações uma dedicação à suprema lealdade a Deus, à feminilidade, nobreza e masculinidade, à suprema autoridade, ao cetro de devoção inalterável, à consagração e ao amor de Deus. Tudo o que puderes oferecer jamais se comparará ao que vos foi ofertado. Tudo o que oferecerdes será apenas uma gota comparada ao oceano de graças que recebestes.

A graça de Deus vos é suficiente. Ela é o poder da luz. Podeis desenvolver em vós a paciência de anjos e entrardes suavemente no Filho de Deus, na radiação que existe dentro de vós.

Ao olhardes para fora a partir do templo do ser, olhando uns para os outros, refleti sobre a poderosa chama da vida, tão radiante dentro de vós. Refleti sobre a nossa identificação e a vossa identificação com os anjos e com Deus. Refleti sobre a paz do meu jardim, ó, amados. Os jardins da Terra são locais de refúgio. Os homens fogem para eles quando querem se afastar das vicissitudes da vida. Tentam encontrar a paz e a quietude ali. Meu Filho buscou, no jardim do Getsêmani, a paz para a sua alma, e desejou poder beber do cálice até a última gota de sua borra amarga com nobreza e sucesso em prol da humanidade, como um grande exemplo, como um vitorioso, como conquistador da morte, para que a esperança dos homens pudesse ser renovada.

Hoje em dia precisamos de heróis, heróis espirituais. Abençoados, não podeis oferecer o que não possuís, mas podeis dar qualquer porção da vida que tenhais expressado. Isso é tudo o que pedimos. Não pedimos que vos torneis um Cristo e só então comeceis a dar. Pedimos que reconheçais que sois quem sois, e deveis começar convosco assim como sois. Àquele simples talento da graça que ofertais, quando usado no serviço do Altíssimo, muito pode ser acrescentado, acrescentado e acrescentado, até o dia em que vos descobrireis rodeados por uma infinidade de talentos maravilhosos, todos eles gerados e regenerados no serviço da luz e para a cura das feridas da humanidade.

A coroa de espinhos foi trançada com a própria vinha em que nasce a rosa preciosa. Lembrai-vos disso. Podeis espetar a vós mesmos ou uns aos outros com os espinhos, ou podeis cortá-los fora e oferecer às mãos dos homens as rosas do vosso amor curador, o perfume da vossa maravilhosa e sincera atenção. É isso que fazemos. Esta é a maravilha inocente dos anjos.

Ó, Rafael, meu adorado consorte, envia teus raios de cura sobre estes filhos e filhas dos homens, e deixa-os sentir tua maravilhosa radiação toda envolvente, o raio brilhante da nossa perfeita união na luz. Eu também sou grata.

Agradeço-vos e desejo-vos uma boa tarde.

Washington, D.C.

12 de outubro de 1963

3

Acender a chama do amor

Que a paz esteja convosco. Lembrai das palavras: "Depôs dos tronos os poderosos e elevou os humildes."[1]

Na quietude da mente sintonizada com os mistérios das eras, surge uma percepção interior que parece vir de fora. Ela se manifesta no coração do mundo da forma, do mesmo modo que se manifestou no corpo infantil que há muito tempo embalei nos braços, visualizando nele o robusto homem de Deus, que estava chegando ao mundo como um poder de mudança das condições recalcitrantes de um mundo já familiarizado com o retinir metálico das legiões romanas e com o sistema de taxas ministrado ao povo pelo governo soberano de César Augusto.

Hoje o mundo se afastou dos importantes propósitos da vida. A mortalha de densa escuridão que se estendeu outrora sobre as terras do Egito cobre agora o mundo, e o clamor dos anjos e das hostes angélicas não é ouvido pela humanidade, a não ser por alguns poucos.

A majestade de Deus é muito grande, e a ignorância do decreto divino vai trazer para a humanidade uma punição auto-imposta muito maior do que a que foi dada aos administradores de Roma e ao povo daquela época.

Deus não deseja que os homens pereçam, pois carreguei no meu ventre aquele ser sagrado que veio para a humanidade como o Grande Despertador de Consciências, o Grande Regenerador.

Embora a criança fosse infinitamente pequena aos olhos dos escribas e fariseus, o coração de Herodes se perturbou. E reis terrenos protegendo seus reinos procuraram, como nos antigos rituais do mal, tirar a vida de todas as crianças do sexo masculino para impedir que o Messias nascesse, continuasse a viver e cumprisse as ordens de Deus.

A simples compreensão da Lei que apresentei no Cântico de Maria[2] é até hoje um chamado celestial para a humanidade rezar e adorar. Os reis da Terra o ouviram e se regozijaram. Os grandes entre os homens o reverenciaram e ouviram a canção dos anjos. Mais uma vez os corações dos grandes foram agitados pelos fogos regeneradores do Filho de Deus que eu gerei.

Ele foi o Legislador. Ele foi o Juiz. Ele foi o Maravilhoso, o Conselheiro, o Príncipe da Paz,[3] sim, e também o Deus Poderoso que falou no passado a Moisés na sarça ardente. Mas o propósito divino em sua alma e ser era o de tornar cada homem consciente da nobreza que vive latente no templo do seu coração.

Não desejo, esta noite, espalhar o medo. Em alguns momentos do passado, como aconteceu em Fátima, escolhi me aproximar dos corações dos jovens e dos inocentes e realizar o milagre que fez com que as pessoas erguessem ali um santuário para mim.[4]

Agora, neste momento, desejo estimular todos a amar. Há momentos em que é aconselhável despertar os homens mostrando-lhes os perigos inerentes em sua conduta, para que possam mudá-la. Além disso, existe um desejo no céu e nos corações de todos os mestres ascensos de tornar os homens conscientes do imenso potencial de amor que existe dentro deles.

Pela simplicidade intrínseca deste amor milagroso, desejamos oferecer aos vossos corações o ouro, o incenso e a mirra que os reis magos, os Magos do Oriente, ofereceram à criança que gerei.

Assim, trago-vos esta noite a fragrância do olíbano. Do mesmo modo que os turíbulos dos antigos templos da Judéia, do Sinai, da montanha sagrada e dos templos ocultos da Fraternidade balançaram e emitiram sua fragrância, rezo para que os vossos corações sintam a glória da fragrância da percepção divina. As pulsações da percepção divina dentro de vós farão ressurgir energias ancestrais dedicadas a Deus no ritual do amor divino antes de conhecerdes a forma mortal.

E assim tem sido com cada alma vivente, que antes de descer ao mundo da forma pela primeira vez recebeu o abençoado ritual da vida e a dança cerimonial das horas sagradas, nas quais o coração em regozijo dançou diante de Deus, assim como Davi dançou diante da arca do Senhor.[5]

Na geometria cósmica do ser, o arco cósmico poderoso atravessou o céu, para transpor o invólucro da identidade e ensinar a humanidade sobre o maravilhoso templo da vida e os mistérios desse templo. Indescritíveis são esses mistérios — indescritíveis e impossíveis de serem explicados com palavras. Os homens que os conhecem são verdadeiramente elevados ao terceiro céu,[6] onde podem compreender todas as coisas no estado completamente puro de consciência, similar àquele que uma vez conheceram no coração do amor do Pai, antes de assumirem a forma sensciente.

Falo-vos esta noite, filhos do único Deus, para acender em vós a mesma chama de amor que, pela minha vontade, acendi na consciência do meu Filho Jesus. Todos vós sois filhos do meu coração. E quando estendo as mãos através das eras e vejo em torno de vós o milagre da eterna perfeição, é como se estivésseis vindo para o meu ventre de luz — um ser nascido posteriormente; nascido algum tempo depois do meu Filho, mas gerado pela mesma Mãe Cósmica. Pois permaneço virgem no interior do templo da Mãe Cósmica, interpretando e representando para vós as hostes angélicas em seus contatos com o mundo da forma.

Na verdade ainda soam em meus ouvidos as palavras de Gabriel, o consorte,* o amigo, o amado, ligado aos sete santos arcan-

---

* O Arcanjo Gabriel é o consorte, ou divino complemento, da Arquéia Esperança. A palavra *consorte* também significa "companheiro" e "associado".

jos e às suas arquéias, incluindo o meu abençoado Rafael. E Gabriel disse: "Ave, Maria, cheia de graça, o Senhor está contigo e com o teu espírito. Bendita és tu entre as mulheres."

Como poderia eu me esquecer dessas recordações cósmicas? E, no entanto, os homens mortais, lembrando-se apenas das pequenas injustiças que os atingem no dia-a-dia, se esqueceram das ternas experiências pelas quais suas almas passaram, nos níveis infinitos do amor cósmico e antes de se envolverem pelas dobras da consciência mortal.

Agora eu chamo por Rafael. Ó, meu ser amado, em prol da humanidade atolada na fermentação das trevas exteriores eu digo: Haja luz! Que a magnificência da luz que cintilou da estrela que veio a Belém flameje agora como naquele dia, numa fusão cósmica, num conglomerado de incontáveis legiões de anjos resplandecentes que oferecem cânticos de louvor ao reino infinito da atividade da luz. Que haja uma fase de reciclagem das intenções cósmicas para as crianças desta era — as crianças contemporâneas, ligadas umas às outras —, uma nova renascença de radiante luz cósmica no fluxo dos anos em espiral cósmica.

Desce agora sobre este corpo planetário promovendo uma reciclagem cósmica imortal, profética e miraculosa do drama dos séculos e das eras — o nascimento de uma identidade cósmica na consciência de cada homem, que acelera o coração de cada mãe, em cada mulher a quem vem a chama de Deus, a realidade da sua missão de serviço à vida.

Peço às hostes angélicas para que estimulem o sentimento do milagre que existe no interior da consciência de todos os que ouvem a minha voz — e que esse estímulo se transforme na magnífica realização da Vida potencial que está dentro do homem, no momento em que ele se reconhece novamente com a sua identidade divina.

Se existe uma fúria a respeito do amor sagrado, que ela se manifeste como a voz da mãe que não aceita ser separada dos filhos. Nos dias de outrora, quando a vida de bebês inocentes foi ceifada, esse grito soou — e Raquel chora os seus filhos, e não se deixa consolar.[7]

Mas e quanto às crianças de Deus? E quanto às crianças da Mãe Cósmica? E quanto às crianças da luz que são capturadas pelas trevas e se perdem completamente ao se afastarem de Deus? As lágrimas da Mãe Cósmica cairão sobre a Terra? E a divina Raquel, chorará por seus filhos?

A gigantesca onda de amor que me trouxe à manifestação e manteve a minha cabeça erguida no templo quando, ainda menina, ministrei a Deus e ouvi sua voz, deve nascer em cada criança que chega. Cada mãe deve incutir os requisitos infinitos do Mais Alto Deus em seus bebês recém-nascidos. Que os primeiros passos dele ou dela sejam dados no templo. Que a consciência do eterno templo da vida esteja no bebê, na criança e no homem-criança.

Não vos envergonheis por serdes reverentes. Não vos envergonheis pelo vosso estado de realização divina. Isto são chaves, chaves abençoadas que vibram na fechadura da porta infinita, no portão dourado da libertação cósmica. Quando essas chaves são giradas — quando as energias são usadas de forma correta — e esse grande portão dourado se abre, a chama da iluminação, a chama do amor e a chama do poder se mesclam numa impressionante e majestosa expressão da beleza maravilhosa dos reinos internos de luz. E a aparente magnificência do exterior congelado de uma noite de inverno; a aparente beleza do sol quando brilha sobre a folhagem nova e muito verde; o azul profundo do mar; o azul celeste do firmamento — todas essas imagens se tornam conceitos fracos e desbotados quando comparados à beleza da alma.

Vem do Oriente o vento que traz o Espírito de Deus, a consciência crística, como uma estrela de esperança sempre renovada para a humanidade que treme à beira da destruição. A luz desvia a destruição e a morte do caminho de todos.

"Porque não deixarás a minha alma no inferno, nem permitirás que o teu Santo veja corrupção."[8] Estas palavras — ditas com melodia no idioma de Davi — resistem ao teste, o teste ácido dos séculos, e trazem ao portal individual da consciência de todos os homens o gracioso potencial da sua vitória.

Não conhecemos nenhum objetivo mais glorioso e nenhuma finalidade mais elevada do que as metas de Deus. E a majestade do Pai eterno em sua solene administração da Lei, amados, embora seja tranqüila em seu âmago, deve ser aceita como uma força regeneradora e sóbria, que unificará todas as partes da vida e tecerá a veste inconsútil do Cristo em torno de cada indivíduo.

Neste ponto, eu gostaria de coroar tudo o que vos falei dizendo que sois, aos olhos de Deus, mestres-tecelões aos quais energias sagradas foram confiadas. Teceis com a habilidade da vossa consciência os fios da vida imortal, trançando-os em torno do cetro de poder flamejante, que é a vossa coluna vertebral.

Assim como Aarão guardou o bastão para que Moisés o usasse, assim também o Espírito de Deus guarda o bastão do poder até que os homens aprendam a usá-lo bem — para que os seus destinos imortais sejam tecidos em torno do ser central da manifestação inteligente, destinada a se tornar imortal como eu; até que a forma perfeita seja o resultado da idéia perfeita; até que a perfeita manifestação seja a perfeita expansão da chama da vida imortal, que agora mantém o vosso ser temporário entre as mãos de Deus. Sois as crianças do Seu coração universal, e as energias das hostes angélicas vos envolvem.

Quando as escamas da ilusão mortal caírem da vossa consciência, vossos olhos se abrirem para que possais ver tudo como Deus vê, vos regozijareis ao perceber que estais, na verdade, numa carruagem de fogo, como a que levou Elias para o céu.[9] O fogo sagrado resplandece em torno de vós. E pelo processo de efetivação, quando as realidades do Céu são transmitidas para a Terra, podeis, aqui, agora e para sempre, manifestar vossa identidade crística e escapar ilesos do mundo da forma, na imagem vitoriosa e infinita que estais destinados a alcançar.

Como uma mãe fala com seus filhos, eu vos envolvo com o meu amor. E acima de mim, na atmosfera e à minha direita, o Senhor Jesus Cristo irradia sua doce paz. À minha esquerda está o velho amigo, João, o Amado, que continua com as mãos cósmicas unidas às do seu velho amigo, bem junto do seu coração.

Que também vós, por meio desse magnífico exemplo, que sobrepuja até mesmo o exemplo de Damon e Pítias,[10] que todos vós aprendei a amar uns aos outros como Deus no princípio vos amou.

Colorado Springs, Colorado

29 de dezembro de 1966

4

Expandir a fonte da esperança

No símbolo da esperança eterna, o homem é encorajado a perseverar nas circunstâncias mais difíceis, seguindo um caminho sobre o qual nem esteja bem certo. A humanidade de hoje, repleta de incertezas, continua seguindo o caminho certo porque o anseio da chama de Deus em seus corações, seres amados, continua a pedir uma resposta das ministrações do céu.

Falo-vos nesta manhã, rapidamente, sobre o miosótis, a pequenina flor azul da maravilhosa vontade de Deus, cujos raios se expandem do centro e irradiam a certeza da boa vontade para o mundo.

Um dos principais aspectos sobre o qual meditei foi o conceito glorioso de que o Verbo encarnado dentro de mim encarnava a vontade de Deus. Foi mais fácil suportar o escárnio dos indivíduos que não compreenderam a beleza do conceito imaculado, pois eu sabia que escondida nas dobras da minha carne e no palácio do meu coração a luz da esperança para a humanidade estava bem protegida e acesa. Um dia ela iria atravessar montanhas e planícies. Iria correr com a alegria de um regato melodioso. Iria derreter como a neve da montanha e despejar uma torrente de amor e esperança sobre os homens.

Isso ajudou-me a manter minha fé consistente, a enfrentar as restrições da opinião mortal e, nas provas, fez-me a seguir em frente rumo ao prêmio que estava adiante.

Os mortais, vestidos de carne, são tão freqüentemente cativados pelo conceito de personalidade que não sabem o que reside dentro deles, no coração da grande e pulsante chama de Deus. Pode parecer estranho a alguns de vós que eu diga isso, mas mesmo aqueles nos quais a chama está ardendo, de modo relativo, enquanto estão ainda recobertos pela veste mortal, nem sempre prestam a devida atenção ao grande tesouro que está em seu interior. Com muita freqüência são, como diríeis, desviados de seu curso pela ilusão. Nos momentos em que a ilusão, acompanhada da dúvida, assalta a cidadela da fé e da pureza dos homens, lhes é difícil ver com clareza a mão do céu que está sempre protegendo e guiando o seu destino.

Os laços entre os corações quase nunca são reconhecidos e, quando os indivíduos são jogados juntos uns dos outros (em muitos casos, literalmente), é com freqüência estranho o modo como as reações do passado surgem novamente em busca de redenção e antigas rupturas tentam consertar a si mesmas sob o peso de um amor espiritual que tenta fluir.

Quando os indivíduos, mais uma vez, rompem a tranqüilidade do ser expressando emoções antigas e recalcitrantes, rompendo a fortaleza da harmonia, muitas vezes acontece que a terra literalmente se abre e os engole, abrindo uma brecha ainda maior, que exigirá uma energia também maior para saná-la em oportunidades futuras.

Lembro-me das palavras de meu Filho, ditas com tanto amor: "Reconcilia-te depressa com o teu adversário, enquanto estás com ele a caminho."[1] Como seria melhor para a humanidade se os homens curassem as brechas que os separam uns dos outros e percebessem a luz que tudo vence e conquista, à medida que ela se expande e descarta os conceitos inferiores, até não haver mais espaço no interior do ser humano para nada além do *esplendor da luz e da sua radiação curadora*!

Aguardais pelas palavras de meu Filho amanhã, e ele realmente vos falará.[2] Mas hoje eu, aquela que o gerou, trago-vos a notícia do meu amor, proclamando-a com o triunfante Rafael na vossa consciência com a melodia da aurora dourada, quando a chama da iluminação ensinará os homens a prestarem homenagem em meu nome.

É muito freqüente, preciosos, realmente freqüente, que a dose certa de conhecimento, estruturado e armazenado na mente, possa manter sob controle as explosões das emoções humanas que, infelizmente, muitas vezes ultrapassam as bordas da energia dos corações dos homens e os fazem enganarem-se a si mesmos, quando a luz da Presença manteria unidos, dos vários segmentos da consciência humana, um corpo de unidade universal no qual cada alma poderia expressar de forma triunfal suas muitas esplêndidas facetas da identidade.

A linhagem dos avatares precisa muito estabelecer no templo do tempo, a cada ciclo contemporâneo, os partidários da lei cósmica e do amor universal que podem permanecer inabalados diante dos ataques de desarmonias ancestrais.

Quando apareci em Fátima e o fluxo do meu amor foi enviado para agitar a nação e o mundo, para dar um aviso à humanidade, para transmitir a mesma onda de amor e luz que se espalhou por todo o planeta no primeiro Natal: Paz na Terra e boa vontade para os homens.

Onde está ela agora? Onde mais, a não ser nos corações daqueles que respondem a ela? A questão, porém, é: Como podemos transmitir aos homens mortais, através do amor de nosso coração, a necessidade de restaurar a canção dos anjos por meio do fluxo sinfônico do ano e, com esperança em todos os corações divinos, transmiti-la de tal forma que a humanidade se abra à sinfonia das eras, aos conceitos edênicos que brilharam há muito tempo e disseram, muito antes do centurião: "Verdadeiramente, este homem era o Filho de Deus!"[3]

Isso também foi dito a respeito de todos vós. Pois quando cada alma terna e brilhante, criada pelo fogo universal, veio do coração de Deus e foi convidada a nascer em consciência, na consciência da individualidade, um grande círculo de fogo brilhou e uniu-a ao coração de Deus. E, assim, o Deus andrógino estabeleceu, do seu pequeno círculo, um círculo de fogo em torno daquele ser, seja homem ou mulher, por toda a eternidade. Portanto, nenhuma energia que tenha sido dada cosmicamente a cada ser dotado jamais poderá ser destruída, e deverá retornar ao coração de Deus — um talento escondido no lenço,[4] algumas vezes, e outras vezes investido no serviço infinito.

Os mestres ascensos desejam seguir uma senda na qual possamos reunir, vindos dos quatro cantos da Terra, todos os devotos cujos corações suavizados pelos golpes das experiências da vida estejam prontos para servir à grande causa universal do Filho unigênito de Deus, a luz e a esperança do mundo.

Pois do coração da Mãe Cósmica fluiu para a manifestação, com a máxima intenção de Deus, a esperança perfeita para todas as crianças que devem nascer, tanto nas esferas do Espírito quanto nos reinos da carne. Carne e sangue jamais poderão herdar o reino,[5] mas somente o homem espiritual que está escondido dentro do coração de carne.

Portanto, expandir as formas de apreciação e expandir o cálice da identidade significa expandir o potencial do homem de Deus, do homem espiritual, do filho de Deus, a identidade radiante, a fonte da esperança e a pureza que transmite à ordem mundial a inspiração divina que fala da Maternidade Cósmica.

Ser um veículo de transcendência, de transmissão, e do Espírito, tanto pode significar descansar como um fundo rochoso de rio e deixar as energias radiantes correrem por cima de si, como também se misturar ao elemento água e se tornar parte do fluxo. Não importa a que ponto fundamental da identidade ou do serviço o homem possa se unir, contanto que ele compreenda que não existe ângulo de identidade ou de manifestação que esteja separado do amor do Pai. Desse modo, ele poderá compreender que desabrochar como uma rosa, ser a rosa de Sharon no deserto da consciência, é o mesmo que expressar um determinado ponto no tempo, no espaço e na manifestação de alguma extensão da intenção divina.

Desabrochar é amar; expandir é amar. Amar é expandir e desabrochar. E, com a expansão, surge o sinal abençoado do casamento do homem com Deus, o perfume floral, a doçura da Lei. E a doçura da Lei em manifestação realmente leva o homem a alcançar a produtividade cósmica.

As necessidades do mundo são imensas hoje em dia. As necessidades de cada indivíduo são grandes e a sua dependência de Deus, seja ela percebida ou reconhecida por ele, é igualmente intensa. E a fome de homens tão ávidos deve ser aplacada.

Não devemos ser dissuadidos, então, pelo pensamento nem pelo sentimento mortal. Não devemos ser impedidos por nenhuma experiência ou falha do passado. Não devemos hesitar nem falhar e sim perseguir agora, mais do que nunca, esse objetivo corajoso que está colocado diante de nós — o ponto alto do reino do meu Filho, o reino que está vindo de forma corajosa ao mundo da forma; e a humanidade deve saber que os inimigos da retidão irão sempre atacar e enganar todos os que eles puderem, até mesmo o eleito, se possível.

Fazei, portanto, o vosso chamado e a vossa eleição de forma acertada, e expressai a vós mesmos pelo compromisso pessoal com o caminho que todo filho de Deus reconheceu. Então, quando o Cristo triunfante falar em qualquer ponto do espaço, estareis lá. Quando a luz de Deus brotar e florescer em qualquer ponto do espaço, estareis lá. Quando o filete de água em um riacho dançar à luz cintilante do sol e brilhar seguindo o ritual de aeração, estareis lá — alegres, borbulhantes, efervescentes, mas firmes e avançando profundamente. Pois brotareis da fonte da deidade, um "deísta",[6] certamente, mas também um filho de Deus.

Em nome Dele eu vos saúdo com a sua paz. Que esta véspera de Natal seja amenizada de alguma forma para toda a humanidade, pelas ministrações das hostes angélicas. E tu, Rafael, que as tuas vestes, bem como as vestes dos outros seis arcanjos, deixando um rastro de luz transcendente, lavem este planeta com as lágrimas de uma arquéia,* lágrimas vertidas na esperança do triunfo vitorioso do homem. Agradeço-vos.

Colorado Springs, Colorado

24 de dezembro de 1967

---

*Nossa Senhora é a arquéia, ou complemento divino, do Arcanjo Rafael.

5

A realidade consumada do filho de Deus

A alegria do nosso coração está completa esta noite, pois contemplamos o significado de vida mais rico para todos os filhos do coração de Deus.

Hoje em dia o mundo é um lugar cheio de manifestações de arrogância e os corações dos homens estão distantes das causas do nosso regozijo. O cálice da ira treme dentro do cálice da vida, pois o peso do carma humano no cálice pessoal, bem como no cálice mundial, é muito grande. E os corações dos homens desmaiam de terror, na expectaviva das coisas que sobrevirão ao mundo.[1]

Hoje, com os nossos corações mais próximos do mundo, desejamos trazer um raio confortador para tocar os corações da humanidade. Então, trago-vos esta noite — de detrás do véu da matéria e da substância, do reino espiritual, do coração de Deus, das mãos do Senhor Maha Chohan e do Santo Consolador — a paixão da liberdade divina, as chamas da iluminação e a força das oitavas superiores de luz. Pois essas qualidades em sua potência máxima foram o *momentum* sustentador do meu Filho em sua manifestação de graça cósmica para o mundo que aguardava há dois mil anos.

O manto de sua presença mantém, até este momento, a coragem e a fé nos corações de muitos. Mas isto não é o bastante, pois o mundo começou novamente a medir tudo segundo padrões materiais, e não consegue compreender as medidas das oitavas mais elevadas de luz.

Quando apareci há muito tempo em Portugal, às três crianças em Fátima, foi uma manifestação que atraiu milhares de pessoas. No entanto, todos os relatos por escrito, bem como as lembranças dos homens, não foram suficientes para incentivar a humanidade a se regenerar. Pouquíssimos aceitaram minha mensagem, em comparação aos muitos que a rejeitaram.

Mas nossos corações estão cheios esta noite com a dádiva que Deus preparou para o mundo inteiro. A dádiva da nossa Presença,* a dádiva do Eterno no domínio de cada alma, foi projetada para ampliar as fronteiras da percepção do homem, para que ele consiga ver além do físico, dentro da estrutura do amor cósmico; para que ele possa sentir as paixões do desígnio de Deus pulsando sob a forma de luz eletrônica dentro da substância de sua forma física e sua mente, consumindo a escuridão deste mundo e levando-o a um estado de iluminação crística.

Pois o Cristo é o dom de Deus através das eras, e o Natal eterno é um presente concedido pelas mãos da Mãe Cósmica. A Mãe do Mundo envolve seus filhos e leva os seus corações a entrar em sintonia com sua pureza. Ela aumenta seu amor e rasga o véu da substância material.

Vede, pois, o Senhor está no seu templo
Ele torna todas as coisas íntegras
Sua substância é a essência da alma.
O tecido da vida deleita a vista
Com uma gama de cores e tons magníficos
Diademas, coroas e rubis.

*A Presença do EU SOU, a Presença de Deus individualizada para cada um.

O amor de Deus como gotas de verdade
Cai sobre o altar do coração.
As lágrimas do eleito — já não mais vertidas
Em pesar por si mesmo, mas pelo mundo,
com seu cálice de rancor e amargura.

Minhas aparições, que aconteceram em várias partes do mundo, foram autorizadas por decreto cósmico, devido às súplicas de muitas mães que sofrem e penam por causa da continuação das guerras ao longo dos séculos. Suas preces e petições tocaram o coração do Conselho do Carma, que me permitiu aparecer, de tempos em tempos, para crianças e outras testemunhas, para dar-lhes a oportunidade de renovarem dentro de si mesmas a fé que permitiria às suas almas perderem o medo e voltarem a acreditar na imortalidade.

Ó, como é maravilhoso o altar do Cristo no coração. De que é composto esse altar? De pequenos atos de amor e misericórdia; de pensamentos de graça e verdade. Que prova maior necessita o eu, amados, do que os atos de integridade e amabilidade? Quando esses pequenos atos são realizados eles são, em si mesmos, um compromisso com Deus; são a concretização das Suas alianças em vós. E falam em honra do meu Filho. Embora muitos o honrem com palavras, mas as trevas inundam seus corações e mentes.

Sois filhos do Sol. Sois filhos do Um. Sois filhos da integridade e da pureza. E quando toda a pureza de Deus que existe em vós for expressada, será a prova da presença de Deus dentro de vós. "Pelos seus frutos", pelos vossos frutos, "os conhecereis",[2] da mesma forma que conhecereis a vós mesmos. Este é o grande sinalizador cósmico que mostra que estais no caminho certo, rumo a um porto seguro.

Agora, esta noite, quando a luz me envolve e me rodeia, eu a dou a vós. Eu a concedo a cada um de vós. Com a paixão da renovação, vejo vossos corpos renovados. Vejo vossas mentes renovadas. Vejo vossos espíritos elevados e exaltados. Vejo a paz vos envolvendo, rodeando as nuvens escuras de manifestação negativa e esmagando-as, formando um monte que pode ser transmutado em luz pela própria pressão do amor divino. E desejo também tocar o mundo, estendendo esses raios de luz, aqui e agora, para todos os momentos, em toda parte.

Desejo mostrar às massas a realidade consumada do Filho unigênito de Deus, para que elas sintam sua ligação com sua própria corrente de vida, com seu próprio coração, com seu próprio ser dos seres — para que reúnam, num esforço determinado, o poder de Deus que recriará na alma o zelo pelo divino, para que todos possam beber de graça da água da Vida,[3] ser livres do medo e conhecerem o conforto da imortalidade.

Nascestes para a eternidade de Deus. Vossos nomes foram inscritos em Seu livro da Vida. Ele vos preparou um lugar para que, onde ele estiver, também vós estareis. Portanto, o véu da matéria é arrancado da face do discípulo e os seus olhos se abrem, essas orbes gloriosas cintilando com o brilho do fogo cósmico. O universo se abre como uma concha e o homem contempla ali dentro o Espírito do Criador em plena ação, servindo e trabalhando. As obras de amor são diademas estrelados — mundos de fogo que giram no espaço, em galáxias e em vagas nebulosas —, todos eles consagrações do domínio de Deus. E dentro dos vossos corações há um mundo igualmente maravilhoso, um mundo no qual existe um lugar para cada segmento da majestade universal.

Cada local de criação neste vasto cosmos, neste domo celeste de realidade cósmica, pode ser depositado em vós para, em miniatura, recriar ali o domínio de Deus. Não existe separação nem morte, mas apenas a continuidade da fonte da realidade divina.

Quando, porém, vos aproximardes do trono da Sua graça, abandonai os estados dissimulados da consciência que vos afastam dos objetivos centrais da verdade, e mantende em vossa consciência a paixão pela busca do Seu amor. Pois embora Seu amor esteja em toda parte, parece fugir daqueles que o procuram e que rasgam o adorável véu que o oculta.

O coração deve ser, então, gentil e determinado em seus esforços. Também amoroso deve ser o coração, e consagrado aos seus propósitos. Austero deve ser o poder que repreende as más qualificações inerentes ao homem original imaculado. E todos devem se voltar com intensidade ígnea para essa lucidez cósmica que, como raio de cristal, revela o significado cósmico da vida eterna.

Ó, Rafael, meu amado Rafael, que os teus raios curadores possam banhar a Terra em luminescência, esta noite. Coalesce, então, neste instante, um manto envolvendo este planeta, e dos limites do espaço traz tuas hostes sagradas, para que entoem o som do fogo cósmico. Que a harmonia das esferas cósmicas vibrem no coração da Terra e seja entoada no coração de Pelleur e Virgo.*

Maravilhosos espíritos da natureza, em toda parte
Que tudo banham com uma luz sagrada,
Comunguem com os anjos de reinos estrelares tão brilhantes.
As densidades da criação humana então são banidas
E em seu lugar permanecemos,
Conscientes da mão
Da presença da Mãe Cósmica.
Corajosamente trazemos à vista de todos
O Filho Varão, o Filho de Deus.
Revelamos aquele que encontrará abrigo
No ser interior de cada um,
Unindo todos ao seu laço com o Sol Central,
O laço da verdade cósmica,
A fonte do vigor e da eterna juventude.

---

* Virgo e Pelleur são os diretores do elemento terra. Eles são os hierarcas dos gnomos e dos espíritos da natureza (ou elementais), em todo o reino da Terra.

Ó, como é doce a essência da prece divina.
Doce é a essência da busca pelo coração da Mãe, tão belo,
O coração da Mãe que guarda e protege o filho.
Pois o verdadeiro Filho de Deus é a imagem divina,
A imagem tão doce, a imagem tão bela,
A imagem de Deus oferecida em resposta à prece.

Neste exato instante em que vos falo há um grande tremor cósmico chegando para manifestar-se. É a vastidão do coração da Mãe do Mundo que busca todos os seus filhos e quer protegê-los sob o seu manto, um manto aconchegante com lugar para todos. A abóbada celeste é volumosa. Ela alcança todos os espaços cósmicos e abrange raças, famílias, línguas e povos — com graça e com a memória de sua estrela.

Ó, como é intenso esse brilho! Ó, como é radiante esse fogo! E garanto-vos, hoje, que ele continua sendo a estrela de iniciação para o mundo inteiro e para vós.

Colorado Springs, Colorado

15 de dezembro de 1968

6

“A Caravana da Nova Era”

✧

Seres adoradores e adorados:

Além do Calvário, além das palmeiras que balançam, além da humanidade atual e através da trama dos anos, a caravana da Nova Era, composta de muitas vidas, mantém sua formação diante da Mãe do Mundo.

O drama que ocorreu há dois mil anos é um presente magnífico para a humanidade. Cada era, porém, possui suas necessidades próprias, e cada era deve colocar-se sob nossa proteção, para realizar o desígnio imaculado; a construção de uma catedral de realidade espiritual que permanecerá brilhando logo além do véu da substância e da forma materiais, não como uma quimera, mas como uma realidade solar, brilhante como a luz do Sol, cintilante pela luz que brilhou dos olhos do meu Filho, soando com o fervor que em sua voz procurou unir a humanidade.

Assim, a hora presente é um momento de grande esperança para muitos que não são pessimistas mas otimistas, que consideram que o Calvário, que há muito tempo veio ao meu Filho, vem também para outros, para seu desenvolvimento — que ao se oferecem ao caminho mais elevado podem compreender e saber que esse caminho mais elevado acena para eles, ajuda-os, ama-os, envolve-os e é o manto de luz, vida e beleza que, onde quer que vão, torna completo seu momento de aprendizado, de progresso e de fortalecimento para a alvorada da Nova Era.

A *Weltschmerz*, ou dor do mundo, a confusão dos tempos que adormece a identidade, é também um sofrimento pessoal para nós. A Mãe do Mundo intercedeu muitas vezes pelos jovens desta era que acabam de chegar à manifestação na forma tão cheios de esperanças e desafios. Mas eles nem sempre conhecem o verdadeiro significado da vida, pois vêem apenas a forma exterior. E os grandes ensinamentos cósmicos continuam ocultos ao profano.

Os iniciáticos, isto é, aqueles que estão sendo iniciados nas escolas de mistérios do passado, continuam a manter em suas grutas e retiros secretos o deslumbrante poder da mestria cósmica que tem sido, através das eras, o ponto forte de energia para um mundo que de outra forma teria perecido (literalmente, no que se refere à humanidade) por causa da entronização das trevas e do desprezo à luz.

Agora, porém, nesta hora, as escolas de mistérios também se pronunciam por meio de organizações como esta, oferecendo ao mundo um ponto de contato com as oitavas de luz, para expressar uma realidade sutil, mas manifesta; para evocar uma resposta dos corações dos famintos, que podem então ser saciados pela Sagrada Eucaristia — pois quando tomam o Corpo de Nosso Senhor dentro de si e compreendem o significado do Verbo, quando seguem a vida do Cristo, não pela caminhada da *via dolorosa*, mas seguindo em frente rumo à senda da vitória para si mesmos e para a humanidade, eles estão estabelecendo a direção para esta era. Porque em tempos idos não foram muitos os que verdadeiramente deram direção ao mundo.

Na Roma antiga, sob a regência dos Césares, era Cristo ou César. Em torno de César se reuniam muitos homens sábios e fortes, homens de habilidades diferentes, para compor a antiga ordem mundial. Cristo se tornou, foi e continua a ser uma figura central em todas as eras. A Fraternidade do homem está sendo invocada, mas aqueles que olham apenas a superfície e não vêem as grutas, cavernas e os retiros da Fraternidade localizados em vários locais escondidos da Terra, são enganados, muitas vezes, pela agitação da vida diária.

Eles supõem que a direção virá das massas. Mas ela não vem dali. Pois, visto de forma objetiva, existem apenas alguns poucos líderes no mundo que oferecem aos muitos o sentido de direção, o impulso, o movimento, a inspiração e, em muitos casos, a depravação que os destrói.

Isso é particularmente verdadeiro quanto à indústria de entretenimento do mundo. As influências vulgares que estão sendo divulgadas por toda parte no planeta, através dos ritmos e imagens destrutivas, são elas mesmas manifestações de Satanás, das trevas e de um vazio, e ele próprio exige de Deus o preenchimento desse vazio com realidade. No entanto, a humanidade, ela mesma em estado de incerteza e sem direção, ouvindo a voz dos líderes e os ritmos da selva, é levada a uma forma de sociedade primitiva, que destrói o Cristo e exalta os Césares do momento.

Queremos lembrar à humanidade a necessidade de restaurar a virtude, a decência e a ordem do mundo. Queremos lembrar aos que têm compreensão e luz interior que o poder do um pode ser muito vitorioso. Uma pessoa apenas que defenda nossa identidade poderá ver descer sobre sua cabeça a luz de mil sóis. Podemos, através de uma única corrente de vida que se torne a porta aberta, falar a milhões de corações e modificá-los, assim como aos padrões mundiais. Mas a humanidade, às vezes, é muito impaciente; os homens esperam que todas as coisas ocorram de forma imediata, talvez um resíduo de suas lembranças em níveis interiores de quando eram orientados por Deus, falavam e instantaneamente a perfeição surgia ao seu comando.

Mas agora que estão presos à forma, rodeados pelos ritmos das trevas, sobrecarregados pelo acúmulo de seus padrões cármicos, sem uma compreensão ou direção claras, eles, muitas vezes, clamam por nós das oitavas mais elevadas pedindo ajuda e não reconhecem essa ajuda quando ela é enviada. Esta é a tristeza da cegueira. É a tristeza de fechar os olhos, em qualquer era, à radiação espiritual que busca dar um novo significado e propósito à vida.

Quando homens de qualquer época desprezam as dádivas espirituais tão gentilmente oferecidas pelas nossas oitavas de luz, criam um peso cármico que deverá, um dia, ser resgatado. Pois as atividades do céu são como um véu diáfano, uma manifestação suave e transcendente, uma radiação tão delicada que é quase imaculada, uma radiação que é, evidentemente, formada por fogo branco imaculado. Quando ele entra em contato com o mundo exterior da forma, permite à humanidade receber enorme ajuda do alto.

Dizemos a todos vós, hoje: Não permiti que os vossos corações se perturbem pelas circunstâncias externas. Aceitai o fardo de luz, o peso da luz, a presença da luz nas vossas vidas. Pois a luz é a redentora das trevas do homem. A luz é a salvadora do mundo. A luz é a servidora do mundo. A luz quebra os espinhos da vida que a grosseria da vida desejaria colocar sobre a fronte da humanidade que evolui.

A luz retira os homens da cruz. A luz os faz ressuscitar da tumba. Ela os eleva nos caminhos do serviço e da santidade. Ela faz com que eles se elevem sem esforço algum até a atmosfera e experimentem o genuíno retorno a Deus.

A luz liberta a mente de seus fardos, desfaz os redemoinhos emocionais da consciência e coloca em seu lugar o bálsamo da paz. Ela é suprema, pois é a base de toda matéria e substância. E, infelizmente, a luz malqualificada é a base de todo pensamento inferior à perfeição.

No entanto, a perfeição em si é luz, não humanamente desqualificada, mas qualificada por Deus. E quando a beleza dessa luz inflamar a humanidade à ação; quando o estímulo do céu for dado mais uma vez aos homens, há muito desconectados da realidade solar do Eu, descobrireis todos os pequenos elétrons da humanidade, sendo cada qual um elétron individual, dançando na perfeição da eleição cósmica — a perfeição de ter escolhido o serviço a Deus, de ter eleito seguir o Pai e se tornar o Filho.

Pois os homens, pelo livre-arbítrio, na dignidade de Deus, envergando as vestes do conceito imaculado, lançando fora as trevas, com as mãos e os pés lavados por seu Santo Cristo Pessoal, prestarão serviço cósmico, lembrando a todos as palavras do apóstolo: "Quão formosos são os pés daqueles que anunciam a paz, dos que anunciam coisas boas!"[1]

Quão formosos são sobre os montes os pés do eleito,[2] pois eles abrem caminhos de santidade para a humanidade, caminhos de integridade, iluminação, aventura cósmica. Pois existe um elemento de drama na vida, um elemento de drama *cósmico* que informa aos homens que muitos dos papéis que eles desempenham são inferiores aos que Deus lhes destinara — eles traem o Cristo. E esta não era a intenção de Deus.

Todos, então, devem ser agora informados sobre como, há muitos anos, um grande artista, ao pintar a Última Ceia, escolheu o rosto de um homem para retratar o Cristo. E esse mesmo homem, depois de caminhar por muitos anos na desilusão e nas sombras, foi escolhido pelo pintor para ser o modelo usado para retratar Judas Iscariotes.[3]

Portanto, a humanidade deve reconhecer a necessidade de reverter essas tendências, para não criar tendências de desilusão, trevas e decadência, mas criar tendências que os elevem, que os façam ouvir os anjos, que os façam ouvir a voz interior do Grande Eterno que fala nos corações dos homens, comungando nos jardins de seus corações como na antiga alegoria edênica que, de forma tão maravilhosa, ilustra a imagem do Eterno.

O Eterno, em sua fragmentação no sacerdócio de Melquisedeque, torna-se uma panóplia de deuses, embora exista um só Deus. Todos devem compreender os conceitos de unidade e diversidade, para que não se deixem enredar pelas sutilezas das trevas que buscam dividi-los. De uma unidade cósmica surge uma diversidade cósmica. De uma diversidade cósmica novamente surgirá uma unidade cósmica. Porém, os repetitivos ciclos de evolução cósmica estão sempre reapresentando, a cada era, novas idéias e conceitos. A humanidade compreende que o estilo de vida muda. Também compreende que existem pontos fixos e imutáveis no cosmos, pontos nos quais a humanidade pode certamente confiar. Nossa preocupação é de que deveis compreender isso, de que deveis aceitar de forma radiante a plenitude do nosso amor.

O nosso amor procura desenvolver um sentimento de filiação em todos, o sentimento de serdes filhos de Deus, mantendo a chama no coração, mantendo a chama na mente, evocando a chama da alma em todas as atividades da vida.

Compreendereis, hoje, o que podeis realizar no mundo? Compreendereis que desejo envolver-vos na minha consciência e, ao fazê-lo, não será para tornar-vos distintos e separados do mundo, como alguém muito favorecido por Deus, mas para que possais compreender que o privilégio de Deus é conceder Sua graça a todos?

Quando, há muito tempo, o anjo se aproximou de mim e disse: "Ave, Maria, cheia de graça, o Senhor está contigo e com o teu espírito", não foi com o intuito de gerar sentimentos de orgulho, felicidade e alegria em meu coração; foi para evocar uma resposta ali, relacionada com a missão mais santa e sagrada.

Contemplei, então, há muito tempo, o rosto do meu Filho. Alguns acreditam que minha única missão foi gerá-lo. Mas não compreendem que eu também penei muitas dores para trazer o meu Santo Cristo Pessoal à manifestação na minha vida. Não compreendem que esta era a única maneira de fazer com que o significado da vida do meu Filho pudesse viver em mim.

Que todos, então, entendam esse princípio. Assim, a *via dolorosa* se mesclará com a estrada dourada e percebereis os raios do arco-íris da radiação universal brilhando na treliça dos anos. Percebereis os séculos, os anos, os dias, tudo, cada momento, como um degrau a mais rumo ao coração de Deus. Compreendereis que nossas influências atuam no mundo em todos os momentos, mas sua eficácia é determinada pela resposta da humanidade. Eu vos agradeço.

Santa Bárbara, Califórnia

27 de março de 1970

7

Vinde como criancinhas aos pés de Deus

Ó, meus filhos, filhos da chama da graça e do amor de Deus, as flores do caminho trazem a lembrança da vida eterna. As pétalas que caem e se misturam com a terra, mais uma vez, expressam novamente sua vida e beleza, como o desabrochar perene no coração.

Será que todos compreenderão isto, bem como o significado da vinda da Era de Ouro? Será que entenderão a Era do Amor, da nossa transcendência, da nossa verdade? Será que abrirão mão dos pensamentos sórdidos que têm dividido o mundo por tanto tempo, a ponto de existirem tantas congregações separadas, sem nenhum espírito de unidade universal que venha do coração, a não ser aquele que emana do coração do sincero devoto da verdade eterna?

Isso não pode ser instituído externamente no momento presente. A humanidade não parece ser capaz de se reunir num único grupo porque não renuncia às diferenças na forma de pensar.

O que a regra de ouro ensina aos homens, a todos eles? Ela diz: "Fazei aos outros o que gostaríeis que os outros vos fizessem." É no fazer, é na manifestação do ato correto que a humanidade é exaltada — não na manifestação de um poder espiritual maior, nem na manifestação de um poder oculto maior, mas na manifestação do poder de Deus para a salvação.

Pois àquele a quem pertence toda a glória, pertence todo o poder. E o poder do homem, seguro, sereno e vitorioso, deverá glorificar-se, do mesmo modo que a alma é glorificada. Pois a alma é, na verdade, a chama de Deus.

Do altar de seu próprio coração — lavado pela pureza do seu pensamento manifestado como o grande impulso criativo — vem a glória de todos os homens. Oculta pelo véu das aparências, a alma é capaz de, por fim, alcançar a doce comunhão dos corações, que é a manifestação da verdadeira fraternidade, e por fim aliviar a dor do mundo, enxugando as lágrimas da humanidade.

Pois as lágrimas são manifestações temporárias. Elas vêm e vão. São uma manifestação das emoções do homem, de seus tormentos, de seu sentimento de separação. Quando for capaz de entregar seu coração maleável ao coração de Deus, será capaz de desejar voltar repetidas vezes aos pés de Deus, de se abster de toda a discórdia e erro, expressando a grande manifestação natural de seu potencial divino interior.

Pois a chama de Deus tem poder. Os poderes da alma do homem são muitos. Quando eles se manifestam através da consciência exterior e assumem várias formas não especificamente recomendadas pela Fraternidade, muitas vezes criam condições externas desanimadoras, tanto para o céu quanto para a Terra — desanimadoras para o céu apenas por que o céu fornece o melhor, o céu procura conceder à alma os melhores frutos, os frutos da retidão. É certo que desejamos ver a humanidade unida, mas isto deve partir dela. Enquanto ela continuar a procurar fora de si a manifestação da sua perfeição perderá a grande oportunidade que todo o céu conspirou para lhe oferecer.

No portal da oportunidade, toda a virtude do nosso reino verdadeiramente se manifesta. Pois não desejamos nada além de encorajar as dádivas criativas de Deus em cada indivíduo, para que cada um aprenda que na simplicidade do amor nasce o fruto da sabedoria sagrada e a força do poder. Desta magnificação da virtude do homem vê-se com clareza a virtude de Deus por trás do véu da aparência humana. E o véu muda, e há tempestades que invadem a alma dos homens, e as tempestades são também de criação externa. No entanto, existe uma força oculta dentro da alma — uma alegria e uma paixão pela divindade — que evoca do coração de Deus uma resposta natural, levando ao rompimento de antigos laços e à criação de novos, o fruto da razão cósmica, a força do domínio celestial.

Vinde, então, como criancinhas aos pés de Deus. Não temei deixar de lado vossa sofisticação externa. Pois não apenas em Fátima e em Lourdes, mas em muitas outras partes do mundo nós aparecemos, e nossa beleza foi apreciada e testemunhada. Mas o testemunho de que Deus está ali e que Seu amor está ali deve ser permanente para a alma. Pois a Terra corre, no momento, grande risco, e são numerosos os perigos que ameaçam a humanidade, fazendo com que o coração da Mãe Cósmica se perturbe, preocupado. No entanto, nossa maior preocupação é com a alma.

Quando o eu exterior perece, saindo de cena temporariamente, os indivíduos curvam a cabeça com pesar e angústia. O que dizer então da alma quando ela encolhe e murcha? O que dizer dessa alma? O que dizer do fruto do qual Deus esperou tanto quando, no princípio, deu de si ao homem?

Fazemos hoje um chamado aos mais longínquos lugares da Terra para a chegada do dia da eterna primavera, para a beleza da quietude da nossa voz, para a força dos nossos braços, também manifestada nos vossos, porque vivemos, e vivemos para servir. Vivemos eternamente. E o fruto da vida eterna está em vós, o fruto da Era de Ouro está vivo e forte em vossos corações.

Essas cenas já começam a surgir, as cenas da união do homem com a verdade espiritual. O orgulho espiritual deve ser evitado e as manifestações sem sentido não devem manchar a tela da vida.

Compreendei, então, a profundidade do nosso amor — o quanto desejamos a todos vós as melhores dádivas, o quanto desejamos para a humanidade a maior coragem. Mas a coragem de Deus é verdadeiramente abundante. O homem deve abrir a porta; o *seu* coração deve se tornar um receptáculo para o nosso amor. A menos que isso aconteça, a fusão que gera os propósitos mais elevados não pode ocorrer. Pois o homem, por si só, pode fazer muito pouco. Ele, muitas vezes, está sujeito à imposição de forças nocivas que, ao lhe oferecerem seus "presentes", tiram dele mais do que dão.

Quando nós viemos, oferecemos muito mais à humanidade do que ela imagina. E nosso presente é para as crianças, para os jovens, e também não nos esquecemos dos idosos. Pois todos vós estais, externamente, manifestando formas variadas. Estais caminhando na direção de um determinado destino cósmico. Nesse movimento, porém, na beleza desse movimento, a beleza de Deus se mantém logo atrás do mundo das aparências, e é rica em dádivas. Ele anseia oferecer-vos essas dádivas de forma abundante, para enriquecer vossa alma e o fruto da vossa alma. Então, todas as coisas se manifestarão. A plenitude dos tempos está ao vosso alcance, a plenitude dos tempos oferecida a muitos.

Oferecer-me-eis, então, ajuda, nos nossos justos esforços pela humanidade? Ajudar-me-eis a reunir as crianças e toda a humanidade do planeta em um imenso rebanho de verdade cósmica? Ajudar-me-eis, agora mesmo, enquanto vos falo? Ajudar-me-eis aprendendo a amar tanto quanto eu vos amo?

Que o vosso amor brote das profundezas da sabedoria cósmica, pois ouvistes minha voz.

Colorado Springs, Colorado

15 de novembro de 1970

8

Expandir-se em direção ao Deus infinito

✧

Ao apreciar a aparência da vida hoje, eu me recordo do contraste que existe entre a manifestação e a intenção de Deus para a humanidade — uma Era de Ouro de imensa beleza surgindo por trás do véu dos pensamentos e sentimentos criados pelos homens. Venho propor-vos um exercício simples: o exercício de expandir vossa consciência em direção do Deus infinito.

Pensai num céu iluminado pelo sol, e fixai vossa atenção em um ponto, qualquer ponto do céu, e percebei que as palavras de meu filho, "Certamente estou convosco todos os dias",[1] estão vivas exatamente naquele ponto, como também em todos os pontos de todo o espaço. Compreendei, porém, que a força do vosso olhar é capaz de penetrar a dimensão física até que a cortina que esconde se torne a cortina que revela. E toda a beleza e a magnificência do infinito podem se tornar parte da vossa consciência.

O reino da beleza e o reino do amor existem de forma permanente. Todos os atos efêmeros da humanidade passarão e, um dia, não mais existirão. Nos grãos de areia do tempo que passa, são tecidas muitas meadas de fios das trevas. Elas são prejudiciais, produzem carma e sofrimento em inumeráveis corações. O infinito amor de Deus do céu está com o homem sempre que sua consciência se expande através da escuridão, da dor e do sentimento de conflito, e compreende que o amor de Deus está continuamente renascendo no homem, trazendo a ele os elementos de um novo nascimento, de um novo céu e uma nova Terra. Pois já as primeiras coisas são passadas.[2]

Lembrai-vos, amados, que o que aparece como luz e trevas está sempre ocupado em criar conflito entre ideologias diferentes. No entanto, a humanidade, pela aplicação malfeita de seus propósitos, freqüentemente apóia elementos das trevas, aceitando, muitas vezes, lobos disfarçados em pele de cordeiro, sem compreender que a verdade real é gerada na alma, pois a alma foi criada à imagem de Deus. Nela o homem pode encontrar os elementos da liberdade que são a pureza da luz. E a luz é propósito cósmico e o propósito cósmico está renascendo no homem, como alguém que estivesse assentando os tijolos e a argamassa para construir um edifício magnífico. Pouco a pouco, a consciência está sendo renovada maravilhosamente com a ajuda das hostes angélicas.

Já estive diante de vós muitas vezes para alertar duramente o mundo. Também já vos expliquei como nascem as árvores verdes e as árvores secas, que agora existem lado a lado. A árvore seca é aquela que o homem amaldiçoou no momento em que lhe cortou as raízes, impedindo dessa forma o fluxo da seiva — a suave energia radiante da vida que viceja de forma tão gloriosa — até que a luz da esperança parece perder a fragrância dentro do coração. Muitos corações de mãe magoados elevam-se em orações, como lanças silenciosas mas brilhantes, cheias de luz radiante, que penetram os véus do céu entre ele e a consciência humana, levando as súplicas até o trono da Divindade. Para alguns, isto não é o bastante.

O verdadeiro problema no mundo de hoje é a ignorância. É o fato de as pessoas não terem conhecimento desses magníficos conceitos celestiais. Quando alguém menciona "céu" a elas, freqüentemente seus corações na mesma hora as remetem a outras coisas — coisas deste mundo, do príncipe deste mundo e dos poderes das trevas. Isso ocorre por elas não terem compreendido. Elas não ajustaram suas contas com as graças da nossa oitava.

Lembrai-vos, amados, que as paixões do céu não estão muito longe deste mundo. Em breve, o homem irá tocar a bainha das vestes de radiação da nossa esfera com os dedos da mente novamente. Ele vai momentaneamente sentir e vivenciar a grande paixão do nosso amor pela humanidade. Ele vai compreender o amor de Deus como o amor que manifestamos. Ele vai compreender o amor de Deus como uma expansão ao seu coração e ao coração do mundo.

Sobre a terra e o mar, sobre as montanhas nevadas, sobre as planícies inférteis, sempre que o homem se congrega, nós viemos, muitas vezes sem sermos notados, de forma silenciosa, porque seus ouvidos não estão receptivos para ouvir nossa voz. Eles não conseguem ouvir-nos porque seus ouvidos estão ensurdecidos pelo excesso de estímulo dado aos sentidos; porque a qualidade de suas vidas está prejudicada pela confusão e falta de objetivo; porque desde criança eles foram confundidos pelas filosofias do mundo, que não saciaram a fome de suas almas. Agora voltamos mais uma vez e pedimos à humanidade que desperte para o trabalho que está sendo feito no Jardim — as lutas entre o humano e o Divino — e para aqueles elementos de destruição que tentam estancar o fluxo suave das graças de Deus para a humanidade.

Nem sempre é o bastante que as rodas do carma e as engrenagens da Lei ajam e sigam seu curso, esmagando magníficas correntes que começaram tão bem e de forma tão maravilhosa a recriar o reino do céu na Terra, mas se desviaram e seguiram pelos caminhos da destrutividade. De forma justa, então, os Senhores do Carma exerceram sua prerrogativa de fazer retornar ao homem o que o homem enviou. Pois, de certo modo, e de um modo bastante significativo, o homem é o deus do seu próprio universo.

Quando Deus disse: "Domine sobre a Terra",[3] Ele abriu mão de sua própria autoridade e a entregou à humanidade. Deu e tornou a dar. E tudo o que o homem atribuiu a responsabilidade a Deus deveria ser imputado a ele mesmo. Pois a humanidade, e apenas ela, pela má utilização dos privilégios da vida, frustrou a descida magnífica da graça de Deus e dos mais elevados elementos da conciência crística, e também a compreensão de que o coração está sintonizado com os anjos, com o reino da natureza e com as dimensões mais elevadas.

Muitas vezes, o mundo estremece em meio aos seus atos maléficos. Pois Deus, dentro dos homens, se torna forçosamente uma reprimenda viva aos seus atos e pensamentos. A frase "Como podem eles falar de teu Filho, que tinha um entendimento mais elevado?" é também um indício das suas falhas em perceber os verdadeiros propósitos do reino de Deus, que são exercer o poder e a influência da fraternidade sobre os assuntos e objetivos dos homens inferiores, para que todos possam compartilhar da convergência do homem para o monte elevado da identidade, onde, por fim, as almas vivas podem ser tudo o que Deus é.

Ele jamais vai se render. O Pai jamais dará aos filhos a última migalha de identidade até que eles a tenham reivindicado, devido a tudo o que vai diante da coroa, a grande bênção intensificada sobre as suas cabeças.

Quando chego, estremecendo o véu diáfano que existe entre o céu e a Terra, digo-vos que os inválidos, os coxos, os cegos e aqueles que têm o coração atormentado vêm a mim com freqüência, enquanto os que estão bem raramente aparecem para receber nossas dádivas e graças. Nós, porém, amamos a todos. E à medida que o tempo passa, levados pelas vicissitudes da vida, os homens, um a um, chegam ao ponto de aceitação de muitos dos conceitos do céu que não conseguiam aceitar antes.

Devo dizer-vos agora, de uma forma salutar, que a graça está diante de vós, e essa graça é tão gloriosa que jamais poderíeis em vosso coração ou mente concebê-la. E um dia *vós* recebereis essa graça, ao virdes aos pés do mestre e vos ajoelhardes diante da chama de Deus, no altar permanente do ser — permanente porque finalmente tereis aceitado essa permanência; permanente porque finalmente percebereis que essa permanência vive dentro de vós. E daí derivam as palavras de meu Filho: "Eu vim para que tenham vida, e a tenham em abundância."[4]

É uma tragédia que a imagem da mulher no mundo tenha sido tão denegrida por mentiras e erros. Pois todas as mulheres destinadas a beber da feminilidade divina tornam-se, junto comigo, Mães do Mundo. Mas essa oferta precisa ser aceita — eu ofereci; vós aceitastes.

Compreendeis a necessidade de gerar o Divino Filho Varão dentro de vós e no mundo. As palavras de meu Filho: "Deixai vir a mim as criancinhas, e não as impeçais"[5] tornam-se majestosas, reais e unidas ao propósito cósmico, retratando de forma magnífica o amor que se estende da dimensão cósmica — que se estende de Deus e desce aos que se desviaram. Trazê-los de volta para o rebanho é uma tarefa que está diante de vós. Naturalmente, eles deverão responder.

Existe um momento na existência dos homens em que eles devem aprender a deixar para trás os elementos de sua vida passada — os elementos efêmeros e transitórios de sua natureza, as ninharias às quais se agarraram nos momentos mais escuros e que fizeram com que permanecessem na superfície — para compreenderem a graça de que EU SOU.

Aceitareis o propósito de meu Filho e de todos os Filhos de Deus como universal? A imagem crística é composta de pequeninas peças como num quebra-cabeça ou numa composição atômica e eletrônica. Ela representa o corpo da substância crística para o mundo. Todos são capazes de absorvê-la, pois o cálice da vida está diante de vós. Levai-o aos vossos lábios. Bebei-o. Assimilai-o. Usai-o. E construí o reino de Deus sobre a Terra. Assim, todas as tragédias, toda as realidades cruéis, todas as influências negativas vão desaparecer diante da luz e da alvorada da era crística, que podereis ajudar a gerar mais uma vez, realizando os propósitos de Deus e do homem, realizando a regeneração de meu Filho e realizando o plano cósmico.

Grande é o Senhor e mui digno de louvor![6] Prestemos homenagem à sua glória celestial, oferecida à Terra para ampliá-la eletronicamente de forma vibrante, radiante e determinada, até que o nosso objetivo tenha novamente nascido no coração e realizado o decreto da eternidade no véu do tempo.

Agradeço vossa atenção. Agradeço-vos por vossa energia e amor. Permaneço uma mãe para o mundo, a Mãe do Mundo. Chamai-me como quiserdes, pois o meu amor permanece o mesmo, acenando para vós.

A hierarquia disse que, em meio a todos os perigos do mundo, nosso amor e o estender do nosso coração em direção a vós deverá se intensificar, na esperança de que a humanidade desperte da escuridão, enxergue-a como ela é — uma desqualificação da luz — e comece, por fim, o processo de restauração dessas trevas, conscientemente rasgando o véu entre eles e a nossa oitava, elevando aos céus mãos de amor e de luz em nossa direção e pedindo: "Vê-me. Guarda-me. Guia-me em todos os momentos. Mantém-me a salvo no centro do teu ser. Eu me entrego aos teus cuidados."

Desta forma, o mundo aprenderá a lançar o ser sobre a rocha das eras, na fortaleza da verdade dentro do homem e em comunhão com o céu.

Colorado Springs, Colorado

30 de maio de 1971

9

A preparação dos veículos da consciência

✧

Há aquela luz — a luz que ilumina todos os homens estava vindo ao mundo[1] —, a luz que veio do coração da Mãe do Mundo como as vestes que envolvem a luz de fogo branco, a chama sagrada sobre o altar do coração. É como um véu tênue que envolve a chama trina, fazendo com que ela se manifeste nos quatro corpos inferiores e também no plano do Espírito e no plano da Mãe, ao mesmo tempo.

Como é poderosa aquela chama que pulsa do coração do Grande Sol Central, do coração da Presença do EU SOU! Como é poderosa a chama que pulsa do coração do Grande Sol Central e desce para se conectar à consciência do homem que evolui, tornando toda a parcela da vida capaz de reconhecer esse esplendor maior no contínuo da eternidade.

O poderoso coração que pulsa ao som do Verbo sagrado vindo do centro do universo é ouvido nas câmaras do coração do homem. O bater do Verbo poderoso é a vida do homem. Como sabeis, à medida que a batida do coração do homem se torna harmônica com a batida do coração de Deus, através do amor divino, o homem recebe os sagrados engramas* de cada batida

* Engrama é um termo da área de fisiologia. Trata-se da marca que fica impressa definitivamente em um tecido nervoso por um estímulo ou uma experiência muito forte. (*N. do T.*)

de cada coração, os quais fornece a ele os nutrientes do fogo da consciência de Deus.

Existe um anel de fogo que é estabelecido ao redor de cada um que se mostre merecedor de receber essa extraordinária proteção da Presença do EU SOU. Esse anel de fogo é concedido apenas àqueles que já alcançaram certo nível de harmonia com o universo, com o Espírito Santo e com a Presença do EU SOU. Assim como está escrito: "Os meus pensamentos não são os vossos pensamentos, diz o SENHOR",[2] existem alguns dentre vós e dentre a humanidade que se consideram avançados na Senda e que imaginam terem paz, a paz do Cristo, meu Filho.

Não desejo desiludir-vos, preciosos corações, pois este não é o papel da Mãe, mas gostaria de ensinar-vos e dizer-vos que muitos dos que acreditavam possuir a paz interior do Senhor do Mundo não a tinham — pelo contrário, suas consciências eram um vórtice tempestuoso de energias emocionais, de idéias e preceitos que não se coadunavam com aqueles mantidos na mente de Cristo, e eram apenas estrondos, sentimentos confusos e conturbados. Alguns indivíduos que desejam ser admirados pelos homens exibem uma aura de paz e santidade, uma aparência de calma quando, na realidade, não estão calmos.

Desejo aconselhar-vos a examinar a paz que reivindicais como vossa e a fazê-la penetrar como uma espada no fundo do vosso ser, até que tudo seja verdadeiramente paz, até o âmago da vossa experiência. Quando alcançais esse estado de consciência, o anel de fogo, como o cinturão de Van Allen,[3] envolverá vosso ser como um círculo de luz, e recebereis a dispensação dada aos adeptos de uma proteção especial que vos torna invulneráveis no mundo da forma, até a hora do vosso chamado.

Essa proteção específica foi concedida aos vossos mensageiros algum tempo atrás, à época em que eles adquiriram aquela presença pacífica e aquela harmonia com o Cristo. E eles souberam, em seus corações, que a vontade de Deus e o destino de suas vidas estavam selados na palma da mão divina, e que nenhum mal poderia atingi-los, exceto aquilo que é enviado por Deus. E se é enviado por Deus, amados corações, jamais será mal; jamais será um "véu de energia", mas apenas a revelação subseqüente e sucessiva da glória contínua no universo profícuo da mente divina.

Seria bom, portanto, que aqueles que desejam ajudar os mensageiros em sua missão busquem diligentemente conseguir esse fogo de proteção, pois até que o tenhais estabelecido no vosso mundo podeis a qualquer momento, inadvertidamente, vos tornar um instrumento das trevas perante aqueles que têm e buscam com determinação a luz maior. Ao avançardes na Senda, descobrireis que porções cada vez maiores de compreensão sobre a hierarquia e suas fórmulas, que são ensinadas pelo retiro de Luxor,[4] são colocadas à vossa disposição para que possais alcançar, em graus cada vez maiores de perfeição, a mestria na vossa consciência e ancorá-las no mundo da forma.

A humanidade, aí incluídos os devotos da luz, precisa de uma limpeza na consciência e nos quatro corpos inferiores. Apontei este fato à vossa mensageira e ela, por sua vez, transmitiu a alguns de vós o conceito do problema da iluminação da humanidade. No fundo, tudo se resume ao problema de limpar os quatro corpos inferiores.

Para alcançar harmonia espiritual é preciso ter certa porcentagem de transmutação realizada no corpo etérico. É através do corpo etérico, ou corpo de fogo, que o homem focaliza em sua consciência externa a memória de Deus, de vidas passadas, de Eras de Ouro passadas, e da continuidade do ser, que inspira o desejo de alcançar a glória e a eternidade. Sem memória não há contato com a hierarquia. Não existe autopercepção. Os indivíduos que não têm memória não sabem quem são, mesmo no curto período de uma vida terrena.

Descobrireis que os buscadores que estão na Senda, embora muitos necessitem da limpeza do corpo etérico, têm todos uma coisa em comum: uma certa porção da memória de Deus, outorgada a eles no princípio, permanece na percepção exterior de sua consciência, próxima o bastante para capacitá-los a transcender o tempo e o espaço e fazê-los lembrar dos portais da eternidade. Esses são os devotos do fogo sagrado e aqueles que ainda não estão presos ao dogma, devido à dominação da mente carnal e à incapacidade de lembrar da verdadeira Palavra de Deus e do Logos divino, gravado em letras de fogo vivo sobre a consciência.

A seguir, na classificação da humanidade, estão aqueles que se concentram no corpo mental, cujos corpos etéricos estão tão saturados que precisam operar a partir do corpo mais denso que vem a seguir, que é o corpo da mente, correspondente ao elemento ar. Esses estão limitados pelo que a mente consegue conceber. Se a mente não for a mente do Cristo e estiver dominada e sujeita ao intelecto, esses possuem apenas o raciocínio da consciência exterior e a educação do mundo para sustentá-los e guiá-los. Freqüentemente, eles formam a elite intelectual, e são aqueles que direcionam a partir do nível do corpo mental os assuntos da humanidade e os governos das nações. Para eles, a espiritualidade é algo remoto. Alguns permitem que ela tenha seu lugar, enquanto outros, não, dependendo da mente estar concentrada no Cristo ou no eu inferior.

Aqueles cujos corpos mentais estão tão obstruídos que não conseguem manifestar inteligência suficiente para serem estudantes de qualquer área do empreendimento humano vêem sua energia se concentrar no corpo emocional ou no corpo físico. Por sua vez, aqueles que estão centrados nas emoções também podem ser subdivididos entre os que possuem controle divino e os que não possuem. Os que o possuem, podem percebem, de forma aguçada os sentimentos de Deus, do Espírito Santo e da Sua Presença. Podem ser muito devotados à religião de sua escolha e expressam louvor em seu serviço junto às hostes angélicas que, de forma quieta e invisível, atendem às suas necessidades.

Os sem controle emocional muitas vezes são "os pobres que sempre tereis convosco", como disse Jesus,[5] pois há sempre aqueles que estão na base da escada cármica e da escada da mestria que, por não terem passado os testes da harmonia, não conseguem manter aquilo que lhes foi confiado. Assim, são pobres espiritualmente, mentalmente, emocionalmente e fisicamente.

Aqueles cuja natureza sentimental não demonstra sentimento por Deus nem pelo homem, concentram-se no corpo físico. São os que se mostram insensíveis a qualquer coisa que não sejam as necessidades do corpo e dos sentidos físicos. Podem estar entre os trabalhadores braçais ou entre aqueles que caminham pela Terra sem consciência e sem percepção da alma. Poderíamos qualificá-los como "mortos vivos", e dizer o mesmo dos que possuem qualquer forma de energia malqualificada, em qualquer um dos quatro corpos inferiores. Por isso, quando falamos "dos vivos e dos mortos",[6] estamos nos referindo àqueles que de alguma forma foram acelerados em algum chacra ou em algum dos quatro corpos inferiores para alcançar a mente de Deus, e aos que, pelo embotamento de um ou mais dos seus quatro corpos inferiores, parecem mortos para a luz crística.

Chega um tempo em que aqueles que caminham sobre a Terra em seus quatro corpos inferiores descobrem que o entupimento dos seus corpos é tão grande que eles já não conseguem mais manter a vida nesta oitava; desse modo, a transição é o resultado da acumulação dos eflúvios humanos nos quatro corpos inferiores. Para alguns, o processo acontece desse modo, enquanto para outros a transição acontece por ter terminado seu tempo cármico e terem adquirido o direito de fazer a transição para outra oitava.

Dou-vos todas essas informações nesta manhã para que possais ver que a sábia observação de meu Filho de que "esta casta só pode sair por meio de oração e jejum",[7] deve ser uma fonte de reflexão para vós, para que possais descobrir qual dos vossos quatro corpos inferiores está necessitando de jejum. Alguns se concentram no jejum do corpo físico e se esquecem do jejum das emoções vindas dos esgotos das trevas. Ou negligenciam o jejum do corpo etérico, dos antigos registros do passado, ou o jejum da escravidão psíquica do corpo mental, que está sempre curioso a respeito de revelações psíquicas do passado e do futuro, sem jamais adquirir mestria no presente.

Asseguro-vos que a preparação dos quatro corpos inferiores é muito importante neste momento, neste estado de transição em que todo o corpo planetário deve se elevar na espiral da corrente da ascensão, para seguir adiante na evolução do cosmos. Este é o momento em que, se houver almas suficientes sobre o planeta que purifiquem e aperfeiçoem os seus veículos inferiores, o reino de Deus poderá verdadeiramente se manifestar como a Cidade Quadrangular dentro de seus corpos e de suas consciências, tornando-o um ponto focal tangível, um eletrodo para a hierarquia expressar o destino do reino de dois mil anos do Filho de Deus. Não são necessários muitos, como já vos foi dito, mas pelo menos alguns — uns poucos que estejam realmente trabalhando com grande intensidade para aperfeiçoar esses veículos.

Então, o grande fardo de luz que a hierarquia mantém em suspenso poderá descer ao mundo da forma. E quando esse vinho novo for derramado em novos frascos, esses frascos não vão se quebrar, mas conterão a essência sagrada, o elixir da luz que irá perpetuar a juventude do Divino Filho Varão para a Nova Era.

Eu, Maria, venho a vós hoje para vos dar alguns dos ensinamentos que recentemente recebestes nos níveis interiores nos nossos retiros, para que possais dar início ao processo de ancorar na mente externa essas informações sobre o cosmos que vos estão sendo reveladas à noite, nas vossas jornadas aos nossos retiros.

Espero que possais polir os vossos corpos etéricos com intensos decretos ao fogo púrpura, ao raio de cristal e ao raio esmeralda,[8] para que sejais capazes não apenas de dizer "Sim, parece que eu me lembro de algo assim", mas de discursar sobre o tema sem que precisemos guiar vossa mente externa para o assunto em questão. Este é nosso objetivo para vós, mas precisamos que sejais refinados no fogo do ourives,[9] em todo o vosso ser e consciência.

Vede, eu venho rapidamente. Vede, eu venho rapidamente.

Colorado Springs, Colorado

25 de março de 1973

10

A iniciação dos 144 filhos e filhas do domínio

Filhos e filhas de Deus, venho hoje na ação e consciência da pequena Virgem de Guadalupe,[1] e estou usando o véu e o manto que Juan Diego viu, e que ficou impresso por mãos angélicas em seu poncho. Venho reavivar a memória daquela aparição e ancorar novamente no campo de força da basílica, em anéis concêntricos de luz, a memória da consciência virginal, a glória da Mulher e o cuidado da Mãe por todos os seus filhos, grandes e pequenos.

Venho ao meu povo. Venho às minhas crianças — os humildes de coração, os pobres e os sem instrução, cuja devoção a mim não tem limites.

O céu não se opõe à educação nem ao desenvolvimento da mente superior. Na Terra, as iniciações para receber a mente crística têm sido tão grandes que, quando o indivíduo começa a estudar sobre Deus e as suas leis, as complexidades luciféricas são lançadas sobre ele, como uma rede que cobre a consciência, sobre o chacra da coroa que começa a desabrochar. E, pouco a pouco, corações que seriam puros e livres em sua graça são arrastados para o orgulho da arrogância intelectual de pensar que sabem mais do que sabem, pois meramente acumulam fatos, em vez de absorver com o coração os preceitos e o conhecimento que vêm do alto.

Quero que compreendais que o coração livre das concessões lucifericas é um coração cuja devoção flui livre das alturas, da profundeza da alma e sem os padrões de complexidade que marcam as consciências que estão mais afastadas do centro da verdade. A devoção do coração é um trampolim para a devoção da mente de Cristo.

Recomendo sempre que os estudantes da Senda comecem pela limpeza do chacra do coração e centralizem todas as suas meditações no coração. Pois o coração jamais vos desencaminhará. O coração jamais vos permitirá errar ou tomar a senda da mão esquerda.

Com o coração puro e o fogo do amor flamejando eternamente nele, tereis uma sólida fundação para o desenvolvimento dos outros chacras, especialmente o da garganta. Porque, se não tiverdes amor, ao liberardes o poder da Palavra falada algumas vezes expressais um padrão de aspereza, de condenação ou de exigência de que Deus cumpra o comando do homem. Mas quando o chacra do coração está desenvolvido, o poder da Palavra falada faz trepidar o arco do cosmos. E há uma luz que cintila pelo vasto padrão em filigrana, o véu de luz que é a *antahkarana** da consciência cósmica. Por meio do vosso chacra do coração e do amor do vosso coração, atravessais mundos além de mundos na flecha da Palavra falada que disparais.

Guardai, portanto, o coração. Protegei sua mestria. Não vos esqueceis da sua harmonia. E separai alguns momentos, a cada dia, para parar e ouvir as instruções que ele vos dá.

Deveis saber ainda que, quando vedes a perfeição absoluta pela ação do Olho Onividente, percebereis as incongruências da humanidade, seus pecados e seus afastamentos da verdade. Sem amor,

---

* *Antahkarana* — Palavra em sânscrito que significa "órgão interno do sentido". A rede da vida, a rede de luz que envolve Espírito e Matéria, unindo e sensibilizando toda a criação em si mesma e no coração de Deus. (*N. do T.*)

vossos julgamentos podem se tornar severos, pois quando vedes os desvios da verdade naqueles que vos rodeiam é fácil condená-los, se não tiverdes amor.

Alguns perguntam a si mesmos por que, então, o terceiro olho não é mais aberto. É porque, se vísseis mais, teríeis uma responsabilidade maior de manter o conceito imaculado para a humanidade. Com a visão do Olho Onividente de Deus é absolutamente obrigatório que afirmeis apenas coisas boas e que reconheçais de imediato que tudo o que vedes que não é da luz é irreal para a consciência de Deus.

Essa qualidade do coração da Mãe da Chama* é única. Pois quando ela vê os registros e padrões das vidas passadas daqueles que chegam diante de si, ela está sempre ciente da presença flamejante do Cristo. Este é um grande dom. E graças a essa pureza de coração e pureza de visão nós podemos confiar a ela o trabalho de expandir os ensinamentos no mundo inteiro neste momento em que eles são tão necessários.

Discriminação é uma capacidade de avaliação que se equilibra sobre uma linha muito fina, um fio de navalha. Pois existem aqueles seres das trevas e os luciféricos cuja perversidade e escuridão são tão grandes que, se por um momento sequer a Mãe fosse acreditar que essa perversidade e escuridão eram reais, toda a causa estaria perdida.

Cuidai, portanto, para adquirirdes prática e desenvolverdes a consciência de saber que apenas o bem divino tem o poder de se perpetuar. Todas as perpetuações do véu da energia ocorrem pela usurpação da luz que vem da fonte única. Se vos recusardes a emprestar vossa luz à causa do inimigo, essa causa falhará. É simples assim.

---

*O manto da Mãe da Chama foi transferido para a mensageira Elizabeth Clare Prophet em 9 de abril de 1966.

Se fechardes os olhos, isto é, se desligardes o sentido da visão física e meditardes agora sobre a visão interior da luz, eu irei até vós e expandirei vossa visão interior. Porque desejo proporcionar-vos uma visão do céu e uma visão da Cidade Quadrangular com tons pastel, cheia de gloriosos arranjos florais, jardins, pássaros que cantam e fontes que tocam uma música suave, mas grandiosa, que vem dos anéis de fogo do Grande Sol Central. E cada anel de fogo tem uma forma de música diferente, uma outra orquestração de milhões de anjos, que transmitem o som sem som do grande Om e transmitem esse som sob a forma de música.

Então, com o ouvido da alma e com o olho da alma percebei esse céu. Essa é uma dispensação que vos é dada para que tenhais um vislumbre do céu e guardais essa lembrança dele. Pois, de acordo com a lei cósmica, aquilo que vos é permitido ver da realidade, deveis também estar preparados para lidar com a sua irrealidade. Quanto maiores forem as dimensões da realidade que contemplais, maiores serão as profundezas das trevas das quais vos tornareis conscientes e responsáveis não por vê-las nem conhecê-las, mas por transmutá-las.

Na consciência da mensageira existe agora a percepção do que é diametralmente oposto ao que estais contemplando. E no olho de sua mente ela mantém o equilíbrio, para que não seja necessário verdes a epítome da degradação, na qual as hordas astrais escolheram transformar o reino mais elevado de Deus. Agora entendeis porque forçar a terceira visão é entrar em uma área de grande responsabilidade.

Suavemente, portanto, enviai vossa consciência ao vosso Cristo Pessoal, ao vosso chacra do coração, e alegrai-vos com o deleite do brilho do amor. Pois quando sentirdes o brilho de Hélios e Vesta e a sabedoria do amor aquecendo a alma, sabereis que a mente multifacetada de Deus e do Cristo também está presente e que Deus, que tudo vê, também está no deleite do amor; vossa consciência, ao ser imersa no amor, entra em contato, em níveis superiores, com todas as facetas desse amor e com todas as ramificações do ser e dos sete raios. Se for do agrado do Senhor, o Mais Alto Deus, que experimenteis uma porção apenas dessa percepção total do coração, deveis ficar contentes. Ficai descontentes com os eflúvios humanos e invocai a chama para transmutá-los.

Ficai descontentes com os atos e as fraquezas do ego, com o orgulho e o desejo, mas não ficai descontentes com o cronograma do céu para a realização da vossa evolução espiritual. Tendes fé que estais em boas mãos — estais nas mãos das hostes angélicas e dos mestres ascensos que muito vos amam e desejam que vos eleveis a cada hora; estais nas mãos confiáveis do Guardião da Chama[2] e da Mãe da Chama.

Portanto, não duvideis do vosso progresso nessa atividade, pois ele está assegurado se seguirdes os ensinamentos e os praticardes. Não vos irriteis e não vos preocupeis, sabei que se fizerdes vossa parte, o céu multiplicará essa parte por 10. Esta é a afirmação de uma Mãe a seus filhos, pois o ano que se inicia vai trazer grandes progressos para muitos de vós. Apesar disso, muitos não conseguirão reconhecer as marcas do próprio sucesso, pois estarão por demais absortos na ação da transmutação e não se lembrarão do eu anterior, nem do quanto já caminharam desde o ponto de origem.

Este é um ponto de origem da transmissão de ciclos, aqui mesmo na Cidade do México, onde existe um foco ancestral do chacra do coração. Esse foco foi estabelecido por uma alma que viveu aqui e ofereceu sua vida ao coração de Deus; alguém que foi uma santa antes de se saber o que era, o que é ou o que poderia significar ser santo. Pela sintonia interna, pela intuição e, acima de tudo, pelo amor a Deus, a quem ela personificou na luz do sol e nos raios do sol, essa alma conquistou sua ascensão pela união com o coração de Deus, com o coração do Cristo e até mesmo com os corações de toda a humanidade.

Este é o registro e a lembrança de uma dessas antigas sacerdotisas, que guardavam a chama em um dos 12 templos que rodeavam o templo central de Mu. Sua vida deixou um registro, a única sacerdotisa que não caiu junto com as outras, não abandonou o seu dever e o seu chamado de guardar a chama. Ela reencarnou mais uma vez, depois do período dessa experiência no templo e depois da queda de Mu. E essa sua encarnação final foi o coroamento pelo qual, mesmo tendo sido separada da cultura de Mu e da memória exata dos rituais do fogo sagrado, ela ainda assim manteve a devoção. E essa devoção, por si só, movendo-se com harmonia, tornou-se sua vitória e sua coroa.

Agora sabeis por que os norte-americanos sentem-se muito atraídos pelo México e pela Cidade do México. É porque desejam encontrar seu equilíbrio, que é o equilíbrio do coração. Mas vós tendes também um foco do chacra do coração na cidade de St. Louis,[3] bem como no Canadá, no retiro dos Elohim Heros e Amora. Dali, no lago Winnipeg, a liberação do amor forma um arco até St. Louis, um outro arco até a Cidade do México e outros arcos até outras cidades da América do Sul, onde alguns guardaram a chama da devoção. E muitos mantiveram essa chama, mas não no nível que foi alcançado por essa alma.

Portanto, eu trouxe comigo hoje essa mestra ascensa, a mestra cujo nome ainda não foi revelado pela Fraternidade e cujo nome não será revelado hoje. Porém, por sua devoção à minha chama, por sua devoção à Virgem Cósmica, muitos a chamaram de Maria — nome cujo significado é Mary, ou Raio da Mãe (*Ma-Ray*).* Esse nome será eternamente a representação da ação pessoal-impessoal do raio feminino para todos os que advogarem a elevação da vida feminina, das energias femininas para a exaltação do masculino e da liberação do Espírito.

---

* Nesta frase, os autores usam a semelhança que existe, na língua inglesa, entre Mary (Maria) e *Ma-Ray* (Raio da Mãe). (*N. do T.*)

Eu sou a ação de proteção do conceito imaculado, que é uma filigrana de padrão rendado para cada um dos avatares que chegam. Dez mil e uma mães estão sendo preparadas, recebendo o véu do Cristo Cósmico, Maitreya. Esse é um véu de inocência que é colocado sobre cada mãe para o selar de sua consciência, protegendo-a de todo o mal e de toda a interferência com o conceito imaculado.

O véu desce até o chão, e assim o fardo de ter de olhar para este mundo é enormemente aliviado. Pois, embora elas não saibam, essas mães descobrirão que ao olhar através do véu do Cristo Cósmico, o mundo e sua densidade parecerão mais distantes, mais remotos, como que afastados. E os aspectos sórdidos da vida humana não ficarão registrados com grande intensidade sobre aquelas que estiverem usando esse véu, pois ele é um véu de ação do raio secreto da introspecção.

Talvez, neste momento, algumas de vós estejam conscientes de terem recebido esse véu. Talvez até agora não soubessem que são candidatas a serem a Mãe Divina, a Mãe de Deus, a Mãe da encarnação de Deus. Agora, porém, sabeis e compreendeis que se fizerdes vossa parte, o céu vos concederá toda graça, esperança e caridade necessárias para a manutenção do Verbo e dos votos internos.

Digo-vos ainda que quando esses avatares nascerem, eles também nascerão envoltos por um véu etérico — um véu especial feito da substância de fogo branco que irá selá-los e protegê-los dos golpes, das batidas dos ritmos e da perversidade do mundo. E isso vos capacitará, como mães do Cristo, a encaminhar aquela alma desde os primeiros anos de treinamento, passando pelos anos mais avançados, até chegar ao lugar onde a divina masculinidade e a divina feminilidade revelarão juntas, a toda a humanidade, que Deus, mais uma vez, habita entre os homens.

Tomo em meus braços as futuras mães. E José, vosso amado Saint Germain, está ao meu lado com uma consagração para os que possuem a semente de Alfa. Santo, santo, santo sois vós em manifestação, ó, homem, ó, mulher! Pois, pela graça de Deus, fostes elevados ao lugar secreto do Altíssimo, onde o Cristo aparece com a força de um relâmpago para o Ano-novo.

Aqueles dentre vós que ainda estão se preparando, e ainda não receberam o chamado para este ciclo de portadores da luz, devem lembrar que esses pequeninos formam a primeira onda de seres. Se o seu nascimento e encarnação forem bem-sucedidos, tenho certeza de que os Senhores do Carma anunciarão outras dispensações, para a vinda de outros avatares.

Assim, lembrai sempre que o moto é "estar preparado". Pois a partir do momento em que estais preparados, quando vossa consciência é como um cristal, quando o diamante do vosso ser está centrado no Olho de Deus e estais no centro dessa percepção, então funcionais como um magneto. E dos recantos mais longínquos do cosmos um ser de luz responderá, virá até onde vós estiverdes e nascerá de vós, assim como Jesus veio para mim e para José.

Estamos aqui para proclamar que na Era de Aquário a Sagrada Família, a Santíssima Trindade, pode ser definida como a meta para todos, como salvação para todos e como a maior fortaleza contra os luciféricos, os caídos e os orgulhosos.

Lembrai-vos que, no momento em que o casamento e a união sagrada torna-se a chave para todo um ciclo de dois mil anos, esse casamento e essa união sofrerão o maior ataque que já foi visto por parte das trevas. Certos grupos dentre a humanidade reverterão ao sistema tribal e afirmarão que não é saudável que o homem e a mulher comprometam suas vidas, dedicando-as apenas um ao outro. Afirmarão também que, para saúde e sanidade da mente e do corpo, é necessário passar de um parceiro para outro, como fazem os animais; na verdade, mais baixo do que os animais, pois até os animais têm certa honra e lealdade uns com os outros.

Entendei, então, corações preciosos, que o motivo de eu vos ter ensinado o rosário é o fato verdadeiro de que a família que reza unida permanece unida. O motivo de eu vos ter revelado o conhecimento do relógio cósmico é devido ao fato de que os luciféricos sempre, e notai que eu repito: sempre, usam as energias lunares e as contrapõem à união sagrada e ao amor dos corações unidos em serviço. Seria sábio seguirdes a palavra da Mãe da Chama e procurardes ser diligentes nos chamados para a transmutação (não apenas para vós mesmos, mas por todos sobre o planeta) da amplificação das energias do cinturão eletrônico da Terra e dos indivíduos.

Da mesma forma que implorei às crianças de Fátima para que rezassem pelo mundo, também faço-vos hoje um pedido, a vós que já estais rezando pelo planeta. Porém, quero que entendais que, como sempre acontece, aqueles que já estão prontos para assumir as responsabilidades são sempre convocados para assumir responsabilidades ainda maiores. Asseguro-vos, porém, que à medida que aumentais vossa devoção e vossas preces, descobrireis que este corpo e o corpo dos servidores vão chegar a alcançar um ponto em que sua consciência da luz criará uma massa crítica tal que se expandirá até explodir, sendo levada para o alto, sendo multiplicada e depois absorvida e assimilada por milhões de seres humanos.

Alguns de vós perguntam: "Por que não existe um número maior de pessoas em torno desse foco e dessa chama?" Percebei que as pessoas que já estão aqui, embora sejam poucas, precisam alcançar determinado nível de mestria em manter a energia, a luz e a harmonia. Podeis dizer que qualquer erro cometido pelos Guardiões da Chama, agora associados à Summit Lighthouse, prejudicará a expansão total e que, por outro lado, qualquer vitória intensifica a vitória total.

Vereis, portanto, que quando esse grupo de peregrinos tiver feito os sacrifícios necessários, individuais e coletivos, e tiver passado pelas iniciações necessárias, os Senhores do Carma dirão:

"Vamos aumentar as fileiras." Para cada um de vós aqui sentados, cinco, 10, 50, 5 mil poderiam ser convocados se eu elevasse minhas mãos a Deus Todo-Poderoso. Só que eu não desejo ver o peso das multidões e do seu carma pesar sobre vós e fazer com que vos curveis até um ponto em que não podereis mais funcionar.

A Mãe da Chama está pronta. Ela foi testada com o peso de muitas auras, de muitos segmentos da população, durante certos períodos. Sabemos, então, que ela pode se colocar diante das multidões. Não estamos certos, porém, se aqueles que a servem, aqueles que estão próximos dela, aqueles que têm a responsabilidade de cuidar das crianças, do foco, da Igreja e da administração serão igualmente capazes de resistir à grande onda de energia que vem chegando. Pois, como sabeis, todo o verdadeiro mestre deve manter o equilíbrio da luz em prol de cada aluno, até que esse aluno possa carregar seu próprio peso, bem como o peso do seu carma e do seu cinturão energético.

Todo aquele que está agora ligado à Summit Lighthouse recebe a graça e a ação da chama da Mãe, mantendo o equilíbrio para ele, até que seja capaz de transmutar carma suficiente para manter o equilíbrio por si próprio. Alguns de vós já alcançastes esse equilíbrio e vos mantendes firmes, não importa o que aconteça. Outros ainda precisam aprender a lidar com grandes quantidades de energia que surgem subitamente como turbilhões ou ondas periódicas de trevas.

Muitas vezes, no exato momento em que acabastes de fazer os vossos decretos e estais sentindo uma imensa alegria e uma sensação de inocência quase infantil, desce uma onda de substância como um baque surdo e ataca vosso ser. Alguns de vós já conseguis lidar com essa energia muito bem, mas outros respondem com redemoinhos e vórtices de irritação que, então, como podeis imaginar, desequilibram o núcleo interno dos devotos que estão em torno da Mãe.

Todo mensageiro, profeta ou avatar possui uma equipe que se dedica a manter a chama, para que no momento em que o avatar estiver mantendo a chama para milhões de pessoas seu círculo interno mantenha a chama para a preservação do seu templo do corpo, além de outros detalhes que acompanham a vida nesta oitava. Para Jesus foram designados 12 discípulos, José, eu mesma, além de mais de 70 santas mulheres que mantiveram a chama enquanto Ele trabalhava em sua tarefa de carregar a cruz por toda a humanidade. Por isso, não permiti que vossas mentes entrem na crítica dos luciféricos, que sempre surge durante esse ciclo de Capricórnio. Pois eles sussurram a condenação, dizendo: "Se a mensageira fosse pura, essa atividade já estaria espalhada pelo mundo inteiro e haveria milhões de pessoas aqui. Se esta é realmente a verdade e realmente a Lei, por que ainda não foi compreendida e proclamada por toda parte?"

Devo lembrar-vos da aceitação limitada que Jesus e seus ensinamentos tiveram em sua época, e como foram muitos, muitos mais os que viraram as costas aos ensinamentos do que aqueles que os aceitaram. Depois, à medida que os ensinamentos foram se tornando mais intensos, muitos recuaram e abandonaram o Senhor, pois não conseguiam compreender como deveriam comer a carne e beber o sangue do Filho do homem. Suas consciências não conseguiam fazer a transição dos símbolos externos para a realidade interna, embora a ênfase literal daquele ensinamento fosse também verdadeira.

Para ativar a expansão em escala mundial conforme esperamos, é nosso desejo preparar 144 filhos e filhas do domínio do elemento água como o núcleo de fogo branco em torno da mensageira. Esses devotos, depois de completamente treinados e totalmente harmoniosos, formarão o selamento da luz que irá suportar todas as tentativas dos seres das trevas de destruir a chama central e o foco no qual a Palavra de Deus passa do plano do Espírito para o plano da *Mater.*

Se pensardes a respeito, esse templo físico através do qual vos falo* é o único contato que consideramos certo e preciso, que também inclui o ser de uma iniciada que tem mestria suficiente para enfrentar os esquemas do mal. Se observardes o quão frágil é o ser físico e como o chacra da garganta é o verdadeiro nexo de ligação entre o céu e a Terra, podereis compreender o porquê de o céu preferir transmitir os ensinamentos às mãos de uns poucos e preservar a vida da mensageira, em vez de tentar expandi-los até um ponto no qual ninguém mais poderia manter o equilíbrio de energia.

Ora, há certamente um número de pessoas aqui que poderiam ser contadas, neste momento, entre os 144. Trabalharei este ano com a mensageira para providenciar que 144 discípulos e mulheres santas sejam iniciados na Ordem dos Filhos e Filhas do Domínio, isto é, se os que forem chamados e escolhidos aceitarem o chamado e se prepararem. E se acreditardes — pelo amor do meu coração, pelo sinal da flor-de-lis e do miosótis — que já fostes chamados para ser um dos 144, então informai isso à Mãe da Chama para que ela possa sugerir e também informar-vos, vindos do meu coração, certos detalhes relacionados com autopurificação e fortalecimento das fibras dos quatro corpos inferiores, para se tornarem cálices da chama viva.

Deveis, em seguida, compreender que, além desse núcleo de fogo, o círculo de devotos seguinte também deverá envolver o núcleo de fogo para proteger os 144, e depois deverá vir outro círculo, e mais outro. Cada círculo está voltado para o centro e determinado a proteger aqueles que estão no círculo do centro. E nessa hierarquia, nessa escada de luz de campos de força concêntricos,

---

*Referência à mensageira Elizabeth Clare Prophet. Em 1973, o mensageiro Mark L. Prophet fez sua transição para as oitavas mais elevadas, e agora é o Mestre Ascenso Lanello.

vereis a oportunidade para que toda a humanidade se eleve, um dia, até o centro.

Alerto-vos para o fato de que alguns dentre a humanidade que chegarem perto do centro vão encontrar no fogo branco, que representa a calma da Mãe, uma concentração de energia tal que é capaz de destruir o seu ser. Não desejamos expor essas pessoas de forma inclemente ao fogo de Deus. Por isso, estamos providenciando para que aqueles dentre vós que já foram graduados pela Universidade dos Mestres Ascensos possam formar um núcleo de atividades, serviços e aprendizado, para que aqueles vindos diretamente da consciência de massa possam, primeiramente, sentir o fogo brando e a liberação de energia em certo nível de mestria, que já alcançastes.

É, pois, responsabilidade de cada um de vós, ao encontrar um novo estudante, trazê-lo pelo menos até o nível em que vos encontrais. Não se espera que façais mais do que isso, pois não podeis transmitir o que não possuis, nem o que não sois. Desse modo, quando conseguirdes trazer uma determinada porção da humanidade para o nível de devoção no qual vos encontrais, podereis passar o estudante que acompanhastes às mãos daqueles que estão acima de vós em treinamento, nos níveis mais avançados da hierarquia. É assim que acontece em nossas escolas e universidades. Quando um professor já ensinou tudo o que poderia ensinar a um artista ou músico, ele humildemente recomenda que esse aluno receba um treinamento mais adiantado, com um mestre mais avançado.

Desejamos que vades, dois a dois, divulgar os ensinamentos, para começarmos a nivelar a consciência da humanidade e preparar o caminho para que um dia milhões de pessoas, que já tenham passado pela peneira da vossa mestria e consciência, possam também se sentar aos pés dos mestres para receber as extraordinárias liberações de fogo que enviaremos através dos nossos ditados.

O século está cheio de oportunidades. No entanto, o caminho é reto e estreito. Lembrai sempre que não deveis transigir, nem permitir que estudantes sedentos pela verdade comprometam vossas energias, nem que as façam baixar ao nível deles. Vossa responsabilidade é elevar as energias deles ao nível do Cristo Pessoal e ao nível da vossa mestria crística.

Como vedes, não é pouco. A hierarquia tem uma responsabilidade: a responsabilidade de manter a chama e manter aberta a porta que leva às oitavas de luz. Esperamos, pois, vossa resposta. Vejamos o que conseguireis fazer nos primeiros seis meses de 1974. E quando os Senhores do Carma se reunirem novamente, sereis informados na conferência da Liberdade sobre as dispensações adicionais, que poderão ser dadas para a expansão dessa atividade.

Nesse meio tempo, digo-vos: Ide com Deus! Ide com a Mãe! Agradecei a presença da luz no meio de vós. E ajudai na missão de transmitir os ensinamentos sob a forma impressa, em gravações e em vídeo, guardadas para a posteridade e para todas as pessoas, em toda parte.

Eu sou a ação protetora da chama da Mãe. E retiro-me agora para ir ministrar ao povo da Rússia e da China, pois os seus corações estão chamando o meu amor e atraindo-o. O meu amor responde e as minhas legiões de anjos vão comigo em nosso empenho de oferecer conforto àquelas almas que estão à espera desse ensinamento. Meus votos são para que consigais achar um modo rápido de transmitir-lhes essas mensagens.

Até chegar essa hora, o meu amor é o reduto da sua força, da sua fé e da sua determinação, graças à grande fé que eles possuem, a fé no dia da salvação e no dia da vinda de Jesus Cristo. Apesar das torturas inimagináveis, eles se mantiveram firmes. E aguardam como verdadeiros cristãos e devotos da chama pela Segunda Vinda de Cristo.

EU SOU, então, a Mãe Universal, mas a mãe muito pessoal de cada coração e alma sobre a Terra e sobre outros mundos, dos quais vos falarei em outra oportunidade.

Adieu, preciosos corações. Eu vos amo.

Cidade do México, México

1º de janeiro de 1974

11

A chama no vosso coração

✧

Guardar a chama através da noite, assim como os pastores cuidam dos rebanhos depois que escurece, assim faz o Guardião da Chama, o Maha Chohan; ele guarda a chama em prol da humanidade. Nesse serviço de luz, podeis ver como a centelha acesa em um fogo acende fileiras e fileiras de consciências crísticas. E, no entanto, todas são a mesma chama.

Ensinai às vossas crianças que só existe um Deus, embora multiplicado infinitamente. Do mesmo modo, só existe um Cristo, um Senhor, um Unigênito do todo; no entanto, esse fogo infinito se repete indefinidamente, na antiga história da encarnação do Verbo. Olhai novamente e vede como o fogo sagrado se torna o centro da galáxia, um redemoinho de fogo que lança outros fogos, cada vez mais alto.

Quando meditais sobre a chama que está diante de vós, vede a imagem do rosto de Deus no centro da chama. Vede o Sol Central. Vede a vós mesmos. E sabei com absoluta certeza que se vos determinardes a serdes o Cristo, a aceitar a tocha do Deus Pai-Mãe nas alturas, podeis acender um mundo, podereis acender os corações de milhões e bilhões de almas. E essa energia é ilimitada. O fogo está sempre disponível. A fonte de energia está sempre disponível.

A chama trina dentro do vosso coração foi acesa quando nascestes, pelo círio do Maha Chohan, que veio a vós e à vossa mãe, colocou-se ao lado da cama, soprou o alento da vida e eis que a centelha da imortalidade uniu-se à forma de barro e o Verbo se fez carne.

Muitos dentre a humanidade não compreendem como o Espírito pode se unir à *Mater*. E eu vos pergunto: Como pode o fogo, até mesmo o fogo físico, se misturar com qualquer um dos elementos? Distinto de todos, mas a fonte de tudo e consumindo tudo no ritual da transmutação. Desse modo, o Espírito realmente se une à carne. O Espírito é o fogo no núcleo da célula, do átomo, da molécula, no centro do coração e em cada chacra flamejante.

Assim é, o fogo, a dádiva de Deus para a humanidade nesta temporada, quando nós, das hostes angélicas, celebramos a vinda não de um Filho de Deus, mas de muitos. A vinda do nosso Senhor, Sanat Kumara, e a resposta do Príncipe Sidarta, do clã de Gautama. Celebramos o momento da passagem do fogo quando a mão de Deus se estende para a mão do homem e a energia flui. E um deus nasce! Um universo nasce! E o fogo solar ecoa o fogo da criação.

A vida é passar uma tocha. Portanto, do mesmo modo que recebestes a chama acesa no nascimento para habitar em vós por algum tempo, por uma temporada, nessa forma física, também deveis compreender que à medida que os ciclos progridem e passam, virá um tempo em que a Presença do EU SOU vai levar esse fogo e essa alma para as oitavas superiores. E fluireis com esse fogo. Ireis aonde ele for, pois vos tereis tornado um com a chama. E ascendereis, entrando nas oitavas etéricas e nos planos do Cristo. E se vos tiverdes preparado bem, se vos tiverdes banhado nessa chama de forma regular e sistemática, vereis que tereis vos tornado totalmente aceitáveis. E a chama que sois se unirá à chama que é imortal e livre para sempre e a chama única da qual tudo é gerado será vossa identidade.

Eu sou vossa Mãe Cósmica se me aceitardes como vossa Mãe Cósmica. Eu sou o raio da Mãe, e fluo onde quer que exista vida nascendo. Venho e coloco minha face de encontro à vossa na terna carícia do amor de uma mãe, para que saibais de forma singela, neste dia de Natal, que Ele se importa convosco, meus filhos; que o Pai está consciente do vosso coração — do anseio do vosso coração por servir, ser livre e expressar a individualidade.

Está escrito que Deus é tão puro de olhos que não pode ver o mal.[1] E eu vos digo que o Cristo universal é um aspecto da Trindade que reside na própria mônada de Deus. Portanto, no princípio do Logos e na verdadeira ternura e proximidade da chama da Mãe, Deus sabe. Pois até mesmo os cabelos da vossa cabeça estão todos contados.[2] Bem como a liberação dos ciclos de energia.

Por isso, ó humanidade; por isso, crianças do meu coração, venho até vós. Venho para fazer queimar em vós, por um fogo que está além da chama física, as escamas do cinismo, o peso do mundo, o fardo da solidão. Venho para os velhos, os doentes e os moribundos. Venho para os que estão nascendo, para aqueles que são corajosos o suficiente para aceitar o desafio de viver para amar. Venho para todos e para cada um. E venho (do mesmo modo que os seres angélicos que vêm comigo, Rafael e todos os anjos da chama da cura) trazendo o círio do fogo sagrado, e toco com ele vossa aura. Venho para consumir todos os detritos e impedimentos à vossa percepção da realidade.

Venho. Eu sou a Mãe tão perto de vós, tão à mão, sempre pronta para atravessar o véu, sempre pronta para vos transmitir o conhecimento da vossa mestria no tempo e no espaço, para vos transmitir a compreensão sobre o que é ser um mestre não ascenso dos ciclos. Agora mesclo minha aura com a vossa. Repousai. Ficai em paz. Pois isso vai reparar todas as carências e perdas, enchendo até a borda o vosso cálice da vida com o fogo líquido sagrado que flui como água da fonte da essência eterna.

Assim, portanto, em nome do primogênito, eu comando as energias para que elas fluam em direção à matriz do Cristo vivo! Que o Verbo se faça carne! Que o fogo pressione a causa e o núcleo de tudo o que possa atrapalhar o plano da vida. Imergi no fogo do espírito da Missa de Natal, e sabei que Ele se importa convosco. Sabei que Ele está sempre informado a respeito de onde estais, e também sobre os vossos pensamentos e sentimentos.

Às vezes, está além da compreensão da humanidade o fato de que Deus — sendo uma unidade, único e completo — possa perceber a criação da dualidade e seus aspectos múltiplos. No entanto, esta é a natureza do Ser Infinito. E podeis ver que se formásseis um círculo e colocásseis todas as vossas velas acesas no centro dele, haveria um fogo, e esse fogo seria como Deus — uma magnífica chama e, no entanto, uma unidade que é uma infinidade de aspectos, facetas, fogos que podem se mover, brilhar e focalizar uma individualidade, para em seguida retornar e ser a chama única.

É isso o que sois, meus filhos. É isso que ele veio proclamar. Isso é o Natal. Isso é alegria. Esse é o calor do Pai Eterno. Ele cuida de vós.

Assim, digo-vos, sabendo que tendes à disposição o ouvido atento do Todo-Poderoso numa infinidade de anjos: Conversai com Deus esta noite. Contai a Ele vosso desejo de realizar o plano divino, e pedi sua orientação. Dizei a Ele o que está em vosso coração. Rezai pelos entes queridos, pelos que estão enfermos e pelos que ficaram doentes por terem se afastado da lei cósmica, aqueles que são chamados pecadores por terem simplesmente se desviado do caminho da vida. Rezai por eles pois, como sabeis, à medida que a humanidade invoca os anjos do Natal, surgem muitos emissários da Divindade com a energia de mundos distantes, prontos para atender vossos chamados e vossas preces.

A humanidade desconhece que na véspera de Natal existe um fluxo especial de energia, pois a véspera de Natal se torna os primeiros raios tímidos da manhã de Natal. Trata-se de um momento de intercessões especiais, dispensações, respostas às orações. Pois o céu também celebra o nascimento do Cristo Pessoal de cada um para facilitar a consciência crística na alma. Assim, como celebração do Verbo encarnado, chegam emissários do alto para atender vossas preces.

Lembro-me bem daquela hora em que a primeira Mãe da Chama manteve vigília pela juventude durante a noite. Lembro-me de minha chegada até ela com a promessa da ascensão, e lembro-me de como a ascensão foi alcançada. Ao meu lado, esta noite, está a vossa amada Clara Louise, a Mestra Clara,[3] que trabalha na amplificação do poder, da sabedoria e do amor da ressurreição. Recordo esses eventos convosco porque gostaria que compreendêsseis que não existe tempo e espaço, e que uma vida de serviço passa muito depressa.

Vede, eu chego muito depressa! Assim também o Espírito do Senhor. Digo-vos que a chama que tendes na mão, neste instante,[4] simbolizando a chama que está em vosso coração, é a promessa da vossa própria ascensão. Essa chama da vida atesta muito mais do que poderia fazer minha promessa, pois Deus-Pai a colocou dentro de vós e Deus-Mãe a nutriu. Percebeis? A chama dentro do vosso coração é tão tangível quanto a chama física. E pelo fato de esta chama ser real, sois reais. Sois reais como filhos e filhas de Deus, e a realidade queima dentro de vós agora! Pois é a minha vontade diante do Todo-Poderoso que a realidade queime em vós, na percepção do vosso destino imortal!

Alguns de vós já deveis ter pensado, embora talvez não muito seriamente, na hora da vossa ascensão. Pois eu vos digo: Pensais nisso agora. Para isso viestes ao mundo. Para esse objetivo ele nasceu, para que pudésseis ser libertados dos ciclos de renascimento, dos ciclos de densidade e das leis da mortalidade. Portanto, o nascimento de Cristo é o nascimento da promessa da ascensão como liberação para *toda* a humanidade.

Desejo imprimir sobre esse corpo, sobre essa consciência e sobre todo o corpo de Deus sobre a Terra, esta noite, a realidade da ascensão, o momento presente da ascensão. Pois o objetivo *é* alcançado agora, e a promessa é feita neste instante. Existe apenas o agora eterno, preciosos corações.

E conseguireis ouvir minhas palavras soando em vossos ouvidos durante 10, 20, 40, 50, 80 anos a partir de quando fizerdes vossa ascensão na luz. E conseguireis visualizar mais uma vez o exato momento em que eu proclamei: "A ascensão é *agora*!" E direis, então: "Sim, minha mãe, ela *é* agora. É agora, neste momento, e não existe nenhum outro momento em toda a eternidade a não ser o momento em que minha consciência está ascendendo."

Naquele arco de luz e naquela visão que volta até o distante ponto no tempo e no espaço em que ouvistes essas palavras, subitamente compreendereis que o arco que atravessa os séculos é o arco da transmutação, através do qual o tempo e o espaço não mais existem, e o infinito é um. E direis, então: Jamais houve realmente tempo algum, e eu jamais, na verdade, estive em um único lugar no espaço, pois tudo é aparência, tudo é apenas o véu de *maya*.* Por isso EU SOU vivo eternamente! EU SOU vivo eternamente. Este é o dia do meu nascimento! Esta é a minha ascensão para o amor.

Então, se não existe tempo nem espaço, pergunto-vos: Onde está o cálice? Onde está o receptáculo que contém o barro, o pecado, o erro, as trevas, a rebelião e o orgulho? Esse cálice, amados, igualmente representa apenas um ponto de referência que não existe mais a partir do momento em que entrais em contato com o infinito. Colocai-vos em contato com ele agora em minha aura, em minha presença. Conhecei o infinito! Conhecei o Eterno! Sabei

---

*Véu de *maya* é o nome dado pelos hindus para a nossa realidade física, que é apenas uma ilusão sensorial. (*N. do T.*)

que não existe tempo, espaço ou lugar dentro de vós que possa manter o estado de separação, de dúvida ou de medo. Pois a consciência é uma só. A vida é uma só. E somente Deus pode viver no infinito! Apenas Deus é o eterno agora. EU SOU e vós sois esse eterno agora e esse eterno voto do EU SOU.

Desse modo, preciosos corações, se desejais libertar-vos do pecado, das trevas, da decadência, libertai-vos também da vossa consciência de relatividade. Ide ao núcleo de fogo branco da chama que está dentro de vós e conhecei a presença da realidade. E mantende-vos conscientes desse ponto de referência. Mantende-o convosco diariamente. Guardai a chama. Mantende a presença, mantende a consciência do infinito. E, então, realizai vossos atos, expressai vosso amor, e amai no tempo e no espaço, mas lembrai sempre que vosso ponto de referência é o infinito. E por saberdes disso, não mais ficareis presos naquela relatividade. Ela não mais será algo absolutamente subjetivo, e sim a percepção objetiva de um campo de força no qual projetais a chama e o fogo.

Agora podeis ver o calor que pode ser gerado por uma chama. Agora vedes o que muitas chamas podem realizar. Agora vedes a cruz que está formada nestas salas, pela configuração das vossas chamas. Essa é a cruz da vida. Essa é a cruz que carregais. Lembrai-vos de que Ele disse: "Meu fardo é leve."[5] Porque Ele conhecia a relatividade do tempo e do espaço e para Ele aquela cruz era uma cruz de fogo. Aquela cruz era o local de transmutação onde todo o sentido de tempo e espaço, e da localização das trevas no tempo e no espaço, foram consumidos no ponto em que Alfa encontra Ômega. Portanto, carregai a cruz de fogo e conquistai vossa coroa pela vossa percepção do eterno agora.

Pensai sobre as minhas palavras, meditai sobre essa experiência e compreendei — naquelas horas que acontecem de vez em quando, em que ficais presos no *maya* dos momentos que se sucedem e das crises ininterruptas — o sentido dessas palavras. Pensai sobre essa ciência da verdade pela qual podereis ser agora um habitante do infinito, residindo em vários planos — planos conhecidos como tempo e espaço, planos em que podeis projetar o infinito da vossa Presença do EU SOU.

Vim para vos oferecer uma visão mais ampla. Sabíeis que essa visão da vida é a visão que Jesus tinha ao descer *conscientemente* ao mundo da forma? Pouquíssimos entre os homens já desceram de forma consciente.

Vindo da Presença do EU SOU, a estrela da sua chegada, vindo dos fogos do infinito e descendo na forma finita, ele proclamou o decreto eterno e manteve no seu coração, ao longo daqueles 33 anos,[6] a memória do infinito. Sede acelerados por essa memória. Acelerai, ó minhas crianças, e nunca mais vos sentireis perdidos aqui embaixo. Mas sabereis sempre que EU SOU e estou aqui! E EU SOU e estou lá! E eis que EU SOU e vim para cumprir a tua vontade, ó Deus!

Portanto, toda a trama e urdidura da criação destina-se à projeção da luz da vossa Presença do EU SOU, ao exercício da luz e para expressares a nova aurora da consciência do Um.

EU SOU vossa Mãe de fogo. Mãe estrelar de fogo resplandecente, EU SOU e estou dentro da chama.

Retiro-me agora com os anjos que vieram comigo envolver a Terra, e continuaremos nossa vigília deste Dia de Natal. Mas deixamos convosco a marca da nossa presença e a memória impressa sobre o corpo etérico da habitação da vossa alma na luz infinita.

Eu vos amo, eu vos amo, eu vos amo eternamente.

Santa Bárbara, Califórnia

25 de dezembro de 1974

12

Redes e campos de força para a hora da vitória

Crianças do meu coração, vinde para os braços da Mãe Divina e encontrai descanso de todas as dificuldades da vida. Vinde para o coração da Mãe Divina e encontrai ali a câmara de luz na qual a vela votiva queima, em novena perpétua pela salvação das almas.

Anjos das legiões de Rafael, anjos do raio da Mãe, vinde! Que essas crianças da luz única conheçam a felicidade, o amor e a unidade do amor que é compartilhado pela chama da Mãe.

Venho tocar os vossos corações com o amor da Virgem Cósmica, para que possais oferecer à humanidade aquela suavidade, delicadeza e ternura que derretem até o mais duro dos corações que se afastaram do meu Filho. Sim, a resposta branda desvia o furor.[1] Sede, então, gentis uns com os outros, tende compaixão, perdoai, sede pacientes, compreendendo que através do amor a humanidade pode ser levada ao centro consagrado da lei da vida.

Venho na chama do amor, e a chama do amor tem muitas facetas. Possui a pureza cristalina do cálice do vinho novo que Jesus partilhou no reino do Pai,[2] com os santos e seres ascensos que retornaram ao núcleo de fogo branco do ser no ritual da ascensão.

Agora esse cálice está suspenso diante de vós, não o cálice da Última Ceia, mas o cálice que vem das oitavas dos mestres ascensos, e que Jesus compartilha como o vinho novo do Espírito com todos os que alcançam o nível da percepção crística do estado ascenso. Esse é o cálice da consciência crística que Ele mantém, recebendo a essência do Espírito de Deus.

Vós que beberíeis do vinho com Ele, no reino, vinde ao coração da Mãe. Vinde agora e sede purgados de todos os desejos que não são de Deus.

Não compreendeis que sois aprisionados pelos vossos desejos? O desejo de adquirir, de possuir boa reputação, de receber as adulações do mundo, o desejo de sucesso, o desejo por coisas — tudo isso cria um magneto de atração, atraindo a vós o objeto do vosso desejo. E, à medida que esses objetos chegam ao centro do vosso ser e alcançam o vórtice que criastes, eles substituem as preciosas purificações do vinho novo do reino e do coração da Mãe, substituem o fluxo do amor materno.

Compreendei que aquilo que vos é repulsivo, que é um anátema para vós, é também um magneto, atraindo para vós, como disse Jó, a coisa que mais temeis.[3]

Como podeis ver, o magneto do desejo humano tem dois lados, e o homem jamais poderá se ver livre enquanto não estiver completamente libertado de todos os desejos, a não ser o desejo de Deus pela vida eterna. O desejo de ser Deus, de ser amor e de servir não são desejos errados. São, antes, um sol rodopiante que substitui todo desejo carnal.

Vedes, então, como os caídos exibem diante dos filhos da luz as bugigangas e quinquilharias deste mundo, fazendo com que, pelo comprometimento de suas finanças e energia, eles sejam enredados no comércio dos caídos que possuem a marca da besta.[4] Todas essas coisas e todos esses bens materiais reforçam a união das almas humanas com os planos da irrealidade, com os planos que são uma perversão do corpo da Mãe.

Agora, por estardes na aura dos anjos do Olho Onividente de Maria, o Olho Onividente de Cyclopea, quando sentais na chama da verdade viva, na qual esses espíritos de fogo se tornaram, podeis ver claramente como se fosse através das águas cristalinas do amor de uma mãe, todos os apegos, fardos, coisas deste mundo que vos desviaram da Senda, século após século. Sim, há um caminho que ao homem parece direito, mas o fim dele conduz à morte.[5]

Abandonai agora todas essas coisas. Vamos supor, por um momento, que não exista nada neste mundo que desejais, ou que possa vos desviar da Senda da realização de Deus. Jogai esse desejo na chama e vos senti renascidos livres — uma alma livre para ir e vir dessa morada de barro, capaz de deixar o corpo e a ele retornar quando bem quiser.

Vossos tesouros estão no céu, pois é lá que está o vosso coração.[6] Por isso adornais a Terra com uma presença e uma chama, um espírito ministrante, um arco da verdade e um poderoso ímã, defendendo as crianças de Deus como uma mãe defende seu rebanho.

Senti-vos completamente livres das coisas do mundo, e vede como Deus é para vós todas as coisas; vede como Ele é amor, compaixão e misericórdia, como Ele é vosso próprio eu. E quando tiverdes essa sintonia com o Pai e a Mãe da Vida, sentireis o fluxo de devoção que faz contato com o coração de uma presença viva. E vereis como o fluxo é mantido pela vossa atenção; sentireis a suave chuva de amor sobre o rosto e a carícia do vento do Espírito Santo. E vos movereis por entre a natureza, a grama, as árvores e as flores. E tudo isso está ali para enfeitar vosso caminho, mas só estareis ligados à chama flamejante.

Percebei que o arco da vossa atenção é o fluxo sagrado. Por um momento de descuido, de falta de atenção ou uma simples distração, perdeis o contato; e de repente sentis uma ausência e a falta da radiação. E vos sentis privados e afastados da Presença de Deus. Então, renovais vossas invocações e recolocais vossa atenção nas hostes celestiais e na Mãe Divina. O contato é restabelecido, o fluxo é restaurado e vos sentis novamente plenos.

Assim, depois de terdes provado o vinho novo e o seu fluxo no vosso ser e na vossa consciência, compreendeis que todos os desejos do vosso ser e da vossa alma resumem-se em retornar ao centro do ser, onde Deus está, para proclamar que este ser, aqui e agora, é aquela fonte e aquele lago de água viva que flui pelo arco da vossa devoção. E, por fim, compreendeis o significado das suas palavras: "Orai sem cessar",[7] pois no instante em que deixares de orar, perdereis o contato.

O que é, então, orar? Orar é caminhar com Deus, é o cálice da comunhão que é compartilhado. A oração é o amor de uns pelos outros, é realizar a obra de Deus no homem. A oração é um trabalho artesanal. A oração é ação. A oração é a flecha lançada do coração, deixando sua marca no serviço mundial. A oração é rezar o Pai-Nosso e a Ave-Maria.

Orar é amar a vida de forma livre. A oração é ver o bem em tudo o que existe. A oração é não se ofender nem ser ofendido por nenhuma parte da vida, e sim amar e continuar amando, amando e amando cada vez mais. A oração é a compreensão de que o fluxo do amor é o equilíbrio necessário a toda a vida. O amor é a união de Alfa e Ômega, e a oração é a liberação da energia dessa união.

Quando liberais essa energia através do vosso coração para todos, acalmais a criança assustada e tranqüilizais aqueles que estão possuídos e obcecados pelos caídos. Sois a presença curadora da vida. E assim continuais nessa caminhada cheia de percalços, que segue continuamente, até serdes chamados para casa, ao trono de Deus.

Orai sem cessar.

Existem alguns dentre a humanidade cujas atividades podem ser benéficas, em termos humanos, mas eles as realizam para benefício do humano e da consciência humana. Não fazem contato com Deus, não desejam glorificar seu nome nem invocar aquela chama. Portanto, apesar de toda a sua vida e de toda a sua doação, essas pessoas não possuem o fluxo do arco da devoção. Não se pode dizer que elas oram sem cessar.

Deveis compreender que a oração perpétua é o compromisso do coração como chama viva. É o compromisso de permanecer vivo para a defesa da chama da Mãe, haja o que houver. Isso é amor, é a vitória conquistadora do amor.

Então, ao colocardes os ciclos em movimento no vosso ser e na vossa consciência, ao deixardes os ciclos rolarem em uma novena perpétua de 24 horas de orações vivas ao meu Filho, a Deus-Pai e a Deus-Mãe, compreendei que o *momentum* que acumulais durante as horas de vigília vão girar e vos manter durante as horas de sono. E vos encontrareis além deste plano, além deste templo, com a vossa alma a serviço da luz continuamente, nessa oração perpétua.

Aqueles que não possuem esse *momentum* descobrem que estão à deriva no mar astral, nas horas em que suas almas estão separadas do físico. Por isso, existe a necessidade de uma disciplina, de uma forma de nutrir a chama; existe um fluxo nos chacras que é necessário manter para serdes contados entre aqueles cujas orações se elevam como o incenso da devoção, da destilação da alma, a doce fragrância àquele que fez e criou a todos.

Eu sou Maria, o raio da Mãe, e venho até vós hoje com redes e campos de força para a hora da vitória e da vitória da chama da Mãe dentro de vós. Deveis compreender que um campo de força é um campo em que a energia é condensada e concentrada de acordo com um padrão particular, um padrão molecular, como fótons de luz que convergem para um propósito cósmico.

Um campo de força, então, é uma rede da mente de Deus. É como um coador, um filtro que possui um padrão e um desígnio específicos. E quando esse filtro é colocado sobre o chacra de cada um, sobre o poderoso chacra do coração, as energias desse chacra fluem através da rede, para liberar para toda a vida, em toda parte, um determinado plano, uma marca da mente de Deus. Essa é a luz fohática!* Essa é a energia do Grande Sol Central! Essa é a dedicação da vida pelos Senhores da Chama, vindos de Vênus!

E, assim, para a hora da vitória, é exigido um *momentum* concentrado de liberação de certos tipos de energia por todo o corpo planetário. Vimos então trazer-vos redes e campos de força designados por Ômega para cada um — cada pessoa específica com o seu padrão específico, daí a invocação específica, daí o chamado divino. Que a ação da luz, então, flua!

Agora os anjos de Maria e Rafael vêm para aqueles que fazem o chamado pelo seu livre-arbítrio, em seu interior e silenciosamente. Para vós, portanto, vêm os anjos, colocando uma rede que irá servir para a ativação e a ampliação do projeto do vosso chacra do coração, o qual está destinado a ser o centro do desejo de Deus, o desejo que Deus tem de ser.

As redes estão colocadas sobre vós. De agora em diante, o giro constante da chama trina dentro do vosso coração e o seu poderoso transbordamento e liberação vão acontecer de acordo com um padrão cósmico que fará de todos e de cada um de vós uma parte da *antahkarana* do corpo planetário dos servidores mundiais.

É desnecessário dizer que essas redes de luz são complementares. Cada uma delas é única; todas interagem como as engrenagens desta grande roda da vida, interagindo para gerar um fluxo. Isso é a comunhão do Espírito Santo.

Do mesmo modo que sois um na chama do coração, também todas as redes se tornam uma só na grande mandala do Grande Sol Central. À medida que os Filhos e Filhas do Domínio e os Guardiães da Chama forem sendo acrescentados à consagração dos servidores mundiais, aqueles que lêem ou ouvem estas palavras

---

*Fohática significa "relacionado com a Fohat". Fohat, por sua vez, é o termo tibetano que designa a força de interação entre a Idéia Cósmica e a Substância Cósmica, o "incessante poder formador e destruidor". (*N. do T.*)

poderão fazer a invocação para que essa rede especial e esse campo de força ancorado no coração da Presença do EU SOU seja liberado e selado no chacra do coração. Eu virei com Rafael, e isso será feito como a consagração da vossa vida ao serviço.

Então, nós acrescentaremos um por um a essa matriz de luz, até que 144 mil almas sobre a Terra estejam participando dessa rede para a hora da vitória, que será a realização de uma determinada mandala. A partir desse ponto e além dele, haverá uma multiplicação de redes, à medida que mais e mais seres humanos entrarem no campo de força das esferas do corpo causal da Mãe Divina.

Que os 144 mil que originalmente receberam a rede, que mantiveram o *momentum* e foram fiéis à lei da vida, sejam contados como o núcleo de fogo do corpo causal, mantendo a tocha das virtudes da Virgem Cósmica nesse núcleo de fogo. E que os que vierem depois se coloquem nos sucessivos círculos do corpo causal, até que todo o lar planetário, cheio de luz e inundados pela luz dos Guardiães da Chama, seja atraído pelos fogos sagrados da ascensão e pelo círculo santificado do Om.

Assim, no Alto como embaixo, esta é a hora da vitória! Venho hoje em graça, beleza e glória. Venho selar-vos no conceito imaculado da vossa origem na pureza. Esse é o meu amor. Esse é o meu rosário, essa é a minha oferenda de hoje.

Coloco em torno de vós uma guirlanda de rosas, uma sagrada guirlanda de luz. Esse é um presente do meu coração, alegremente oferecido, da mesma forma que alegremente ofereço minha vida para que possais viver.

Que a vida seja o eterno fluxo do amor da Mãe ao comungarmos a cada manhã na chama do rosário, para a vitória das almas de toda a humanidade. Que assim seja, crianças do meu coração.

Lembrai-vos de que a qualquer hora que precisardes do conforto e da compaixão da Mãe deveis invocar-me. Eu vos tomarei nos braços e vos acalentarei junto de mim. E recebereis o conforto que conhecestes quando crianças, nos braços de vossa mãe. Então, seguireis em frente mais uma vez, conquistando e dispostos a conquistar. Isso é vitória. Isso é amor. Isso é vida eterna. EU SOU Maria.

Los Angeles, Califórnia

28 de março de 1975

13

A oração da Mãe do Mundo

No coração de diamante da Mãe do Mundo está a luz da esperança, e a esperança é o fogo da ressurreição para a ascensão da Mãe.

Este é o ano da coroa de regozijo da Mãe. Este é o ano da coroa da chama da ressurreição — uma coroa para ser usada, uma coroa para ser o ponto focal de luz para a ressurreição dos filhos e filhas de Deus sobre a Terra.

Venho com essa coroa do fogo da ressurreição. Venho conceder à vossa Mãe da Chama a coroa de Mãe do Mundo para 1976, e que esse cargo no céu e na Terra possa ser mantido pelo nosso esforço conjunto. Venho com a Mãe para ser a Mãe, para ser a mestra, para ser a noiva do Espírito Santo. Venho com a Mãe para ser a amada do Buda.

Serei no céu e na Terra sua luz e seu fluxo, sua coroa e a sua Criança Crística nascendo agora no ventre do tempo e do espaço. A Criança Crística que surge é a luz única nos corações de todos que bebem da fonte da luz de Alfa. Vereis como a chama do eterno *Christos* dentro do coração dela irá magnetizar a proteção e a perfeição dos avatares que virão, e também daqueles que já estão aqui vivendo entre vós como seres adoráveis.

Eu sou Maria, a Mãe de Jesus. Que Ele possa nascer dentro de vós é minha oração. Eu sou a Mãe que bate à porta do vosso coração. Estais prontos para me receber, para que eu possa dar à luz a Criança Crística dentro de vós?

Venho liberar a chama da ressurreição dentro do vosso coração para ressuscitar o destino flamejante da vossa própria obra de arte. Venho trazer os fogos da ressurreição ao coração da América e ao coração de todas as nações nas quais o meu nome seja reverenciado como a Mãe de Deus. Venho ressuscitar o propósito da luz e estabelecer a matriz ígnea para o renascimento, a regeneração e a desobstrução do caminho para a sétima raça raiz.

Este é o ano da vossa oportunidade de serdes os seres disciplinados. Este é o ano da vossa oportunidade de serdes os filhos e filhas da liberdade. Um ano de alegria, de renovação da vida, de milagres vindos das mãos da Mãe! Um ano de cura e de desobstrução do caminho pelas águas da vida!

EU SOU o raio da Mãe dentro de vós. E quando me conhecerdes, conhecereis a deusa branca dentro de vós, cuja energia se elevará e levará vossa alma ao lugar do coração.

Que a paz agora esteja no coração da Mãe. Que a paz esteja em sua alma. Que a paz esteja nos corações dos seus filhos, pois tudo está bem. E a vida é real, e a vida é alegre, e a vida é a realização da plenitude de Deus.

Venho a vós em meio à minha novena no Grande Sol Central para a luz búdica e para a luz das eras. Minha novena é pela paz na Terra, pela boa vontade, pela iluminação, pela pureza, especialmente pela cura e por graças, para que as almas amem umas às outras e ajudem umas às outras. E minha vigília com o Senhor do Mundo é para que a liberdade e a vontade de Deus possam prevalecer na sociedade em todas as terras, da menor à maior.

A cada ano, nesta época, eu faço a novena como preparação para o Ano-novo. Pois estou em busca de novas dispensações para os filhos de Deus. E devo oferecer a energia do meu coração para que o Todo-Poderoso possa dar-me essas dádivas e graças, que visam o cuidado gentil, o entendimento, as necessidades simples dos pequeninos, das mães e dos pais — sim, as necessidades simples das pessoas e do mundo, muitas das quais não têm mantimentos, não têm nem mesmo o suficiente para comprar sapatos ou roupas apropriadas. E, no entanto, vêm até os lugares consagrados ao meu nome para rezar, trazendo flores que eles mesmos colheram com o seu amor, com as suas preces, e até mesmo com as suas superstições. Esses pequeninos são meus, e eu sou a única que cuida deles, não o Estado nem o governo, ou outros que sempre estão muito ocupados para notar esses pequenos cordeiros de Deus.

Seres preciosos, se estivésseis em meu lugar, olhando no fundo dos olhos esperançosos daqueles que não têm nenhuma outra esperança a não ser o raio da Mãe, eu vos digo que também responderíeis como eu respondo. E Deus Pai, que ouve minha prece, também responde. E eu transmito a eles, através das minhas mãos e do meu Sagrado Coração, a alegria que os torna felizes, na maior parte do tempo sem perceber a própria pobreza.

Porém, seres preciosos, se eles não se apercebem da própria pobreza, não se pode dizer o mesmo dos caídos. Os governantes deste mundo, que possuem dentro de si a perversidade dos que estão no alto, tiram vantagem dos meus filhinhos. Na América do Sul, na América Central, neste país, na África, no Oriente Médio, nas ruas das grandes cidades do mundo, são sempre os meus pequeninos que eles procuram. Tentam retirar-lhes a luz, sugar suas energias, mantê-los em um sistema de trabalho perpétuo, não por amor a Deus, mas a serviço do Estado. Eles os controlam, mantendo-os na ignorância. E seu plano maior é usá-los, mobilizá-los e agitá-los para que apóiem um Estado mundial sob a direção dos caídos. Eles usam as minhas crianças porque elas carregam a verdadeira luz de Deus.

Venho até vós, que tivestes oportunidades incomuns na vida, que sois instruídos, que tendes posses e a compreensão das formas avançadas de governo. Peço vossa ajuda. Minhas crianças precisam da arma da vossa proteção, do vosso amor, da vossa instrução. Precisam do anel impenetrável que poderá selá-los e impedi-los de ser vítimas das trevas. Cuidai das minhas crianças, Guardiães da Chama.

Venho até vós com a minha prece. Ajoelho diante da Criança Crística que nasceu dentro de vós. Vim ver o bebê de Belém. Sei que a luz dessa Criança fará com que eleveis em pureza certas defesas contra todas as sofisticações, as armas e os caídos, que avançam com os seus planos, confiantes de que serão capazes de reverter os planos da Grande Fraternidade Branca.

Eles são enganados por seus senhores feudais. Eles não conhecem ou não acreditam na profecia da vinda do Fiel e Verdadeiro, o meu próprio Filho amado e os exércitos que estão no céu.[1] Eles não viram as hostes do Senhor acampadas nas colinas do mundo.

E assim, no momento em que os exércitos de luz se aproximam e os velozes caídos prosseguem, eu venho e vos digo: Tomai-os nos braços, meus filhos — velhos e jovens, alguns cansados e já prontos para o próximo mundo, outros cansados desde o nascimento. Protegei-os do Maligno. Esta é a oração do meu Filho.

Meu Filho não declarou que este mundo é mau. Ele pediu que as crianças de Deus permanecessem no mundo para glorificar a Deus, para venerar a chama e selar a *Mater* para minha vinda nesta era. Sua oração era, e ainda é hoje, do mesmo modo que a minha, pedindo a proteção desses pequeninos.

Levareis adiante o serviço de Clara Louise, oferecendo vossa vigília para os jovens e para as crianças que chegam?[2] A necessidade nunca foi tão grande. Que eles sejam protegidos das drogas, das crueldades do mundo e daqueles que não possuem a chama ou a luz da Mãe.

Há tantos bebês em berços na Terra esta noite. Eu dou um beijo de boa-noite em cada um deles. Eles esperam minha vinda. Suspiram de leve, durante o sono, e sabem que eu estive ali.

Muitas vezes, para muitos deles, esse é o único ato de amor materno verdadeiro que recebem durante um dia inteiro, pois os pais deste mundo estão muito atarefados, cuidando de outras coisas. Não compreendem as necessidades dos pequeninos, nem o quanto eles esperam, ou o quanto anseiam ouvir os passos do pai ou da mãe, o quanto esperam pela vinda ao lar.

Quando estiverdes com vossos filhos, dedicai a eles toda a vossa atenção. Fazei com que saibam que são as pessoas mais importantes em vossa vida. Deixai-os perceber vossa preocupação e sentir vossa compreensão com os seus sonhos, suas fadas, suas bonecas, suas esperanças para o futuro e suas perguntas.

E quando disserem: "Mamãe, quero lhe contar uma coisa", não é a coisa que eles têm para contar que é importante. É o ato de contar, em si, pois esse ato de contar é a comunhão deles com o vosso coração. E, às vezes, quando dizeis que sim, eles esquecerão o que havia para contar, de tão empolgados ficaram por estardes escutando.

Podeis ser mãe e pai para milhões de almas. Podeis vir comigo à noite, quando vossas almas saem dos templos dos vossos corpos e seguem para os níveis etéricos. E podeis dar assistência a esses preciosos pequeninos do mundo da forma para fazê-los sentir a plenitude de Deus.

Muitos de vós estais aqui porque eu vos selei em meu amor desde a vossa primeira inspiração, para que fôsseis protegidos das circunstâncias do vosso carma que, de outro modo, deixariam em vós cicatrizes profundas demais para que pudésseis apreciar os mestres ascensos. Como podeis ver, a intercessão da Mãe engloba tudo, abrange tudo, impregnando os pequenos aspectos da vida que fazem com que ela valha a pena ser vivida, as pequenas necessidades, os gestos carinhosos que fazem surgir um sorriso de alegria e transformam a chuva em sol.

Há muitos que têm necessidade de vós nesta noite, muitos que estão chamando pelo nome da Mãe. Eles anseiam pela sua vinda, por estar com a Mãe. Que as vossas almas sejam infundidas pela luz da Mãe do vosso próprio ser e a transmitam, pois esta é a única e verdadeira cura. Esta é a única e verdadeira alegria — a alegria de doar e observar as plantas, os elementais, as sílfides e as ondinas, as crianças e as pessoas de todas as idades que retornam à vida porque as amastes. E esse retorno à vida é a obra da Mãe nesta era.

Uni as mãos, então, nas vossas almas, mentes e corações. Uni as vossas mãos para a vitória da Mãe. E sabei que quando rezais o Rosário da Renúncia[3] comigo, estais permitindo a entrada de uma ordem muito especial de anjos no serviço da humanidade, que se chama a Ordem dos Anjos de Luz da Renúncia. Eles vêm para ministrar às crianças de Deus que estão passando suas iniciações, e intensificam o mistério da renúncia. Esses anjos ajudam as crianças de Deus a libertar a consciência de seus apegos. Eles as ajudam a se libertar, a se tornar mais de Deus, a reconhecer que tudo deve ser abandonado para que a Senda possa ser seguida.

Gostaria que me fizésseis outro favor. Gostaria que vos preocupásseis com o movimento de libertação da mulher nesta nação e em todo o mundo. Gostaria que tomásseis a vosso encargo a missão de instruir a humanidade a respeito do verdadeiro caminho da libertação da alma e do raio feminino, e dos verdadeiros significados dos impulsos da Era de Aquário. Gostaria que estudásseis as palestras da Mãe da Chama e o meu preceito como parte do vosso mistério da renúncia, um preceito que contém uma dispensação especial do Senhor Cristo, dada na cidade de São Francisco.

Assim, com o Mistério da Renúncia, podereis realizar muito. Podereis iluminar as almas para que as mulheres da América não percam sua luz — a luz de que elas precisam este ano — em rebelião, orgulho e ambição, ao afirmar a mente carnal em oposição à luz do Cristo. Não deveis ignorá-las nem julgá-las tolas. Deveis, sim, ir até elas e perguntar-lhes se já consideraram a idéia de buscar a Mulher Divina dentro delas próprias, para encontrar a liberdade e a plena expressão de criatividade.

Preciosos, há tanto trabalho a ser feito pelas mulheres da América e do mundo, depois que elas fizerem contato com o EU SOU O QUE EU SOU. Sejais todos, pois, diligentes em ouvir estas palestras, em absorver a radiação e a dispensação do meu preceito e em renunciar diariamente a todos os aspectos do não-eu, conforme especificados no Apocalipse, que forma parte da oração "Eu Renuncio".

Jamais palavras tão doces foram ditas; jamais amor maior fluiu do que aquele que vem da alma que declara: "Ó, Deus, eu renuncio." E nessa rendição está o alívio do peso que é carregar o próprio fardo. E o maior dos vossos fardos, é claro, é a mente carnal, o ego com todas as suas dores, todos os seus prazeres e todos os seus típicos excessos.

Quando renunciais, inspirais profundamente e sabeis que finalmente Deus em vós vai executar a obra das eras. Que seja assim. Que essa seja a conclusão de nossa mensagem, que Deus em vós realizará o trabalho das eras porque vos rendestes ao vosso Eu Verdadeiro.

Recebo agora uma linda coroa florida, com lírios, rosas brancas, camélias e gardênias, uma linda coroa que os anjos da renúncia me trazem de presente. Eles a colocam sobre mim, como Mãe do Mundo no Espírito, e eu a retiro e a coloco sobre a Mãe do Mundo na *Mater*. Juntos agora, de mãos dadas, provaremos a ciência da figura em forma de oito, o teste do oitavo raio e o teste das crianças do oitavo raio.

Assim como Buda prepara o caminho, oferecendo os seus ensinamentos sobre a Senda Óctupla, assim no Alto como embaixo, no vosso coração e no meu próprio, que a luz flua.

Anaheim, Califórnia

30 de dezembro de 1975

14

Uma vigília no túmulo da matéria

A Mãe Estrelar vigia no túmulo da Matéria. Ela aguarda a chegada do Senhor. Ela espera pela vinda, pelo novo nascimento do Pai, do Filho e do Espírito Santo na chama trina da ressurreição. O espírito da vida, encerrado numa forma que não segue a lei do que não tem forma, é, desse modo, crucificado na Matéria.

Das formas de vida mais baixas às mais elevadas, Deus Pai, Filho e Espírito Santo aguardam o momento da demonstração da lei do renascimento. Por mais quanto tempo, Senhor? Por mais quanto tempo os santos deverão continuar a rezar? Por mais quanto tempo Deus continuará sendo crucificado na Matéria?

Assim como a Mãe espera pelo nascimento de seu bebê que sairá do ventre do tempo e do espaço, ela aguarda também a ressurreição do Filho Varão para a libertação da luz de Deus. As correntes da ressurreição são liberdade, uma chama. As correntes da ressurreição existem para o perdão de todas as almas em expiação. Enquanto houver separação e sentimento de separação, a Mãe vai esperar com o Espírito Santo no ventre do tempo e do espaço, no túmulo da Matéria, aguardando o nascimento do Deus eterno.

Eu sou Maria. Alguns me chamam de Mãe de Deus. De fato, eu cuido da encarnação de Deus em toda a vida, como também vós devíeis fazer.

Aqueles que compreendem a verdadeira senda da religião pela qual a alma é unida a Deus precisam compreender que todo filho, filha e criança da chama deve participar de todos os aspectos do relacionamento com Deus; precisa conhecer Deus como pai e como filho, como filha e como mãe, como esposa, esposo, criança, como o amado, como o guru e como o discípulo. Portanto, entrar em um relacionamento com Deus é santificar a vida e todas as interações que ocorrem entre as correntes de vida. Este é o objetivo da encarnação, da reencarnação, do carma e da realização do *dharma* de cada um.

O objetivo é conhecer a Deus, descobrir a totalidade de Deus. E isto só pode ser alcançado no tempo e no espaço — na linha que é tempo e no espaço que é Deus —, sendo experimentado em porções do todo, até que a alma do indivíduo, por esse intercâmbio, contenha a totalidade de Deus.

Como podereis vos tornar em algo que não haveis experimentado? Através do vosso amor por toda a vida chegareis a conhecer Deus. E ao conhecerdes Deus, vos tornareis Deus. No momento em que vos tornardes Deus, vós o retirareis da cruz. E ele se tornará livre para ser a percepção expandida do eu. E essa expansão da autopercepção é o propósito da criação. Eu o conheci sempre, e Ele preferiu deixar que as evoluções deste cosmos o conhecessem como Mãe, como eu carrego a chama da Mãe.

De que forma, então, irá a humanidade, através de vós, conhecer a Deus? Será que o conhecerão como o artesão do Espírito, como um Mestre Alquimista?

O que sereis vós, preciosos filhos do Um? O que sereis para que a humanidade possa encontrar mais de Deus surgindo, e para que possais liberar o Deus que surge na forma da vossa mestria pessoal?

Quanto de Deus as crianças vêem por meio do contato com o vosso ser abençoado? Podem elas tocar a barra da vossa veste, do manto da vossa própria mestria, e sentir ali o trepidar da Espírito e o fluxo do vosso amor curador?

Neste dia em que lembramos a crucificação do meu Filho, eu gostaria que ela acontecesse a vós — não pela morte dos quatro corpos inferiores ou da alma, mas pela expressão alegre de um dos aspectos do Salvador na cruz de sua mestria, de sua coragem e de sua paciência, do seu grande amor pelos discípulos e pelas mulheres santas. E, mesmo na hora da cruz, a fragrância daquele amor veio até nós como rosas, lírios e violetas. Estávamos no refúgio do coração de Deus no momento em que os relâmpagos, os trovões e a chuva desceram, como o sinal dos céus de que o Filho de Deus fora oferecido para que toda a humanidade pudesse viver.

Já vos falamos daquela hora, na câmara, quando a Páscoa foi compartilhada, quando o pão e o vinho foram abençoados, cortado e passados aos discípulos. Também compartilhamos o conhecimento daquele supremo sacrifício, que foi feito em nome da ciência. Sabíamos dele desde o Princípio. Já o conhecíamos antes da nossa encarnação, do mesmo modo que as vossas almas conhecem a hora da vossa vitória e superação.

De algum modo, porém, quando a hora chega, ela vem envolta em emoções, pensamentos e sentimentos momentâneos. O peso dos poderes das trevas e de Satanás era muito grande quando eles entraram no coração do traidor e na multidão, que foi manipulada pelos magos negros, pelo Sinédrio e pelos que entraram nas sinagogas.

Quando eles usaram aquelas preciosas correntes de vida contra o Cristo, Jesus sentiu um peso ao ver que eles foram tão facilmente manipulados, embora soubesse que precisavam cumprir o papel que lhes fora designado. E conforme foi caminhando pelas estações da cruz — estabelecendo o padrão da vossa iniciação para os tempos ainda por vir, vencendo as trevas nas linhas daquelas estações através da chama de Alfa e Ômega —, seu coração estava pesado e preocupado. Em seu íntimo, Ele se perguntava de que forma a humanidade que viria depois Dele poderia adquirir o conhecimento interno para seguir seus passos. E, se obtivessem esse conhecimento interno, pensava Ele, como poderiam enfrentar a terrível densidade dos seres das trevas, a virulência do ataque de todas as legiões, dos poderes da escuridão e dos caídos que vieram, fazendo com que Jesus declarasse que aquela era a hora deles e o poder das trevas?[1]

Enquanto Ele refletia, preocupado com o destino dos iniciados na Senda e os membros da comunidade do Espírito, sobre como eles poderiam vencer em sucessivas encarnações, viu as filhas de Jerusalém chorando — chorando pelo seu sofrimento, que para Ele não era tão grande quanto a agonia da preocupação em evitar que aqueles com menos mestria e menos entendimento de Deus pudessem chegar até aquele ponto, a mais magnífica de todas as iniciações e recuar, tomando o caminho inverso, abandonando a cruz e usando os poderes que Jesus lhes deixara; poderes de levitação, de dissolução dos corpos e de desaparição. Tudo isso Ele poderia ter feito a qualquer momento, desde a hora em que foi capturado no Jardim do Getsêmani, ou a qualquer momento durante o julgamento ou nas estações da cruz.

Ele sabia que Ele e eu, sua mãe, deveríamos nos encontrar, que nossos olhos deveriam se tocar no fluxo do amor de Deus. Ele sabia que ainda me veria pela última vez neste mundo, naquele nível de consciência, e esta era uma parte do grande drama da iniciação que deveria ser vivida. E a força de atração do nosso amor era tão grande quanto a força de atração dos grandes corpos estrelares que pertencem ao grande núcleo de fogo do Um. Assim, nossa compreensão da lei, segundo a qual nós já éramos Um e seríamos Um por toda a eternidade, nos ajudou naquele momento em que sentimos a dor da separação, e que se manifestou como uma única lágrima nos olhos da Mãe.

A dor da separação e da contemplação da morte, embora a morte não seja real, dura apenas um momento, seres preciosos. Portanto, deveis ver que a pena que sentis pela *via dolorosa* serve apenas para alimentar aquilo que não é real, tanto para Jesus ou para mim mesma quanto para quaisquer outros filhos e filhas de Deus que experimentaram essa paixão do amor supremo de Deus em demonstração.

EU SOU a Mãe, cuidando da vida. Sou a chama dentro de vós, encorajando-vos, impelindo-vos para a próxima vitória. Mantenho a promessa do vosso conceito imaculado. Já vi o vosso fim a partir do vosso início, e o vosso início a partir do vosso fim. Já vi como Deus projetou vossa vida para ser um exemplo único da iniciação da crucificação, e cada um de vós vai viver essa iniciação de uma forma muito particular e distinta. Pois há muitos que vos observam enquanto trilhais o caminho da vida, muitos que também devem superar a cruz do carma, a cruz de todas as más utilizações do fogo sagrado. E eles vos observam para ver se sereis tentados, se vos prostrareis diante do príncipe deste mundo que virá vos oferecer seu poder e domínio sobre as cidades e as nações terrenas.

Muitos, muitos mesmo, escolheram o caminho do poder. O poder é como um vinho forte. Inebria homens e mulheres. Torna-os cruéis e tiranos, torturando uns aos outros como se as vidas humanas fossem formigas, gado ou algo sem importância. Então, o poder de Deus, o poder supremo do céu e da Terra, que é outorgado ao vencedor, lhe é dado após a ressurreição, depois de ele deixar de lado as coisas deste mundo. Mas aqueles que adquiriram poder (como César, Pilatos, os sumo sacerdotes, anciãos, médicos e advogados), bem como os que controlam a riqueza dos reinos, eles são como sempre foram. São exatamente iguais, e assim deverão permanecer até o tempo da colheita e a separação entre o joio e o trigo.[2]

Por tudo isso, não precisais procurar muito longe para encontrar os instrumentos do julgamento do Cristo, a crucificação do Cristo dentro de vós. Os atores estarão lá para desempenhar seus papéis. Eles estarão lá, seres preciosos. De uma coisa podeis ter certeza: Estais prontos para desempenhar vosso papel. Lembrai-vos que milhões de almas seguiram o caminho do Cristo porque o meu Filho não abandonou as estações da cruz.

Ouvi, então, os ensinamentos da Mãe sobre as estações da cruz e compreendei que caminhareis por essas estações repetidas vezes, transmutando, superando os ciclos de carma pessoal e planetário, até terdes ancorado em vossos chacras a força de Alfa, a força de Ômega, o *momentum* de luz ígnea necessário para passardes nessa iniciação. E Deus não permitirá que vos apresenteis diante do tribunal deste mundo sem o *momentum* de luz necessário. Deus não permitirá que entreis nessa iniciação a não ser que esteja certo de que tendes todo o fogo, toda a luz e todos os incrementos de poder, sabedoria e amor para a superação e para a vitória.

Então, compreendei que não há necessidade de recuar. Não há necessidade de temer. Não há por que permanecer intrigado com relação à Senda da iniciação. Pois o filho e a filha de Deus que tiverem sido escolhidos para trilhar esse caminho serão cuidadosamente preparados e protegidos, como se fossem recém-nascidos, como se fossem cordeiros. Para isso, Deus envia seus anjos. Deus envia seus santos anjos para cuidar daqueles que estão passando pela noite escura da alma, pela superação de todas as condições.

Cuidai, então, para que não vos demoreis nessa noite escura por auto-indulgência e autopiedade, ou pelas imensas pedras no caminho representadas pela autocondenação ou ainda pela cegueira do orgulho e da ambição. Cuidai para sempre vos lembrardes de dizer comigo: "Eu renuncio." Cuidai para compreenderdes que eu disse que Ele deu sua vida! Ele permitiu que o Cristo fosse crucificado pelo bem da ciência!

Ele era o grande cientista daquela era e de todas as eras. Ele provou — não pelo poder dos magos negros nem de Satanás, mas apenas pelo poder de Deus — que esse templo pode ser levantado de novo em três dias.[3] Em três ciclos de 12, Ele provou a mestria da chama trina sob as 12 hierarquias do sol,[4] passando todas as iniciações das grandes hierarquias solares que estavam em íntimo contato com o Senhor, enquanto Ele passava aquelas horas no túmulo da *Mater* e enquanto nós assistíamos do lado de fora, mantendo a chama da Mãe como um contraponto para a dele, que mantinha a luz do Espírito de Alfa por toda a humanidade.

Que aqueles que merecem o título de *cientistas* sigam os conselhos de Leto[5] e de todos os mestres que também são cientistas. Porque a prova da verdade no laboratório dos quatro corpos inferiores é o vosso supremo chamado.

Eles podem questionar, argumentar, espalhar a mentira de que alguém roubou o corpo, de que o Cristo nunca morreu na cruz ou que nunca ressuscitou. Asseguro-vos que a prova está no *akasha*, e o registro da Paixão do meu Filho está gravado na alma de todos os filhos de Deus que evoluem neste sistema de mundos. Essa é a grande dádiva da vida de Jesus Cristo — o fato de Deus, o Pai, ter oferecido a todos os seus filhos o registro da vitória, a prova científica! O registro está aí, dentro das vossas almas, vós que vos propusestes a ir e fazer o mesmo.

Quem são, então, os que negam o Senhor, sua vinda e sua vitória? Eles são filhos de Belial, de Satanás e de Lúcifer. São os filhos das trevas, aqueles que não têm alma e, portanto, não possuem o registro da vitória. Por isso, dão testemunho de seu pai, o Demônio, que foi assassino desde o princípio e nunca fez morada na verdade.

Por isso, não olhai para o príncipe deste mundo nem para os caídos, que têm o poder do príncipe deste mundo. Eles não vão dar testemunho da verdade! Eles vão dizer-vos que não podeis conhecer a verdade que vos libertará. Vão rir e debochar quando falardes a palavra da verdade, e dirão que a verdade é relativa.

Pois bem, eu vos digo, seres preciosos: A verdade não é relativa para homem algum, em nenhum nível da consciência humana. A Verdade é a manifestação absoluta do Deus Todo-Poderoso dentro de vós! Ela é a testemunha da chama da vida! É o aperfeiçoamento da alma. É a lei da senda da iniciação. E tendes a promessa de que "conhecereis a verdade e a verdade vos libertará!".[6] É possível, sim, conhecer a verdade e conhecer a verdade absoluta no tempo e no espaço. E deveis confirmar e afirmar vossa crença, vossa fé e vossa compreensão na ciência da verdade em todas as palavras de Jesus Cristo. Deveis compreendê-la através do Espírito Santo, pois o Espírito Santo vai trazer de volta à Bíblia aquelas passagens e pequenas frases que foram alteradas pelos caídos para enganar, confundir, dividir e conquistar as crianças da luz.

Sede prudentes, crianças de Deus. Sede prudentes como as serpentes e simples como as pombas.[7] Sede prudentes e compreendei que durante milhares de anos os mesmos caídos que tentaram o Senhor Cristo têm perseguido vossas almas, impedindo-vos de ter a percepção de Deus, unindo-se ao vosso egoísmo, à vossa sensualidade, às vossas trevas, e, a partir daí, afastando-vos do credo, do ensinamento, da lei, da chama, do amor e da humildade do Cristo.

Eis que Jesus declarou: "O príncipe deste mundo vem, mas nada tem em mim."[8] E não havia nada nele — nem uma mancha, nem uma marca, nem um ponto sequer de ancoragem para os caídos.

Podeis ser assim também. Podeis ser purgados de todos os elementos da vossa própria criação que tenham possibilitado aos caídos vos fazer tropeçar no caminho da cruz. Porém, deveis ser prudentes. Deveis estudar os ensinamentos. Deveis conhecer a Lei. Até mesmo quando Satanás foi tentar Jesus no deserto ele citou a lei dos profetas. Ele citou as sagradas escrituras.

Jesus conhecia bem a Lei. Que os verdadeiros israelitas, então, também conheçam a Lei. Pois a Lei é a defesa certa do vitorioso. O estudo da Lei vai vos possibilitar ir adiante daqueles que possuem o supremo desenvolvimento da mente carnal como a identidade do anticristo, e eles não serão capazes de confundir-vos com suas mentiras. Pois a verdade do mago branco é o cajado que engole a serpente do mago negro.

Vede, então, que a Senda é para vós — a Senda existe para a vossa vitória. Ela pode ser conquistada. Ela pode ser conhecida. Podeis ser livres. Mas deveis ficar sempre alertas. Deveis ser prudentes. Deveis ser diligentes na vossa aplicação.

Deixo-vos agora aos cuidados da vossa consciência, do vosso Cristo Pessoal e da vossa chama da Mãe. Dou-vos aquilo que Deus já vos deu — a suprema responsabilidade pela vossa vitória. Estarei esperando nas asas da vida para observar vosso desempenho, pois sois agora atores no grande drama da crucificação da Mãe na Era de Aquário.

Vejamos, então, com que velocidade o drama dos filhos e das filhas de Deus provará ao mundo mais uma vez que o Cristo vive, que a mestria crística é a ciência desta era e que essa ciência é equivalente ao domínio *total* da *Mater*!

Continuo fazendo minha vigília junto ao túmulo, aguardando vossa vinda na manhã da ressurreição. Eu sou Maria, vossa Mãe para sempre.

Los Angeles, Califórnia

16 de abril de 1976

A imagem do seu Eu Divino

A imagem do seu Eu Divino é um retrato de você e do Deus que habita seu interior. É um diagrama de você mesmo e do seu potencial de se transformar em quem realmente é. É uma representação da sua anatomia espiritual.

A figura superior é sua "Presença do EU SOU", a Presença de Deus que está individualizada em cada um de nós. É o seu "EU SOU O QUE EU SOU" pessoal. Sua Presença do EU SOU está envolvida pelas sete esferas concêntricas de energia espiritual, que formam o chamado "Corpo Causal". Essas esferas de energia pulsante contêm o registro das boas obras realizadas desde a sua primeira encarnação na Terra. Representam, digamos assim, sua "conta bancária" cósmica.

A figura do meio da imagem representa o "Santo Cristo Pessoal", também chamado de Eu Superior. Você pode considerá-lo como seu anjo da guarda principal e seu melhor amigo; seu instrutor interior, a voz da sua consciência. Assim como a Presença do EU SOU é a presença de Deus individualizada para cada um de nós, o Santo Cristo Pessoal é a presença do Cristo universal individualizada para cada um de nós.

"O Cristo" é, na verdade, um título dado àqueles que alcançaram a unidade com o seu Eu Superior, ou Ser Crístico. É por isso que Jesus foi chamado de "Jesus, o Cristo". Cristo vem da palavra grega *christos*, que significa "ungido" — ungido com a luz de Deus.

A imagem do seu Eu Divino

A imagem mostra que cada um de nós tem um Eu Superior ou "Cristo interno", e que estamos destinados a nos unir com o Eu Superior — quer o chamemos de Cristo, Buda, Tao ou Atman. Esse "Cristo interno" é o que os místicos cristãos costumavam denominar de "o homem interior do coração" e o que os *Upanishads* misteriosamente descrevem como um ser do "tamanho de um polegar" que "habita as profundezas do coração".

Todos temos momentos em que sentimos essa conexão com o Eu Superior — quando somos criativos, amorosos, alegres. Mas há instantes em que nos sentimos fora de sintonia com ele — quando sentimos raiva, depressão, tristeza. A Senda espiritual nos ensina a manter essa conexão com nossa consciência superior, para que possamos oferecer nossa melhor contribuição à humanidade.

O feixe de luz branca, que desce da Presença do EU SOU através do Santo Cristo Pessoal e chega até a figura inferior da Imagem, chama-se cordão de cristal (também denominado de cordão de prata). É o "cordão umbilical", a linha salva-vidas que liga você ao Espírito.

Seu cordão de cristal também nutre a chama de Deus, especial e radiante, localizada na câmara secreta do seu coração. Ela é chamada de chama trina ou centelha divina, e é, literalmente, uma centelha do fogo sagrado que Deus transmitiu do Seu coração até você. Essa chama é denominada "trina" porque expressa os atributos primários do Espírito — poder, sabedoria e amor.

Os místicos de todas as religiões constataram a centelha divina, descrevendo-a como a semente da divindade interior. Os budistas, por exemplo, falam da "semente da budicidade" que existe em todos os seres viventes. Na tradição hindu, o Katha Upanishad fala da "luz do Espírito", que se oculta no "lugar sagrado do coração" de todos os seres.

Da mesma forma, o teólogo e místico cristão Meister Eckhart, no século XIV, falava sobre a centelha divina: "A semente de Deus está em nosso interior." Existe uma parte de nós, dizia Eckhart, que "permanece eternamente no Espírito e que é divina. (...) Aqui Deus cresce e flameja sem cessar".

Quando decretamos, meditamos na chama que fica na câmara secreta do coração. Essa câmara secreta é o seu templo de meditação pessoal, seu castelo interior, como Teresa de Ávila costumava chamá-lo. Na tradição hindu, o devoto visualiza uma ilha de jóias no interior do coração. Vê a si mesmo nessa ilha, diante de um lindo altar, de onde, em profunda meditação, envia amor ao seu mestre.

Jesus falou sobre a importância de entrarmos na câmara secreta do coração, quando disse: "Quando rezais, deveis entrar no quarto, fechar a porta e orar em segredo ao Pai; e o Pai, que vos ouviu em segredo, recompensar-vos-á abertamente."

A figura inferior da Imagem do Seu Eu Divino representa você na Senda espiritual, envolvido pela chama violeta e pela proteção da luz branca de Deus, o "tubo de luz". Sua alma é o potencial vivente de Deus — sua parte mortal que poderá se tornar imortal. A energia de alta freqüência da chama violeta poderá ajudá-lo a alcançar esse objetivo mais rapidamente.

O propósito da evolução da sua alma na Terra é desenvolver a mestria pessoal, equilibrar o carma e cumprir sua missão no planeta, para assim poder retornar às dimensões espirituais que são seu verdadeiro lar. Quando finalmente sua alma levantar vôo e ascender de volta a Deus e ao mundo celestial, você se tornará um Mestre "Ascenso", livre dos ciclos do carma e do renascimento.

Notas

Uma palavra da Autora

Este trecho foi retirado da palestra apresentada por Elizabeth Clare Prophet no "Serviço para Nossa Senhora", em 3 de julho de 1984, durante a conferência denominada "Fala a Chama da Liberdade", realizada no Coração do Retiro Interno, em Park County, Montana.

1. Para ensinamentos a respeito do relógio cósmico, procure os livros: *Preveja seu futuro: compreenda os ciclos do relógio cósmico* (publicado Brasil pela Editora Nova Era); *The Great White Brotherhood in the Culture, History and Religion of America* (p. 173-206) e *Seminar on the Cosmic Clock*, álbum duplo (Summit University Press).
2. As 14 estações da cruz são 14 cenas das últimas horas da vida de Jesus. Elas representam sua mestria e sacrifício em prol da humanidade. Primeira estação: Jesus é condenado à morte; segunda estação: Jesus carrega a cruz; terceira estação: Jesus cai pela primeira vez; quarta estação: Jesus encontra sua mãe aflita; quinta estação: Simão Cireneu ajuda Jesus; sexta estação: Verônica enxuga a face de Jesus; sétima estação: Jesus cai pela segunda vez; oitava estação: Jesus consola as mulheres santas; nona estação: Jesus cai pela terceira vez; décima estação: Jesus é despido de suas vestes; décima primeira estação: Jesus é pregado na cruz; décima segunda estação: Jesus morre na cruz; décima terceira estação: Jesus é retirado da cruz; décima quarta estação: Jesus é colocado no sepulcro.

Prólogo

1. Mt 13:33.
2. Nossa Senhora, *Pérolas de sabedoria*, v. 15, nº 32 — 1972 (publicada pela The Summit Lighthouse).
3. Rm 12:4; ICo 12:27; Ef 4:12.
4. Ap 12:10-11.
5. At 2:1.
6. Ap 21:3.
7. Mt 24:14.
8. Ap 11:3, 10.
9. Ap 12:5.
10. Rm 8:7.
11. Jo 1:9.

Introdução
A Alma de Maria no Céu

1. Uma raça-raiz é um grupo de almas que encarnam juntas e compartilham de um padrão arquetípico único, bem como de um plano divino e uma missão a ser cumprida na Terra. De acordo com a tradição esotérica, existem sete grupos primários de almas — da primeira à sétima raça-raiz.
2. Nossa Senhora, *Pérolas de sabedoria*, v. 18, nº 44, p. 230 — 1975 (publicadas pela The Summit Lighthouse).
3. Ibid., p. 231-232.
4. A Grande Fraternidade Branca é a ordem espiritual dos santos do Ocidente e adeptos do Oriente que transcenderam os ciclos de carma e renascimento e ascenderam ao mundo celestial. São conhecidos como mestres ascensos. A Fraternidade também inclui os arcanjos e outros seres espirituais avançados, bem como seres não ascensos. O "branco" no nome refere-se à aura de luz branca, o halo que envolve esses seres.
5. Os Senhores do Carma são os seres ascensos que dispensam a justiça para este sistema de mundos, decidindo questões de carma, misericórdia e julgamento em prol de cada corrente de vida.
6. O Deus e a Deusa Meru focalizam o raio feminino para o planeta em seu retiro, o Templo da Iluminação, que fica sobre o lago Titicaca, na cordilheira dos Andes, América do Sul. O raio masculino para o planeta é focalizado pelo Senhor Himalaya, no seu Retiro do Lótus Azul, na cordilheira do Himalaia.

7. Ap 1:6.
8. Ap 21:9; 22:17.
9. Ver *Os anos ocultos de Jesus*, de Elizabeth Clare Prophet (publicado no Brasil pela Editora Nova Era), que fala das provas documentais sobre a viagem de 17 anos que Jesus fez ao Oriente.
10. Mt 2:13.
11. Mt 2:16.
12. Mt 2:15.
13. Lc 2:46-47.
14. Jo 11:25.
15. Ver *Os ensinamentos ocultos de Jesus* (livros 1 a 4), de Elizabeth Clare Prophet e Mark L. Prophet (publicados no Brasil pela Editora Nova Era).
16. Jo 19:26, 27.
17. Para saber mais a respeito dos sete aspectos da consciência crística, ver *Senhores dos sete raios*, de Mark L. Prophet e Elizabeth Clare Prophet (publicado no Brasil pela Summit Lighthouse do Brasil).
18. At 1:14.
19. Ver John of Damascus, "*On the Assumption*" (na Internet, buscar no site www.balamand.edu.lb/theology/Jodorm.2.htm).
20. Jo 1:14.
21. As 12 hierarquias solares funcionam como uma espécie de transformadores redutores para as energias de Deus, e a elas nos referimos pelos nomes dos signos do Zodíaco. Para mais informações, ver "The Cosmic Clock" no livro *The Great White Broterhood in the Culture, History and Religion of America*, de Elizabeth Clare Prophet (Corwin Springs, Montana: Summit University Press).
22. Ap 3:8.
23. Ver *Miracles of Mary: Apparitions, Legends and Miraculous Works of the Blessed Virgin Mary*, de Michael S. Durham (HarperSanFrancisco, 1995), p. 102-103.
24. Ver "Our Lady of Guadalupe in Mexico", em *A Woman Clothed with the Sun: Eight Great Appearances of Our Lady in Modern Times*, de Ethel Cook Eliot, ed. John J. Delaney (Garden City, NY: Image Books, Doubleday and Co., 1961), p. 54.
25. Ver "Bernadette and the Beautiful Lady", em *A Woman Clothed with the Sun*, de Frances Parkinson Keyes, p. 133.
26. Ibid., p. 137.

27. Rm 3:9. Santa Ametista, 24 de março de 1967.
28. *Fatima in Lucia's Own Words*, ed. Louis Kondor (Fátima, Portugal: Postulation Center, 1976), p. 62.
29. *Our Lady of Fátima's Peace Plan for Heaven* (Rockford, Ill.: Tan Book and Publishers, 1983), p. 1; e *Fatima in Lucias's Own Words*, p. 62.
30. *Our Lady of Fátima*, de William Thomas Walsh (Garden City, NY: Image Books, Doubleday and Co., 1954), p. 39.
31. *Our Lady of Fatima's Peace Plan*, p. 2.
32. *Our Lady of Fatima*, de Walsh, p. 42.
33. Lc 22:42.
34. Hb 12:1.
35. Os mestres ascensos são seres espirituais que já viveram na Terra, realizaram sua razão de ser e ascenderam ou reuniram-se a Deus. São os verdadeiros mestres da humanidade. Dirigem a evolução espiritual de todos os devotos de Deus e os guiam de volta à sua origem.
36. Jo 2:19.
37. 1Co 6:19; 2Cor 5:1.
38. At 17:24.
39. At 17:28.
40. Sl 110:4.
41. *Our Lady of Fatima*, de Walsh, p. 50.
42. Ibid., p. 52.
43. Ibid.
44. "The Lady of the Rosary", em *A Woman Clothed with the Sun*, de William C. McGrath, p. 194.
45. *Our Lady of Fatima*, de Walsh, p. 120.
46. *Miracles of Mary*, de Durham, p. 168.
47. Amada Nossa Senhora, 24 de dezembro de 1967. Ver páginas 248-253, neste volume, para ler o ditado completo.
48. Ver "Visions of Virgin Reported in Cairo", de Thomas F. Brady, artigo do jornal *The New York Times*, edição de 5 de maio de 1968, p. 71; *Fatima Prophecy: Days of Darkness, Promise of Light* (Austin, Texas: Association for the Understanding of Man, 1974), p. 43-50; Jerome Palmer, "The Virgin Mary Appears in Egypt", *Fate*, edição de agosto de 1971, p. 60-70.
49. *The Queen of Peace Visits Medugorje*, de Joseph A. Pelletier (Worcester, Mass.: An Assumption Publication, 1985), p. 49.
50. Ibid., p. 139.

PARTE UM
O Aspecto da Sabedoria do Espírito Santo
Quatorze cartas de uma Mãe a seus Filhos

Carta 1

1. Jo 15:12.

Carta 2

1. Jo 16:33.
2. Os mestres ascensos revelaram, anos mais tarde, que Jesus não ascendeu após a conclusão do seu ministério na Palestina. Após sua crucificação e ressurreição ele viajou para a Caxemira e, aos 81 anos, ascendeu a partir do retiro etérico de Shamballa. A mensageira explicou que Jesus se retirou da Palestina na cerimônia do monte de Betânia. Em seguida, deixou a Palestina em segredo, para que "não estivesse mais lá, não podendo, portanto, ser procurado nem assistido (...) Ele já completara sua missão na Palestina". Ver o ditado "A Senda dos Construtores", de Jesus Cristo, transmitido em 27 de junho de 1993. *Pérolas de sabedoria*, v. 36, nº 36, p. 522-523.
3. Fl 3:14.
4. Jo 11:25.
5. Mt 25:21.
6. Êx 3:14.

Carta 3

1. Ap 2:17; 19:12.
2. Jo 3:17.
3. Jo 10:10.
4. Gn 22:16-18; Hb 11:11-12.

Carta 4

1. Mt 6:6; 14:23; Mc 6:45-46.
2. Hb 13:16.
3. 1Pe 4:18.

4. Is 40:31.
5. Is 40:4; Lc 3:5.
6. Ap 3:8.

Carta 5

1. Mt 5:9.
2. Lc 10:27.
3. 2Cr 20:17; Êx 14:13.
4. Mt 6:21.
5. Lc 21:19.

Carta 6

1. Jo 14:6.
2. Lc 10:37.
3. Mt 6:28.
4. Lc 22:42.
5. Mt 25:40.

Carta 7

1. Para saber a respeito das aparições de Nossa Senhora em Zeitun, subúrbio do Cairo, no Egito, ver página 55.
2. Mt 18:11-14; Lc 15:3-7.
3. Jo 10:11-16.
4. Referência à série das *Pérolas de sabedoria* denominada "Understanding Yourself", de Kuthumi, Lanto e Deusa Meru, publicada em 1969, v. 12, nº 25-40, e disponível também sob o título de *Understanding Yourself: A Spiritual Approach to Self-Discovery and Soul-Awareness* (edição revisada), publicada pela Summit University Press. Também disponível no CD *Pearls of Wisdom* (1958-1998). Para informações, ligue 1-800-245-5445.

Carta 8

1. Lc 22:31.
2. Lc 2:49.
3. Mt 7:20, 16.

4. 2Co 6:14-15.
5. Mt 5:8.
6. Mt 7:15.
7. Jo 8:32.

Carta 9

1. Tg 1:27.
2. 2Co 11:14.
3. Lc 22:31.
4. 1 Reis 3:16-28.

Carta 10

1. Os 8:7.
2. Jo 1:14.
3. 1Co 3:19.
4. Êx 16:3.
5. Ver Introdução.
6. Mt 26:34; Mc 14:30; Lc 22:34; Jo 13:38.
7. "The Hand That Rocks the Cradle Is the Hand That Rules the World", de William Ross Wallace, estrofe 1.

Carta 11

1. Lc 23:28.
2. Mt 8:29.
3. Ver *The Enemy Within*, de Mark L. Prophet e Elizabeth Clare Prophet (Corwin Springs, Mont.: The Summit Lighthouse Library, 2004).
4. Referência às *Pérolas de Sabedoria*, mensagens semanais ditadas pelos mestres ascensos e distribuídas aos estudantes dos seus ensinamentos em todo o mundo. Essas cartas são um contato íntimo, de coração para coração, entre os mestres ascensos e os seus estudantes. Foram ditadas aos mensageiros Mark L. Prophet e Elizabeth Clare Prophet e são publicadas pela Summit Lighthouse do Brasil.
5. 2Tm 2:15.
6. Lc 2:49.

Carta 12

1. Mt 5:6.
2. Referência ao ditado de Saint Germain, de 29 de agosto de 1965, publicado em *Pérolas de sabedoria*, no qual ele diz: "Quando a Presença Mestra da Vida possibilitou à humanidade desta era desenvolver as ciências e as invenções para libertação do homem do trabalho braçal pela fabricação de peças em fluxo contínuo e produção em série, aumentando desse modo a velocidade e o conforto nas áreas de transporte e comunicações, isso foi um serviço que teve a intenção de libertar os homens, para que eles pudessem dar mais atenção à cultura da alma. Em vez disso, todos esses avanços parecem ter provocado maior negligência nas questões relacionadas com a alma, além de espalhar muitos tipos de contagiosos contrasensos humanos (...) A nutrição da vossa alma é um assunto sério, mas a comunidade mundial também pertence a Deus. Viveis em um mundo de refinamentos culturais e mecânicos, enquanto os esclarecimentos a respeito das verdadeiras leis da vida ainda continuam no tempo das carroças. Se sois pioneiros espirituais que adoram a verdade, *devereis vos levantar agora para serdes contados.* A batalha pela vida está ocorrendo à vossa volta. Eu ordeno que entreis em ação agora!" (v. 8, nº 35). O ditado completo de Saint Germain está disponível no CD *Pearls of Wisdom* (1958-1998), lançado pela The Summit Lighthouse — EUA.
3. Jo 21:25.
4. Jo 14:12.
5. Mt 27:51.

Carta 13

1. Is 55:7-9.
2. Mt 24:22; Mc 13:20.
3. 1Jo 3:2.

Carta 14

1. Mt 24:40-42; Lc 17:34-36.
2. Jo 10:16.
3. Pv 22:6.

4. Jo 1:1.
5. At 2:2.
6. Jo 4:14.

PARTE DOIS
O Aspecto do Amor do Espírito Santo
Cinco Mistérios do Rosário Oferecidos pela Mãe a Seus Filhos

O poder da oração falada

1. Jo 16:24; Mt 7:7.
2. Rm 3:4.
3. Mt 13:12.
4. Mt 25:14-30.
5. Jr 31:34
6. Ditado de Nossa Senhora, *Pérolas de sabedoria*, v. 35, nº 62 (publicado pela The Summit Lighthouse), pág. 708.
7. 1Jo 3:2.

Estrutura do rosário

1. Ap 1:8.
2. Ver A imagem do seu Eu Divino, pág 332
3. Êx 3:13-15.
4. Ditado de Nossa Senhora, de 20 de abril de 1973 e denominado "Communion Feast at the Temple of the Resurrection with Mary, Jesus and Lanello" e publicado em 1973 *Pearls of Wisdom*, v. 16, nº 30.

Mistérios Inspiradores

Primeiro Mistério Inspirador
Sl 1:1-6; 19:1-2, 7-9, 11, 13-14.

Segundo Mistério Inspirador
Sl 8:1-9; 9:1-2.

Terceiro Mistério Inspirador
Sl 23:1-6.

Quarto Mistério Inspirador
Sl 91:1-16.

Quinto Mistério Inspirador
Pv 3:5-6; Sl 37:1-6; 100:1-5.

Sexto Mistério Inspirador
Sl 121:1-8.

Mistérios Ativos

Primeiro Mistério Ativo
1 Reis 17:1-14.

Segundo Mistério Ativo
1 Reis 17:15-24.

Terceiro Mistério Ativo
1 Reis 18:21-24, 26, 29, 31-32, 36-39.

Quarto Mistério Ativo
2 Reis 2:1-2, 8-14.

Quinto Mistério Ativo
2 Reis 4:8, 11, 14-22, 32-35.

Sexto Mistério Ativo
2 Reis 5:1-3, 9-15.

Mistérios Reveladores

Primeiro Mistério Revelador
Ap 14:1-10, 12-13.

Segundo Mistério Revelador
Ap 19:1-10.

Terceiro Mistério Revelador
Ap 19:11-21.

Quarto Mistério Revelador
Ap 20:1-15.

Quinto Mistério Revelador
Ap 21:9-19, 21-27.

Sexto Mistério Revelador
Ap 22:1-12.

Mistérios Declarativos

Primeiro Mistério Declarativo
Mt 24:1-13.

Segundo Mistério Declarativo
Mt 24:14-28.

Terceiro Mistério Declarativo
Mt 24:29-42.

Quarto Mistério Declarativo
Ap 6:1-10.

Quinto Mistério Declarativo
Ap 6:11-17; 7:1-4.

Sexto Mistério Declarativo
Ap 7:9-17.

Mistérios Exortadores

Primeiro Mistério Exortador
Mt 10:1, 5-20.

Segundo Mistério Exortador
Lc 12:49-50; Mt 10:32-42.

Terceiro Mistério Exortador
Mt 12:33-42.

Quarto Mistério Exortador
Lc 12:35-48.

Quinto Mistério Exortador
Ap 15:1-8; 16:1-3.

Sexto Mistério Exortador
Ap 16:4-12, 17-21.

PARTE TRÊS
O Aspecto do Poder do Espírito Santo
Quatorze Mensagens da Palavra da Vida
para as Crianças da Mãe

Mensagem 1

1. 1Sm 3:1-10.
2. Mt 8:20; Lc 9:58.
3. Mt 25:21, 23.
4. Jo 14:2.
5. Jo 10:10.

Mensagem 2

1. Lc 2:49.
2. At 5:1-10.
3. Hb 10:9.

Mensagem 3

1. Lc 1:52.
2. Lc 1:46-56.
3. Is 9:6.
4. Referência ao milagre do sol. Ver página 54.
5. 2Sm 6:14.
6. 2Co 12:2. De acordo com estudiosos da Bíblia, o primeiro "céu" das Escrituras é aquele das nuvens ou a atmosfera; o segundo é o das estrelas; o terceiro é a morada de Deus.
7. Jr 31:15; Mt 2:18.
8. Sl 16:10; At 2:27.
9. 2Reis 2:11.
10. Damon e Pítias (ou Fíntias) eram dois jovens da antiga Grécia cuja lealdade mútua serve de epítome para a verdadeira amizade. De acordo com a lenda, Dionísio de Siracusa condenou Pítias à morte, mas permitiu que ele deixasse a cidade para colocar seus negócios em ordem, mas Damon comprometeu-se a tomar o lugar do amigo, caso ele não voltasse. Embora Pítias tenha

se atrasado na viagem de volta, retornou a tempo de salvar seu amigo da morte. Dionísio, impressionado pela coragem dos dois amigos, perdoou a ambos e pediu para fazer parte daquela amizade.

Mensagem 4

1. Mt 5:25.
2. O amado Jesus ditou ao mensageiro Mark. L. Prophet no dia seguinte, 25 de dezembro de 1967.
3. Mc 15:39.
4. Referência à parábola dos talentos, Mt 25:14-30.
5. 1Co 15-50.
6. O termo *deísta* se refere àqueles que acreditam que a natureza, por si só, demonstra de forma suficiente a existência de Deus e que Deus, tendo criado as leis do universo, não mais exerce qualquer influência sobre os fenômenos naturais que nele ocorrem.

Mensagem 5

1. Lc 21:26.
2. Mt 7:20.
3. Ap 21:6; 22:17.

Mensagem 6

1. Rm 10:15.
2. Is 52:7.
3. De acordo com a lenda, Leonardo da Vinci, inadvertidamente, usou o mesmo rapaz para servir de modelo tanto para Cristo quanto para Judas Iscariotes, no afresco *A Santa Ceia*, que se encontra em Milão, na Itália. A lenda conta que ele primeiro escolheu um indivíduo para retratar Cristo. Esse rapaz foi selecionado pela inocência e pureza que seu rosto transmitia. Várias anos depois, Da Vinci começou a procurar um modelo para Judas Iscariotes. Depois de semanas de busca entre criminosos condenados, ele finalmente achou seu modelo em uma prisão de Roma. Era um homem cujo rosto poderia transmitir a imagem dura de quem trai o melhor amigo. Quando Da Vinci terminou de pintar Judas e os guardas já se preparavam para levar o prisioneiro embora, ele revelou que era o mesmo rapaz que

servira anteriormente de modelo para o rosto de Cristo. Muitas pessoas afirmam que não há registros de que Da Vinci tenha usado o mesmo modelo para os dois retratos, nem que o modelo que ele usou para retratar Judas fosse um prisioneiro de Roma.

Mensagem 8

1. Mt 28:20.
2. Ap 21:1-4; Is 65:17; 66:22; 2Pe 3:13.
3. Gn 1:26-28.
4. Jo 10:10.
5. Mc 10:14; Lc 18:16; Mt 19:14.
6. Sl 48:1; 96:4; 145:3; 1Cr 16:25.

Mensagem 9

1. Jo 1:9.
2. Is 55:8.
3. Cinturão de Van Allen: um gigantesco conjunto de partículas carregadas que formam dois anéis em torno da Terra, com centro no Equador. Um destes dois cinturões está a altitudes elevadíssimas, e é composto de partículas altamente carregadas de energia, aprisionadas pelo campo magnético do planeta.
4. O retiro espiritual conhecido como Templo da Ascensão está localizado na oitava etérica, ou mundo celestial, em Luxor, no Egito. Para mais informações sobre a ascensão e o Templo da Ascensão, ver *The Path to Your Ascension: Rediscovering Life's Ultimate Purpose*, de Annice Booth (Corwin Springs, Mont.: Summit University Press, 1999).
5. Mt 26:11; Mc 14:7; Jo 12:8.
6. At 10:42; 2Tm 4:1; 1Pe 4:5.
7. Mc 9:29; Mt 17:21.
8. Os decretos são uma forma dinâmica de oração falada utilizada pelos estudantes dos mestres ascensos, com a finalidade de dirigir a luz de Deus para determinadas condições individuais e pessoais. Para ensinamentos e decretos, ver a obra *A chama violeta — para curar corpo, mente e alma*, em edição de bolso (publicado por Editorial Estampa, Portugal); *Spiritual Techniques to Heal Body, Mind and Soul*, em arquivo de áudio; e *Angels*, livreto de decretos, mantras, canções e devoções, com páginas codificadas por cor (publicados pela Summit University Press).
9. Ml 3:2, 3; Zc 13:9; Is 48:10.

Mensagem 10

1. A respeito das aparições de Nossa Senhora a Juan Diego, ver páginas 41-43.
2. Guardião da Chama é um título dado ao Maha Chohan por causa da sua promessa à humanidade: "Vou guardar a chama por vós, até serdes capazes de fazê-lo."
3. Chamuel e Caridade, arcanjos do raio rosa do amor, têm um retiro etérico sobre Saint Louis, cidade do estado do Missouri, Estados Unidos.

Mensagem 11

1. Hb 1:13.
2. Mt 10:30; Lc 12:7.
3. A Mestra Ascensa Clara Louise encarnou como Clara Louise Kieninger (1883-1970). Em 1961, Saint Germain ungiu-a como a primeira Mãe da Chama da Fraternidade dos Guardiães da Chama. Durante anos ela serviu de forma devotada como enfermeira, escolhendo como lema a frase *Ich Dien* ("Eu sirvo"). Mais tarde, como dedicada estudante dos mestres ascensos, Clara Louise manteve uma vigília diária de orações e decretos para os jovens do mundo, as crianças por nascer, seus pais e professores. Ela começava a decretar todos os dias, às cinco da manhã, e fazia decretos por um período que durava de duas a quatro horas, muitas vezes se estendendo até o meio-dia. Ela fez sua ascensão aos 87 anos, em Berkeley, Califórnia, em 25 de outubro de 1970.
4. Durante todo o preceito de Nossa Senhora nesta noite, cada pessoa da audiência segurou uma vela que havia sido acesa na chama do altar.
5. Mt 11:30.
6. De acordo com a tradição ortodoxa, Jesus viveu 33 anos antes da sua ascensão.

Mensagem 12

1. Pv 15:1.
2. Mt 26:29; Mc 14:25.
3. Jó 3:25.
4. Ap 13:16-18; 14:9-11; 15:2; 16:2; 19:19, 20; 20:4.
5. Pv 14:12.
6. Mt 6:19-21; Lc 12:33-34.
7. 1Ts 5:17.

Mensagem 13

1. Ap 19:11-21.
2. Clara Louise Kieninger (1883-1970) foi ungida por Saint Germain em 1961 como a primeira Mãe da Chama da Fraternidade dos Guardiães da Chama da Fraternidade da Chama. Durante anos ela serviu de forma devotada como enfermeira, escolhendo como lema a frase *Ich Dien* ("Eu sirvo"). Mais tarde, como dedicada estudante dos mestres ascensos, Clara Louise manteve uma vigília diária de orações e decretos para os jovens do mundo, as crianças por nascer, seus pais e professores. Ela começava a decretar todos os dias, às cinco da manhã, e fazia decretos por um período que durava de duas a quatro horas, muitas vezes se estendendo até o meio-dia. Ela fez sua ascensão aos 87 anos, em Berkeley, Califórnia, em 25 de outubro de 1970, e hoje é conhecida como Mestra Ascensa Clara Louise.*
3. O Mistério da Renúncia é o décimo quarto rosário, que Nossa Senhora ditou à mensageira Elizabeth Clare Prophet como a culminação dos 13 rosários, que ditara anteriormente. Ver *O décimo quarto rosário: o mistério da renúncia*, livreto e duas fitas de áudio cassete que incluem o rosário, duas palestras e um ditado de Nossa Senhora, num total de três horas de material, disponível através da Summit University Press (www.tsl/org/bookstore). No Brasil, está disponível o livreto *O décimo quarto rosário*, publicado pela Summit Lighthouse do Brasil.

Mensagem 14

1. Lc 22:53.
2. Mt 13:24-30, 36-43.
3. Jo 2:19-22.
4. Para entendermos como "três ciclos de 12" podem ser o equivalente a três dias, é preciso, antes, compreender a natureza das hierarquias solares. Cada um dos 12 signos do zodíaco é regido por uma hierarquia solar. E cada hierarquia solar focaliza o Grande Tao, simbolizado pelo yang e pelo yin do Tai Chi, que representam Alfa e Ômega, o nosso Deus Pai-Mãe. Portanto, pela polaridade do yang e do yin, Alfa e Ômega, o 12 se torna 24. Três vezes 24 são 72 — 72 horas, ou três dias.

---

* Clara Louise foi ao Rio de Janeiro abrir a primeira escola de enfermagem do Brasil.

5. No dia 15 de abril de 1976, um dia antes deste preceito, a Mestra Ascensa Leto disse: "Sois co-criadores com o grande Alquimista da vida e, portanto, é ordenado pela chama dentro de vós que deveis dotar a vida com o Espírito (...) Ao entrar na Matéria, o Espírito dá a ela o impulso de retornar para ele." Leto sugeriu que nós "meditemos sobre o cristal e sua estrutura (...) como um meio de entrar em contato com o plano do Espírito, pois essas emanações da mente de Deus manifestadas na Matéria são paralelas às energias manifestadas em Espírito. São coordenadas de tempo e espaço para a precipitação da energia no infinito (...) Descobrireis que vossas visualizações trarão à manifestação elementos da consciência crística (...) Vereis, então, que a Matéria está viva com a chama do Espírito (...) É energia subindo e descendo do próprio trono de Deus".
6. Jo 8:32.
7. Mt 10:16.
8. Jo 14:30.

Este livro foi composto na tipologia Minion, em corpo 11/15, e impresso em papel off-white 80g/m²
no Sistema Cameron da Divisão Gráfica
da Distribuidora Record.